Bibliothèque de l'Hermétisme

« Bibliothèque de l'Hermétisme »

Editions Albin Michel

DIRECTEURS

ANTOINE FAIVRE
FRÉDÉRICK TRISTAN

COMITÉ DE RÉDACTION

M.-M. DAVY
Maître de recherches au C.N.R.S.

PIERRE DEGHAYE
Professeur à l'Université de Caen

GILBERT DURAND
Professeur à l'Université de Chambéry et Grenoble

MIRCEA ELIADE
Professeur à l'Université de Chicago

BERNARD GORCEIX
Professeur à l'Université de Paris-X

HENRI-CHARLES PUECH
Professeur au Collège de France

JEAN SERVIER
Professeur à l'Université de Montpellier

JEAN TOURNIAC
Historien

ROLF CHRISTIAN ZIMMERMANN
Professeur à l'Université de Cologne

LA SYMBOLIQUE DU RÊVE

G.H. SCHUBERT

LA SYMBOLIQUE DU RÊVE

Traduit et présenté par
PATRICK VALETTE

Bibliothèque de l'Hermétisme

Albin Michel

© Editions Albin Michel, 1982
22, rue Huyghens, 75014 Paris

ISBN 2-226-01273-7
ISSN en cours

COMMENTAIRE INTRODUCTIF

PAR PATRICK VALETTE

I
G.H. SCHUBERT ET LA NATURPHILOSOPHIE

La Symbolique du rêve est, avec *L'Ame du monde* de Schelling, l'une des œuvres les plus célèbres de la philosophie de la nature et de ce vaste mouvement que fut le romantisme allemand. Elle partage avec le livre de ce philosophe le privilège de porter un titre extrêmement évocateur et, à bien des égards, caractéristique d'une forme de pensée en rupture radicale avec le rationalisme du « siècle des lumières ». *Symbolique* évoque en effet une tournure d'esprit qui, au-delà des phénomènes de surface, recherche incessamment la signification cachée des choses et leur rapport analogique avec le tout, avec le cosmos. Le mot « rêve » parachève et couronne cette quête passionnée, cette plongée dans l'irrationnel ; mais il ne s'agit pas du rêve-évasion de certains de nos romantiques français — reflets bien pâles de leurs aînés d'outre-Rhin, dont les véritables descendants sont plutôt les poètes symbolistes —, de ce vague des passions provoquant un frisson de dégoût pour les choses du monde. Il s'agit bien plutôt d'une recherche minutieuse et d'une attention extrême portée aux états d'inconscience comme le rêve, le somnambulisme, l'hypnose, la folie, animées par la conviction qu'ils nous renseignent mieux que l'état de conscience diurne sur les profondeurs de l'âme humaine et de la nature.

Cette quête exaltée des messages de l'âme et des signes de la nature, qui fonde pour une bonne part l'originalité de la philosophie du romantisme allemand, ressuscite un mode de pensée déjà présent dans la *Naturphilosophie* de la Renaissance et de l'âge baroque avec des penseurs aussi éminents que Paracelse (1493-1541), Jakob Böhme (1575-1624) ou Oetinger (1702-1782). Cette pensée est donc largement teintée de théosophie, le théosophe étant à la recherche de la signification symbolique — latente ou perdue — des choses, afin de mieux situer l'homme dans l'univers et dans un mythe au sens complet, c'est-à-dire comportant les trois volets : cosmogonie, cosmologie et eschatologie [1]. La naissance du mouvement romantique en Allemagne à la fin du XVIIIe siècle et au début du XIXe redonne une impulsion nouvelle à cette quête de la profondeur qui retrouve une dimension métaphysique perdue ou occultée par l'essor des sciences et le matérialisme engendré par l'ère des « lumières ». Le facteur le plus important dans la naissance du romantisme fut, comme chacun sait, la philosophie kantienne et les amplifications de celle-ci dues à Fichte (1762-1814). La philosophie de ce penseur, exposée dans la *Wissenschaftslehre* (Théorie de la science), 1794, favorisa en effet l'éclosion du premier romantisme ; celui de Novalis avec sa théorie de « l'idéalisme magique », de Friedrich Schlegel, de Schleiermacher ou encore de Ludwig Tieck. Pour Fichte, en effet, toutes les oppositions énoncées par Kant se résolvent dans une seule opposition fondamentale, celle du Moi et du Non-Moi : le sujet, l'esprit, est le créateur de l'objet, de la nature. L'activité du philosophe (l'acte pur de la pensée) pose, en se posant elle-même, le monde et toutes ses déterminations. Ce qui a séduit les romantiques dans cette doctrine, c'est « le subjectivisme effréné, le dédain du réel, l'exaltation de la vie intérieure »[2]. Il en résulte en effet une interprétation résolument neuve de la création artistique en ce que l'artiste, le poète, devient un véritable démiurge qui tire des profondeurs de son Moi les formes et la matière de sa pensée.

Mais à ce mouvement de contraction, de repli sur la seule réalité de l'esprit créateur — de systole pour employer l'expression binaire chère à Goethe — succéda bientôt un mouvement inverse de dilatation, de diastole, d'ouverture à la nature dont les récentes découvertes scientifiques — celles de Galvani, de Volta, de Lavoisier, de Cavendish, de Priestley, de Brown — venaient de révéler la richesse et la souveraine existence. Cette deuxième attitude, tout aussi passionnante et parfaitement complémentaire à la première, eut, là aussi, son initiateur dans le domaine philosophique ; ce fut Schelling (1775-1854) dont la fameuse *Naturphilosophie* engendra de près ou de loin tant d'esprits féconds connus sous le nom de philosophes de la nature. Il vint apporter une systématisation philosophique à la nouvelle compréhension de l'univers inaugurée par des penseurs comme Baader : *Beiträge zur Elementarphysiologie* (Contributions à la physiologie élémentaire), 1797, *Über das pythagoräische Quadrat in der Natur* (Du carré pythagoricien dans la nature), 1798, ou Ritter : *Beweis, dass ein beständiger Galvanismus den Lebensprozess begleite* (Preuve qu'un galvanisme constant accompagne le processus de la vie), 1798.

Schelling écrivit au cours de cette période *Ideen zu einer Naturphilosophie* (Idées pour une philosophie de la nature), 1797, *Von der Weltseele* (L'Ame du monde), 1798, et *Erster Entwurf eines Systems der Naturphilosophie* (Première Esquisse d'un système de la philosophie de la nature), 1799. Il y reprend le schéma traditionnel de la philosophie de la nature tel que nous pouvons le trouver chez Paracelse, Böhme ou Saint-Martin ; la nature est un tout indépendant et autonome qui assure en permanence l'équilibre entre les forces opposées qui s'y affrontent, grâce à une infinie puissance de rajeunissement. Il illustre ce schéma par des exemples empruntés à la science de son époque, surtout à la biologie, la chimie et la physique[3]. Voici donc esquissée à grands traits la philosophie qu'il enseigne de 1798 à 1803 à l'université d'Iéna. Parmi les nombreux auditeurs venus assister à ses cours, se trouvait à partir de mai 1801 un jeune homme de vingt et un ans, sensible et enthousiaste, Gotthilf Heinrich Schubert, venu tout spécialement de Leipzig pour écouter les maîtres du romantisme philosophique. Son œuvre principale, *La Symbolique du rêve*, parue en 1814, est l'aboutissement de toute une partie de sa vie vouée à l'étude et à la spéculation et où se mêlent diverses influences.

Fils de pasteur, Gotthilf Heinrich Schubert (26 avril 1780 — 31 juillet 1860) naquit à Hohenstein en Saxe ; il fut élevé dans un milieu profondément piétiste et il en conserva toute son existence la foi naïve ainsi que la ferveur religieuse, alliées à une bonté et à une simplicité telles que Jean-Paul ne l'appelait jamais autrement que « l'enfantin Schubert ». Brentano traça de lui le portrait suivant : « J'ai rencontré aussi le philosophe candide, cet être si virginal, si doux et si touchant ; il a l'air d'un poussin qui vient de briser sa coquille et qui reste, tout ébahi, à regarder la lumière du jour.[4] »

De 1796 à 1799, il fréquenta le lycée de Weimar où il eut pour camarade d'études Emil Herder, le fils du célèbre Herder dont il fit bientôt la connaissance et qu'il nomma admirativement dans son *Autobiographie :* « un phare dans notre nuit »[5]. Les œuvres de ce philosophe faisaient naturellement partie de ses lectures favorites ainsi que celles de Wieland, Goethe et Schiller. En 1799, il s'inscrivit à la faculté de théologie de Leipzig pour y devenir pasteur, selon la volonté de son père. Mais il ne se sentait pas fait pour une telle carrière et les sciences naturelles le fascinaient ; déjà dans son enfance, il était passionné par la nature et avait rassemblé des collections de minéraux, de plantes et d'os d'animaux divers. Profitant de l'appui de Herder qui attira l'attention de son père sur ses dons pour les sciences naturelles, il abandonna, en 1800, la faculté de théologie pour celle de médecine. Là il fit la connaissance de Friedrich Gottlob Wetzel, son fidèle compagnon d'études, personnage énigmatique, tantôt médecin et naturaliste, tantôt vagabond ou rédacteur de journaux ; une solide amitié naquit entre les deux étudiants qu'animait une même passion pour les sciences de la nature et le goût de la poésie romantique. Tous deux se mirent à l'étude des théories médicales de John Brown dont les *Elementa Medicinae* (1780) connaissaient à l'époque un grand succès en Allemagne et dont les représentants étaient les docteurs Röschlaub et Markus de Bamberg[6]. Même à Iéna, Schubert resta un adepte convaincu des théories de Brown et il rendit même visite aux deux médecins de Bamberg durant l'été 1801. Cependant, les sciences naturelles et la médecine n'étaient pas les seuls centres d'intérêt du jeune étudiant ; il s'enthousiasmait pour les drames de Shakespeare, les *Odes* de Klopstock, les romans de Jean-Paul et les *Nuits* de Young, tandis que les œuvres de Herder restaient ses lectures de prédilection. Mais la découverte qui bouleversa le monde scientifique de la fin du XVIIIe siècle et qui eut un retentissement considérable sur les penseurs romantiques, le galvanisme, devait bientôt rencontrer l'intérêt du jeune Schubert. C'est ainsi qu'en 1800 il rendit visite avec son ami Wetzel, au professeur J.C. Reil de Halle, célèbre physiologiste et auteur de remarquables travaux sur le système nerveux. Celui-ci avait en effet déclaré dans son traité *Theorie von der Lebenskraft* (Théorie de la force vitale)[7] que la vie était un processus galvanique potentialisé. Plus important encore lui parut l'article d'une revue où un certain Ritter avait consigné ses observations concernant les effets du galvanisme sur les nerfs du corps humain. Dès qu'il eut parcouru cet article, Schubert décida de partir sur-le-champ pour Iéna, accompagné de son cher Wetzel, et à peine eurent-ils entendu Ritter et Schelling qu'ils furent conquis par la capitale du romantisme.

Inscrits tous deux à l'université d'Iéna, dès le 15 mai 1801, ils n'eurent pas l'occasion d'entendre tout de suite Schelling, qui ne donna pas ses fameux cours sur la philosophie de la nature durant le semestre d'été. Mais, dès son voyage à Bamberg, Schubert s'était mis à la lecture du récent ouvrage du géologue Steffens, le premier élève de Schelling à Iéna, *Beiträge zur inneren Naturgeschichte der Erde* (Contributions à l'histoire interne de la terre), 1801, qui l'introduisit dans le monde d'idées du philosophe, avant même de l'avoir entendu. Ce livre, remarquable à bien des égards et qui fit sensation dès sa parution, exerça une influence considérable sur le jeune étudiant et le prépara à recevoir le message du maître dont les cours sur la *Naturphilosophie* reprirent durant le semestre d'hiver 1801-1802. Schelling fit d'emblée une extraordinaire impression sur le jeune Schubert qui devint l'un de ses auditeurs les plus assidus et les plus admiratifs et, au bout de quelques mois, l'ami et le disciple. Schubert évoqua lui-même cette illustre figure ; « qui, en ce temps-là, traversait le marché d'Iéna à une heure tardive de l'après-midi, rencontrait un groupe d'étudiants plus nombreux qu'à aucun autre moment de la journée [...] ; jeunes et vieux, gens de tous horizons et tout état, théologiens, juristes ou médecins [...] se rendaient en foule aux cours de Schelling sur la philosophie de la nature [...]. Schelling était encore un jeune homme parmi nous autres jeunes gens, et le respect avec lequel nous le considérions s'adressait en lui à une dignité qu'exprimait tout son être [...]. Son verbe incandescent rayonnait avec une force telle qu'aucune âme ne pouvait s'y dérober, pour peu qu'elle fût susceptible d'inspiration. Souvent, quand il parlait, nous croyions entendre le prophète d'un monde transcendant et caché ouvert seulement aux yeux initiés. Son discours, mathématiquement précis et comme rédigé en style lapidaire, renfermait une matière inépuisable ; intimement pénétré de la vérité de ses idées, il était si persuadé de ce qu'il avait saisi et conçu que sa conviction se communiquait aux autres avec une puissance victorieuse [8] ».

L'autre professeur dont les cours suscitaient l'intérêt et l'admiration des étudiants était le physicien Johann Wilhelm Ritter (1776-1810). Génie précoce, chercheur et expérimentateur de premier plan, il découvrit les rayons ultraviolets, construisit le premier accumulateur et fut le premier à observer la classification des métaux suivant leur facilité d'oxydation ou leurs propriétés électriques. Ses intuitions dans ce domaine trouvèrent leur écho dans son ouvrage majeur : *Beweis, dass ein beständiger Galvanismus den Lebensprozess in dem Tierreich begleite* (Preuve qu'un galvanisme constant accompagne le processus de la vie dans le règne animal) où il tenta de démontrer qu'un galvanisme constant accompagnait le processus vital. C'est sur cet ouvrage fondamental que s'appuya Schelling dans l'élaboration de sa philosophie, ainsi que bien d'autres penseurs, en particulier Novalis dont il fut le professeur et Schubert dont il devint l'ami. Cette découverte du galvanisme — nouvel avatar du magnétisme animal du Viennois Mesmer — devint bientôt en médecine la thérapeutique révolutionnaire qui supplanta le schéma brownien sthénie - asthénie et que le jeune Schubert adopta avec enthousiasme. Il intitula d'ailleurs sa thèse de doctorat de médecine *Über die Anwendung des Galvanismus bei Taubstummen* (De l'utilisation du galvanisme sur les sourds-muets), 1803, où il étudiait l'application du galvanisme aux sourds-muets.

La période d'Iéna fut donc pour Schubert d'une extrême importance, car elle contribua largement à faire de lui l'un des *Naturphilosophen* les plus éminents du début du XIXe siècle. Il conserva de cette époque des souvenirs exceptionnels, comme en témoigne son *Autobiographie,* ainsi que des relations amicales avec ses deux professeurs, si bien que, généreux et bon à son habitude, il adopta l'enfant orphelin de Ritter après le décès brutal de celui-ci en 1810. C'est aussi à Iéna que Schubert découvrit les poètes romantiques Novalis, Tieck, F. Schlegel et Z. Werner dont la lecture l'enthousiasma et l'aida à supporter l'isolement cruellement ressenti que suscitèrent sa promotion et son établissement en qualité de médecin à Altenbourg vers la fin de l'année 1803. Là, il commença son vaste labeur littéraire et « son mariage récent lui apporta le calme et la concentration nécessaires à un travail assidu »[9]. La gêne financière dans laquelle il se trouvait alors ne fut pas dissipée, comme il l'espérait, par ses honoraires de médecin. Il se heurta très vite à l'hostilité « des petits bourgeois de la ville qui ne faisaient pas spécialement confiance aux tenants de la nouvelle école médicale »[10]. Sa faible clientèle, qui mettait le jeune couple dans une situation fort préoccupante, permit à Schubert de se consacrer entièrement à ses activités littéraires et scientifiques. Il collabora aux *Allgemeine medizinische Annalen* (Annales générales de médecine) et fit ainsi paraître un écrit rédigé dès l'hiver 1801, *Grundriss einer künftigen geographischen Zoologie und Phytologie nebst einigen physiologischen Bemerkungen* (Esquisse d'une zoologie et d'une botanique géographiques futures, accompagnée de quelques remarques physiologiques), ainsi que d'autres articles dont le contenu *naturphilosophisch* constitua une bonne part de ses *Ahndungen einer allgemeinen Geschichte des Lebens* (Pressentiments d'une histoire générale de la vie) qui parurent dès 1806. Il traduisit également à Altenburg, à l'origine sous l'impulsion de Herder, le poème du médecin et biologiste Erasmus Darwin, *The Botanical Garden*. Mais ses goûts littéraires l'incitèrent bientôt à publier une anthologie des poètes espagnols, portugais et provençaux, projet qui se réalisa partiellement. Il resta aussi très au courant de l'actualité littéraire et ses lettres prouvent qu'il connaissait bien les œuvres de son époque. C'est en partie par goût purement littéraire et sous l'influence des œuvres de Novalis mais aussi à cause de sa gêne financière qu'il se résolut à écrire son premier roman intitulé *Die Kirche und die Götter* (L'Église et les dieux), 1804. Il s'y montrait déjà le disciple des poètes et des penseurs romantiques dont il illustrait certaines idées, notamment celles de la polarité et de l'unité des forces à l'œuvre dans la nature[11].

Mais Schubert étouffait à Altenburg. Pour échapper à l'étroitesse d'esprit de la petite ville, et toujours animé par ce fameux goût du voyage *(Wanderlust)* qui caractérise les romantiques, il se décida à redevenir étudiant. Sa nouvelle patrie d'adoption fut Freiberg où enseignait le célèbre géologue Abraham Gottlob Werner, le créateur de la *géognosie*[12]. Il suivait en cela la trace de ses aînés Baader, Novalis et Steffens et, comme eux, il subit l'influence du maître. C'est à Freiberg que mûrirent ses *Ahndungen* dont la première partie parut en 1806 à Leipzig, la deuxième en 1807 et 1821, et qui rencontra l'estime de ses anciens professeurs Ritter et Schelling.

En octobre 1806, Schubert s'établit à Dresde où il retrouva certains de ses anciens camarades d'étude d'Iéna, notamment Wetzel. Là, il fit paraître la deuxième partie de ses *Ahndungen* où l'on décèle l'influence de la *Lehre vom Gegensatz* (Théorie des contraires) d'Adam Müller. Mais le sommet de son séjour à Dresde fut sa série de conférences données durant l'hiver 1807-1808, intitulées *Ansichten von der Nachtseite der Naturwissenschaft* (Vues sur les aspects nocturnes des sciences naturelles), 1808 [13].

Ces conférences eurent un succès considérable auprès du public cultivé de l'époque et l'édition de celles-ci fit sensation en Allemagne. Elles attirèrent un vaste auditoire dont Caspar David Friedrich, le célèbre peintre romantique, le dramaturge Heinrich von Kleist qui dirigeait alors le journal *Phœbus* avec Adam Müller, et elles lui valurent l'amitié de Friedrich Schlegel. Cette œuvre fut très appréciée par Schelling, qui nomma son auteur « l'Ossian des sciences naturelles ». L'influence du livre sur Kleist et sur E.T.A. Hoffmann fut telle que ce dernier y puisa la matière de certains de ses contes, par exemple l'histoire du mineur de Falun dans *Die Bergwerke zu Falun* ou encore le sujet de *Der Magnetiseur*. Ce qui plut au public de l'époque, ce fut l'évocation des « côtés nocturnes » de l'âme humaine et de la nature, l'intérêt porté aux pouvoirs latents de l'homme, considérés comme des vestiges de l'âge d'or et comme la promesse de la réintégration future de tous les êtres dans l'unité originelle.

Mais Schubert, qui était resté en relation épistolaire avec Schelling, était toujours à la recherche d'un poste stable et à la mesure de ses qualités. Sur recommandation du philosophe, il obtint en 1809 la charge tant convoitée de directeur de lycée à Nuremberg. Celui qui fut nommé à la tête de cet établissement n'était plus un inconnu, mais une notoriété de l'époque, il avait déjà publié deux livres fort appréciés des milieux romantiques et ses conférences de Dresde l'avaient rendu célèbre. Cependant, l'époque du séjour de Schubert à Nuremberg représenta à bien des égards une rupture vis-à-vis du passé, non seulement dans son existence propre, mais aussi dans l'histoire du mouvement romantique. La montée du nationalisme à partir de 1805, le passage — douloureusement ressenti par certains — de l'esprit universaliste du classicisme goethéen et du romantisme d'Iéna à une conception de l'unité nationale en réaction contre l'entreprise napoléonienne, la désagrégation du groupe d'Iéna, le départ de Schelling puis celui de Ritter et la mort de celui-ci en 1810, contribuèrent à susciter une impression de lassitude, de désillusion chez les penseurs romantiques, et à assombrir l'humeur de Schubert. Il l'exprima en ces termes dans une lettre datée du 16 juin 1810 à Emil von Herder : « La mort de Ritter m'a profondément bouleversé. Depuis son décès et celui de mon père, je ne connais aucun autre facteur qui ait influé de manière aussi décisive sur moi. L'esprit du temps est bien cruel avec nous ! Où sont-ils les puissants jeunes penseurs, apparemment si prometteurs qui, il y a quelque six années, voulaient donner l'assaut au ciel constellé d'esprits, où sont-ils les valeureux combattants de la nouvelle école qui voulaient instaurer en Allemagne un nouvel âge d'or plus brillant que le premier, et apporter une nouvelle floraison de poésie et de science ? Regarde autour de toi ! Qu'est-il advenu de Tieck, des frères Schlegel, de Steffens, Görres et autres ? Que la culture spirituelle de l'Europe approche de son automne n'est pas une simple supposition ; cela devient à présent une certitude. Nous, cependant, avions pris les quelques douces journées de l'arrière-été pour un nouveau printemps.[14] » Ici plus qu'ailleurs, nous constatons à quel point Schubert incarne par sa destinée et ses œuvres l'histoire du mouvement romantique. Il en a éprouvé les enthousiasmes, les élans et les désillusions. D'Iéna à Dresde, c'est l'élaboration, l'apogée et le déclin de la *Naturphilosophie* qu'il semble préfigurer à lui seul. Pourtant, ses œuvres et parmi elles surtout les *Ansichten* ne devaient pas sombrer dans l'oubli, mais au contraire constituer le trait d'union entre le romantisme d'Iéna et celui, plus tardif, de Berlin et du monde souabe. E.T.A. Hoffmann, Fouqué, Justinus Kerner y trouvèrent les ferments de bien de leurs recherches et de leurs enthousiasmes.

D'aucuns avaient pu alors penser que Schubert venait enfin de trouver la stabilité et qu'il coulerait des jours paisibles à Nuremberg. C'était mal connaître sa nature profonde, son esprit réceptif et ouvert à l'inconnu, fasciné par les connaissances nouvelles et surtout constamment insatisfait de l'acquis. Le séjour de Schubert à Nuremberg commença assez mal ; il y fit la connaissance de Hegel, qui dirigeait un autre collège et dont il savait qu'il avait rompu avec Schelling pour s'éloigner de la *Naturphilosophie*. Ses relations avec le philosophe ne furent pas spécialement amicales, tout au plus de bon voisinage. Mais l'être qui lui suscita le plus de contrariétés fut le théologien Paulus, qui dirigeait l'enseignement ecclésiastique et laïc de Nuremberg. Les disputes entre les deux hommes attristèrent le malheureux Schubert à tel point qu'il songea en 1810 à renoncer à sa charge. Mais sur ces entrefaites, Paulus fut nommé à Ansbach, et Schubert put respirer et se sentir à son aise. Nuremberg représenta dès lors un changement total d'orientation dans sa vision du monde.

Il découvrit en premier lieu la mythologie, tout d'abord en la personne de son collègue, l'excellent orientaliste J.A. Kanne, puis par les ouvrages de Friedrich Creuzer dont l'œuvre majeure, *Symbolik und Mythologie der alten Völker, besonders der Griechen* (Symbolique et mythologie des peuples de l'Antiquité, particulièrement des Grecs, 4 vol.), parut à Leipzig de 1810 à 1812. Mais la découverte essentielle de cette époque fut celle de la pensée mystique et théosophique. Il fut initié à la première par un personnage singulier, « le boulanger mystique » G.M. Burger, qui orienta de manière décisive sa pensée religieuse. Il lui fit en effet découvrir des penseurs comme Maître Eckhart, Ruysbrœk, Gottfried Arnold, Swedenborg, Tersteegen, et le familiarisa avec les œuvres des piétistes souabes. Celles-ci vinrent renforcer chez lui les tendances piétistes héritées de son enfance et de son milieu familial. Il découvrit aussi et surtout la théosophie en la personne de l'éminent Franz von Baader (1765-1841) qu'il rencontra fin 1809 à Nuremberg. Cet esprit fécond [15], disciple de Saint-Martin et propagateur de ses idées en Allemagne, eut une influence décisive sur Schubert en l'initiant à la pensée du « Philosophe Inconnu ». Il lui recommanda même de traduire *De l'esprit des choses* (paru en 1800), ce qu'il fit en 1811, et la traduction de Schubert parut sous le titre *Vom Geist und Wesen der Dinge* en deux volumes (1811 et 1812) avec une préface de Baader dans le second tome. La découverte de la théosophie, et tout particulièrement de « l'illuminisme », de Saint-Martin fut une révélation pour Schubert. Il l'accueillit avec enthousiasme et elle opéra chez cet être réceptif un véritable bouleversement. C'est à partir de cette époque qu'il commença à se détourner de la *Naturphilosophie* schellingienne pour adopter celle du « Philosophe Inconnu », ainsi que nombre d'intuitions mystiques des penseurs qu'il venait de découvrir. La *Symbolique* est d'ailleurs, comme nous allons le voir, le témoin et le bilan de cette évolution, tant au niveau des idées qu'à celui de la forme.

La genèse de cette œuvre est bien connue. Schubert avait en vue, après la parution de sa traduction, de compléter ses *Ahndungen* dont le second tome, paru en 1807, était inachevé. Il voulait y consacrer une partie importante au rêve, comme il le précisa dans son avant-propos. Mais une rencontre inattendue vint le détourner de son projet initial et suscita l'élaboration de la *Symbolique*. Albert Béguin, dans son maître-livre sur *L'Ame romantique et le rêve* (pp. 106-107), retrace de manière tout à fait savoureuse l'anecdote de la rencontre de Schubert et de l'éditeur Carl Friedrich Kunz de Bamberg, personnage curieux, marchand de vin et éditeur improvisé qui publia en 1813 les *Phantasiestücke* du *Kapellmeister* E.T.A. Hoffmann. En juillet 1813, Schubert et sa femme furent invités par Wetzel à une soirée dans le jardin de l'habile Kunz. Mais laissons plutôt la parole à Schubert lui-même : « Il y avait une société agréable, une musique charmante berçait notre oreille et la boisson qui réjouit le cœur de l'homme ne manquait pas [...]. Monsieur Kunz, qui était sur le point d'ouvrir une librairie fonctionnant de pair avec son commerce de vin, m'invita à lui donner à publier un ouvrage de mon cru. Que devais-je lui écrire, une clef des songes ? — Exactement, me répondit notre aimable hôte, donnez-moi une clef des songes, je la publierai avec un grand plaisir. J'oubliai vite ce que je n'avais dit que par jeu, car de ma vie je n'avais jamais vu ni lu un livre sur les rêves ; mais à peine étais-je rentré à Nuremberg que Kunz me rappelait aimablement ma promesse [16]. » La *Symbolique* fut rapidement composée, au cours de l'hiver 1813-1814, et parut en avril 1814. Kunz, aussi roué en tant qu'éditeur que comme marchand de vin, avait mené une habile publicité pour ce nouvel ouvrage de l'auteur des *Ansichten,* si bien que celui-ci avait déjà, avant même d'être écrit, une célébrité surprenante chez les amateurs de *Naturphilosophie.* Hoffmann écrivit dès le printemps 1814 à son éditeur : « Envoie, envoie, oh ! envoie-moi bientôt la *Symbolique !* j'en suis assoiffé [17]. » Examinons à présent l'ouvrage lui-même, afin de mieux comprendre le succès — parfois mitigé — qu'il connut dans les milieux cultivés de l'Allemagne post-napoléonienne.

NOTES

1. On trouvera une excellente présentation de la démarche théosophique dans le contexte de l'ésotérisme, dans l'ouvrage d'Antoine Faivre, *L'Esotérisme au XVIIIe siècle,* Paris, Seghers, 1973 ; introduction, surtout pp. 25 *sqq. Cf.* aussi la définition du théosophe donnée par le même auteur dans « La philosophie de la nature dans le romantisme allemand. » *Histoire de la philosophie,* Paris, Gallimard (Pléiade), 1974, III, pp. 14-15 : « Le théosophe apparaît avant tout sensible aux similitudes, aux homologies ; il les découvre partout, les projette dans l'espace cosmique, les intègre dans une histoire englobant à la fois une cosmogonie, une cosmologie, une eschatologie. »

2. Geneviève Bianquis, *Histoire de la littérature allemande,* Paris, Armand Colin, 1958, 4e éd., p. 93.

3. Pour une première approche, on se reportera à Émile Bréhier, *Histoire de la philosophie,* Paris, P.U.F., 1932, rééd. 1968, II, 3, pp. 625 *sqq.* On trouvera une traduction d'œuvres choisies de Schelling, dans S. Jankélévitch, *F.W. Schelling. Essais,* Paris, Aubier, 1946. Pour une étude plus approfondie, consulter la thèse de Xavier Tilliette, *Schelling, un philosophe en devenir,* Pa-

ris, Vrin, 1970 (2 vol.) ainsi que l'ouvrage de Jean-François Marquet, *Liberté et existence. Essai sur la formation de la pensée de Schelling*, Paris, Gallimard, 1973, et l'article de cet auteur *in : Epochen der Naturmystik*, hrg. von Antoine Faivre, *und* Rolf Christian Zimmermann, Bielefeld, Schmidt, 1979.

4. Clemens Brentano, *Briefe*, hrg. von Friedrich Seebass, Nuremberg, 1951, II, p. 265, cité par Albert Béguin *in : L'Âme romantique et le rêve*, Paris, Corti, 1939, rééd. 1967, p. 101.

5. *Der Erwerb aus einem vergangenen und die Erwartungen von einem zukünftigen Leben. Eine Selbstbiographie*, 4 vol., Erlangen, 1854-1856, I, p. 278.

6. Cf. Ricarda Huch, *Die Romantik. Blütezeit, Ausbreitung und Verfall*, Tübingen, Wunderlich, 1951, rééd. 1973, pp. 591 *sqq.* Edition française parue en 1978-1979 sous le titre : *Les Romantiques allemands*, Aix, Pandora.

7. En 1775, *in : Archiv für Physiologie*, 12 vol., Halle, 1794-1815.

8. Cf. *Selbstbiographie*, I, pp. 388 *sqq.*

9. *Cf.* Franz Rudolf Merkel, *Der Naturphilosoph G.H. Schubert und die deutsche Romantik*, Munich, Oskar Beck, 1912, p. 32.

10. *Ibid.*, p. 32.

11. *Cf.* l'analyse succincte d'Albert Béguin, *op. cit.*, p. 103.

12. *Cf.* Antoine Faivre, « Entre l'Aufklärung et le romantisme : A.G. Werner ou la géognosie », *Les Etudes philosophiques*, Paris, P.U.F., 1977, n° 1, pp. 41-52, et Roger Ayrault, *La Genèse du romantisme allemand*, Paris, Aubier, 1961, I, pp. 295-298.

13. Cf. le compte rendu d'Albert Béguin, *op. cit.*, pp. 104-105.

14. G. Nathanael Bonwetsch, *G.H. Schubert in seinen Briefen. Ein Lebensbild*, Stuttgart, 1918, p. 88.

15. Sur lui, on consultera Eugène Susini, *Franz von Baader et le romantisme mystique*, Paris, Vrin, 1942, 2 vol.

16. *Selbstbiographie*, II, 2, p. 480.

17. *E.T.A. Hoffmanns Briefwechsel*, publié par Friedrich Schnapp. Munich, 1967, I, p. 461 ; lettre à Kunz du 24 mars 1814.

II
ANALYSE DE L'ŒUVRE

Dans la *Symbolique,* qui est loin d'être une « clef des songes », Schubert tente d'élaborer une véritable métaphysique non seulement du rêve, mais de tous les états d'inconscience : voyance, « poésie supérieure », prophétie, folie, où l'activité de l'âme échappe au contrôle de la conscience diurne et de la volonté. Il s'agit pour lui, non pas de donner « une véritable théorie du rêve » — comme il l'affirme du reste dans l'avant-propos —, mais de chercher le lien qui, dans le rêve et les autres états qui s'y rattachent, met en relation l'homme et la nature d'une part, l'homme et Dieu d'autre part. A cet effet, il fait appel à de nombreux domaines de connaissance : la mythologie, l'expression poétique, les sciences naturelles, la physiologie, la religion. C'est donc dans une optique résolument pluridisciplinaire que se situe son étude et non dans une spécialisation forcenée telle que la connaît parfois notre science moderne.

Sa démarche se présente en deux étapes ; dans la première partie de l'ouvrage, qui correspond aux cinq premiers chapitres, il expose sa pensée analogique et symbolique et tente de définir, par une notion de *langage,* une réalité primordiale, antérieure à l'humanité actuelle, que nous laissent parfois entrevoir le rêve, la voyance, le mythe, la poésie et une étude attentive de la nature. Il s'attache donc à découvrir et à organiser les *analogies,* les similitudes, les ressemblances profondes qui apparaissent dans les diverses parties des sciences humaines encore embryonnaires : psychologie, sociologie, linguistique, études sur la mythologie. Mais il ne les sépare jamais des autres sciences, celles de la nature, la physiologie, l'anatomie, la médecine qu'il connaît bien. Ces analogies, il les projette dans un mythe cosmique auquel il adhère (le mythe chrétien), il cherche à savoir en quoi cette réalité primordiale, intuitivement pressentie et qu'il cherche à démontrer scientifiquement, est révélatrice d'un âge d'or de l'humanité et de la nature, et pourquoi celui-ci fut perdu. Et, loin de s'arrêter à une telle constatation, il découvre en ces vestiges d'une réalité perdue le germe et la certitude d'une vie future, la promesse d'une réintégration de tous les êtres. Dès lors, tout prend valeur de *symbole,* aucun élément n'est isolé, pas plus la nature que l'homme, pas plus l'homme que Dieu, et il s'attache à nous montrer les inextricables réseaux des liens qui unissent chaque chose au tout. Dans la seconde partie — qui correspond aux chapitres 6 et 7 et qui est consacrée aux sciences naturelles —, Schubert cherche à mettre sa métaphysique en accord avec la physiologie romantique. Cette tentative, bien qu'assez maladroitement menée et se soldant par un échec, n'en est pas moins caractéristique de l'effort du *Naturphilosoph* qui cherche à donner à toutes ses intuitions une base scientifique, voire même parfois expérimentale.

Une métaphysique du rêve

La première moitié de la *Symbolique* présente une division en deux parties distinctes ; dans la première (chapitres 1, 2, 3), Schubert développe sa pensée analogique en se fondant sur une étude synchronique des différents états qu'il se propose de commenter. Il y découvre l'identité profonde entre, d'une part, les créations de l'imagination humaine, et, d'autre part, l'âme humaine — ses expressions — et l'univers. Il analyse donc les rapports existant entre les diverses créations de l'âme et la nature. Dans la seconde (chapitres 4 et 5), il expose sa pensée symbolique et cherche, au terme d'une étude diachronique, à inscrire l'homme et la nature dans le vaste processus cosmique du mythe : âge d'or — chute — réintégration, commun à la plupart des théosophes. La nature se voit dès lors dotée d'une valeur symbolique, en ce sens qu'elle devient le symbole d'une réalité supérieure occultée par la chute dont l'auteur s'accorde à rechercher les traces et à déterminer les conséquences.

UNE PENSÉE ANALOGIQUE

Cette pensée analogique découvre tout d'abord l'identité profonde entre les diverses expressions de l'âme humaine. Le rêve (chapitre 1), la poésie et la prophétie (chapitre 2), le mythe (chapitre 3) révèlent à l'analyse une concordance sur l'essentiel. Cette analogie, Schubert lui donne, en bon disciple de Saint-Martin pour qui tout est Verbe, le nom de *langage,* et il en analyse au fil des deux premiers chapitres les caractères et les avantages. « En rêve, et déjà dans cet état de délire qui précède le plus souvent le sommeil, l'âme semble parler un tout autre langage qu'à l'ordinaire. » Mais il ne s'en tient pas au seul domaine onirique, si bien que le rêve devient dans la *Symbolique* le représentant de toutes ces expressions de l'âme humaine et de tous les états opposés à la conscience diurne. Tout d'abord, « ce langage n'est pas différent suivant les personnes [...] mais il apparaît assez semblable chez tous les êtres humains ou tout au plus infléchi par des nuances dialectales ». Schubert en affirme donc l'universalité. D'autre part, le langage onirique utilise une « nouvelle association d'idées [qui] s'établit d'une manière beaucoup plus rapide, mystérieuse et brève qu'à l'état de veille où nous pensons davantage en recourant à nos mots ». Il présente ainsi des avantages considérables et se révèle infiniment supérieur à notre langage fait de mots. D'autre part, « le cours des événements de notre vie semble s'organiser selon une loi d'association propre au destin, à peu près semblable à celle qui régit l'enchaînement des images oniriques. En d'autres termes : le destin en nous et hors de nous parle le même langage que notre âme dans le rêve ». Le caractère prophétique de certains songes est donc évident et explicable. Autre caractéristique, ce langage original est en contradiction plus ou moins permanente avec nos penchants et nos désirs de l'état de veille, d'où une certaine ironie : « Le rêve a aussi pour habitude de se jouer en quelque sorte de choses qui sont souvent très estimées à l'état de veille » ; ou encore : « Le poète caché en nous a également coutume de nous rappeler le côté funeste de tout notre bonheur terrestre. » Voici donc esquissées, dès le bref premier chapitre, les trois caractéristiques essentielles de ce langage original tel qu'il se manifeste dans le rêve, la poésie, la prophétie et le mythe, et autour desquelles s'orientent les réflexions de l'auteur : ce langage est *universel, prophétique* et *ironique*.

La première particularité — l'universalité de ce langage — c'est qu'il est constitué « d'images et d'hiéroglyphes » et que ces images sont communes à tous les hommes vivant sur la terre. Nous touchons là à la première des deux découvertes majeures issues de cette pensée analogique que Schubert développe au début de l'ouvrage ; ce langage universel a en effet sa source dans ces « côtés nocturnes » de notre être que l'esprit éveillé ne peut découvrir ou même soupçonner mais qu'un individu attentif aux pulsions de son âme et doué d'introspection peut parfois pressentir et même cultiver. Ces « côtés nocturnes » ne tarderont pas à être nommés par la science psychologique de l'époque *inconscient* (C.G. Carus utilise souvent cette notion). Mais cet inconscient n'est pas celui de Freud, c'est-à-dire un réservoir d'actes manqués, un dépôt d'ordures morales, le lieu où s'accumulent les refoulements et où les névroses mènent une existence souterraine. « Il n'est pas la chambre de débarras où une trappe automatique rejette les turpitudes de notre nature[1]. » L'âme humaine ne se résume pas non plus à la somme d'une série de facultés, ni au champ d'action de certaines forces mécaniques, comme le prétendaient les philosophes sensualistes et matérialistes du XVIIIe siècle pour qui la vie psychique était un champ clos où divers mécanismes physiologiques faisaient réapparaître dans le rêve, mais d'une manière brouillée, les perceptions fidèlement enregistrées par les sens pendant la journée. Les diverses écoles psychologiques du XVIIIe siècle ont tenté de réduire le rêve et, d'une manière générale, toutes les manifestations de l'inconscient à des lois aussi grossières que celles des « sucs nerveux » ou des « esprits animaux ». Pour ces rationalistes — comme pour Freud — il existe un déterminisme de type physiologique qui préside aux phénomènes inconscients. Les romantiques, quant à eux, considèrent que le rêve et les diverses manifestations de l'âme humaine sont les émanations d'une réalité supérieure et universelle se manifestant dans un langage compréhensible par tous les êtres ; « le langage onirique est l'activité naturelle de l'âme » (chapitre 2).

La nouvelle interprétation du rêve qui trouve son aboutissement et son illustration dans la *Symbolique* est due à deux générations de penseurs romantiques. La première a soupçonné l'importance du rêve et a porté une grande attention au phénomène. Ce fut celle de Lichtenberg, l'auteur cocasse des *Aphorismen,* qui affirma le premier « que l'on n'a guère jusqu'ici tiré tout le profit possible » du rêve et du monde auquel il nous donne accès ; puis celle de K.P. Moritz, le fondateur en 1783 du *Magazin zur Erfahrungsseelenkunde (Magazine pour la science expérimentale de l'âme),* où il répertoriait d'innombrables rêves prophétiques et ne cessait de recommander l'étude des songes « pour mieux connaître ce qui se passe en nous » ; enfin celle de Jean-Paul, « le maître incontesté du rêve, le poète des grands songes cosmiques »[2], qui écrivit non seulement des romans où il se révéla un incomparable explorateur du monde onirique, mais aussi plusieurs traités sur le rêve. La seconde génération fut celle des philosophes romantiques qui systématisèrent les conquêtes de leurs aînés et élaborèrent une véritable philosophie de l'inconscient. A cet égard, Schubert apparaît, avec la *Symbolique,* comme le maillon intermédiaire entre I.V. Troxler, qui fonda la première métaphysique du rêve[3], et C.G. Carus, qui élabora un système complet de l'inconscient[4].

Mais Schubert ne s'en tient pas au seul domaine onirique. Dans le deuxième chapitre, il se propose de comparer le monde du rêve à celui de la poésie et de la révélation. Le rêve partage avec la poésie et la prophétie « cette langue faite d'images et d'hiéroglyphes dont se sert la Sagesse suprême dans toutes ses révélations à l'humanité, qui se retrouve dans le langage tout voisin de la poésie et qui, dans notre état actuel, ressemble davantage à l'expression métaphorique du rêve qu'à la prose de l'état de veille ». L'auteur soupçonne donc l'analogie fondamentale existant entre le rêve, la poésie et la révélation par le fait que leur langage est identique puisque fait d'images dont le contenu est universellement valable, identité que Schubert étend au mythe et aux images mythiques dans le chapitre 3. Nous trouvons dans cette première partie de l'ouvrage un rapprochement particulièrement judicieux et hardi qui met en évidence l'universalité des créations de l'inconscient et qui démontre, si besoin était, que la découverte de l'inconscient (non freudien) est bel et bien le fait des penseurs romantiques. Nous sommes ici curieusement près de la conception de C.G. Jung, qui reconnaît certes, comme le fit Carus, la présence d'un inconscient personnel, individuel, mais démontrera l'existence d'un inconscient collectif — « absolu » chez Carus et différent de l'inconscient « relatif » — se manifestant aussi bien dans les rêves individuels, les œuvres poétiques et artistiques que dans les mythes collectifs et les systèmes religieux. L'un des grands mérites de Schubert dans la *Symbolique* est aussi d'attirer l'attention du lecteur sur cette « fonction de compensation » du rêve, sensible en maints endroits, et que C.G. Jung attribuera à l'inconscient tout entier ; « une grande partie de nos rêves [...] est constituée par un verbiage creux et insignifiant et parfois l'âme se dédommage dans le rêve de tous les inutiles bavardages qui lui sont refusés dans la journée, de même que les âmes profondes, qui semblent n'avoir point de moyen d'expression à l'état de veille, en trouvent un, plus puissant et plus riche, dans le songe » (chapitre 1). D'autre part, les analogies qu'il découvre s'avèrent particulièrement fécondes puisqu'elles nous ouvrent la voie à une meilleure compréhension des phénomènes psychiques ; celle-ci est introduite par la notion de langage, qui parcourt toute la première partie de l'ouvrage. Si ce langage est universel, c'est qu'il remonte aux origines ; là, Schubert se révèle le disciple de Hamann et de Herder en affirmant que « la poésie est [...] la langue originelle des peuples, la prose n'étant, somme toute, qu'une invention plus tardive ». Dans les *Aphorismen und Aussprüche* (Aphorismes et maximes), 1762, de Hamann, nous lisons en effet : « La poésie est la langue maternelle du genre humain ; elle est antérieure à la prose comme le jardinage est antérieur à l'agriculture, la peinture à l'écriture, le chant à la déclamation, les métaphores aux raisonnements, le troc au commerce. » Et Herder de son côté affirmait en 1770, au sujet des origines du langage, que « la poésie est antérieure à la prose ; car qu'est-ce que le langage à ses débuts sinon une imitation de la nature s'exprimant, agissant et se mouvant, un résumé des éléments de la poésie ? »

L'autre influence déterminante qui trouve son écho dans le deuxième chapitre de la *Symbolique* est celle de Novalis que Schubert n'avait cessé de lire. Des affirmations comme : « Le langage poétique est plus expressif, plus puissant que la prose », « La poésie est la clef de notre énigme intérieure », nous rappellent la valeur suprême que le poète des *Hymnes à la nuit* lui accordait : « La poésie est l'absolue réalité », « La poésie est la représentation du fond de l'âme, du monde intérieur dans sa totalité ». Ainsi est-elle pour les penseurs romantiques, et naturellement pour Schubert, une autre voie royale menant à la connaissance de l'inconscient, « c'est au-dedans de nous que mène le chemin mystérieux ». Cette haute conception de la poésie, considérée comme une véritable source de connaissance et comme un sacerdoce, justifie dès lors tous les rapprochements qu'opère Schubert entre poésie et révélation ; « l'âme qui, lorsqu'elle parle le langage du rêve, réussit à effectuer des combinaisons prophétiques et à voir dans l'avenir, dispose également de cette faculté dans la sphère de la poésie supérieure ; l'inspiration véritablement poétique et l'inspiration prophétique sont apparentées ; les prophètes étaient toujours des poètes ».

La poésie n'est donc en aucun cas un passe-temps divertissant comme pour les rationalistes du XVIIIe siècle, mais bel et bien un moyen d'accéder à certaines régions obscures en communication avec une réalité plus profonde que celle que nous atteignons à l'état éveillé où nous nous servons de la prose pour nous exprimer. La poésie retrouve chez Schubert, comme naguère chez Novalis, ce caractère sacré qui l'oppose radicalement au monde prosaïque. Elle est apparentée à la prophétie, au mythe, et même aux vaticinations des pythies de l'Antiquité où Schubert découvre « l'effet apaisant, comme assoupissant, du mètre qui entraîne l'âme dans la sphère des sentiments obscurs et du rêve ». Cette plongée dans les profondeurs de l'âme humaine par la poésie est donc susceptible de retrouver par le rythme poétique, qui joue ici le rôle d'incantation magique, l'harmonie de l'univers dont le rythme correspond à celui de l'âme exaltée par le chant qui, en assoupissant la conscience diurne, favorise l'éclosion de la vie inconsciente.

Le rêve et la poésie, vestiges d'un âge d'or révolu, furent donc deux modes d'expression caractéristiques de ce langage primitif que l'homme des origines parlait spontanément sans faire appel à la conscience et à la volonté. Mais il existe un troisième élément — exposé dans le troisième chapitre —, écho de ce langage originel perdu et constitué, comme le tissu du rêve, de la poésie et de la prophétie, par les mêmes images universellement compréhensibles, c'est le mythe. Instruit des récentes découvertes dans le domaine de la mythologie par son brillant collègue de Nuremberg, Kanne, auteur de *Pantheon der ältesten Philosophie* (Panthéon de la plus ancienne philosophie), 1810, *System der indischen Mythologie* (Système de la mythologie indienne), 1813, et *Älteste Urkunde* (Document primordial), 1808, Schubert lut avec beaucoup d'intérêt ses ouvrages ainsi que ceux de F. Creuzer. Nous voyons ainsi comment, toujours à la pointe de la science de son temps, il intègre dans son système un domaine de connaissance à l'état naissant ; les premiers ouvrages d'étude mythologique furent ceux de F. Schlegel, *Über die Sprache und Weisheit der Inder* (Sur la langue et la sagesse des Indiens), 1808, de J.J. Wagner, *Mythologie der alten Welt* (Mythologie de l'Ancien Monde), 1808, et de J. Görres, *Mythengeschichte der asiatischen Welt* (Histoire mythologique du monde asiatique), 1810. Le langage mythique présente toujours chez tous les peuples la notion et l'image d'un dieu devenu homme, assez semblable à celle du Christ. Et Schubert cite Dionysos pour les Grecs, Osiris pour les Egyptiens, Shiva pour l'Inde et Mithra pour la Perse. Il y a donc, ici aussi, universalité de la forme et de la signification de ce personnage, qui est partout « le créateur des âmes et le guide de la destinée » et celui qui « éveille en elles la nostalgie du retour au divin ». Schubert, faisant le bilan de la science mythologique encore approximative de son temps, évoque et illustre l'universalité de ce psychopompe. Il remarque également que les attributs du dieu sont partout les mêmes : l'abeille est « l'être royal et sacré, symbole d'abondance, de sagesse, de justice », mais aussi celui « de la génération, de la force créatrice », au même titre que le taureau qui représente partout « le principe stable, de lumière, renaissant de ses cendres », l'animal du sacrifice que Dionysos incarnait sous la forme du « taureau cosmique ». Mais Schubert ne se borne pas à ces constatations et il établit avec beaucoup de perspicacité les rapports et les similitudes existant entre le mythe et le rêve ; « dans ce langage des mystères, nous sommes aussi dans un domaine apparenté au rêve, nous nous croyons au cœur d'un rêve prophétique ». Pour tous les peuples de l'Antiquité, « le dieu devenu nature était rêve et explication du rêve », d'où les analogies qu'il découvre entre ces deux domaines de connaissance et qui nous apparaissent d'une frappante modernité, nous qui avons le privilège de bénéficier des remarquables travaux de mythographes comme G. Dumézil et M. Eliade.

Nous voyons donc comment l'auteur parvient, par le biais de la notion de rêve, à amalgamer les diverses intuitions des penseurs et poètes romantiques relatives aux grandes manifestations de l'âme humaine, et à en faire un tout cohérent et structuré dont le trait pertinent est cette entité qu'il nomme, à la suite du « Philosophe Inconnu », *langage*. Il est le premier penseur de son époque à avoir un pressentiment aussi net de l'unité des phénomènes psychiques mais, bien loin de les ramener à une cause strictement individuelle et pathologique — comme le fera Freud —, il leur attribue sans tarder une dimension métaphysique ; ces différents états, où l'âme s'abandonne à son activité spécifique se traduisant par un langage universel, nous font accéder à une réalité primitive et supérieure.

Schubert n'ira pas plus loin dans cette découverte et il faudra attendre l'œuvre de C.G. Carus (1789-1869) pour trouver une véritable philosophie de l'inconscient, complète et synthétique. Le principal mérite de Schubert, à l'issue des trois premiers chapitres, est de découvrir dans la science de son temps les profondes analogies qui unissent rêves, poésie, prophétie et mythe, et d'apporter sa contribution — brillante par les fulgurants aperçus qu'elle recèle, mais souvent maladroite par la démonstration et les exemples choisis — à l'élaboration de cette authentique théorie de l'inconscient conçu non comme un domaine clos livré à un déterminisme mécaniste, mais comme le lieu où se concentrent et s'amalgament les diverses créations de l'imagination humaine, rêve, poésie et mythe devenant les vestiges d'un état sublime et glorieux de l'humanité.

En authentique philosophe de la nature, il ne cesse de rechercher les analogies, et, après avoir découvert l'universalité des phénomènes inconscients, il étend sa quête des similitudes à ce qui est distinct de l'homme : la nature. Là encore, il ne se heurte point à une réalité lointaine, étrangère, voire hostile. En adepte de la philosophie de l'identité de Schelling, il redécouvre l'analogie profonde qui unit ces deux éléments ; l'âme humaine et la nature s'avèrent semblables, puisque les mêmes forces s'y trouvent à l'œuvre, la nature n'étant point une matière inerte et inanimée mais un organisme en mouvement, mû par un dynamisme créateur analogue à celui qui préside aux manifestations de l'âme humaine. Cette analogie, il ne la met pas en évidence comme Schelling par le fait, entre autres, qu'Esprit et Nature sont tous deux à la fois sujet et objet *(System des transzendentalen Idealismus, Darstellung meiner Philosophie* [5]*)*, mais il affirme, par la continuité de sa notion initiale de langage, que « les originaux des images et des formes qu'utilisent le rêve, la poésie et la révélation se trouvent dans la nature qui apparaît comme un monde du rêve incarné, comme une langue prophétique dont les hiéroglyphes sont des êtres et des formes ». Nulle part mieux que dans cette phrase, on ne peut constater l'orientation nouvelle de Schubert qui se détourne de la philosophie schellingienne afin d'adopter celle du « Philosophe Inconnu » pour lequel tout est verbe, langage, et chez qui la nature apparaît comme un vaste « hiéroglyphe » que l'homme a la possibilité de déchiffrer.

« Les produits de la nature sont les originaux des images oniriques. » Ce langage, dont Schubert constate l'universalité chez tous les peuples et dans toutes les créations de l'âme humaine, est constitué d'images qui ne sont point arbitraires ou conventionnelles, mais qui sont puisées dans la nature, ce vaste « livre d'images ».

Dès à présent, nous ne sommes plus étonnés de constater sa richesse et son intelligibilité universelle. Schubert illustre son propos par de nombreux exemples ; le langage des fleurs est partout le même puisque l'homme, d'où qu'il vienne, accorde toujours la même signification symbolique à la même fleur. Et il en est de même pour tous les éléments de la nature : la terre, l'arbre, etc. Voilà une intuition remarquablement moderne ; c'est une véritable préfiguration de l'étude des symboles et des structures imaginatives telle que la mèneront au XXe siècle Bachelard avec son imagination des éléments ou encore Gilbert Durand dans ses *Structures anthropologiques de l'imaginaire* (Paris, Bordas, 1960). Mais ce qui intéresse Schubert, c'est d'affirmer après Saint-Martin que « la nature qui nous environne dans toute la variété de ses éléments et de ses formes apparaît comme un verbe, une révélation de Dieu à l'homme, révélation dont les lettres sont des êtres vivants et des forces mouvantes ». Dès lors les productions de l'âme prennent tout leur sens : « La nature devient l'original de cette langue métaphorique dans laquelle la divinité s'est révélée depuis toujours à ses prophètes et aux âmes consacrées à Dieu, cette langue que nous trouvons dans toute la Révélation écrite et que l'âme, dont elle est la langue originelle et naturelle, parle en rêve et dans ces états voisins de l'inspiration poétique et de l'exaltation pythique. » La nature et l'homme étant deux émanations de la sphère divine, il n'est pas étonnant que nous trouvions dans chacun d'eux les mêmes éléments et qu'ils s'avèrent parfaitement analogues.

D'autre part, ce langage de la nature possède les mêmes avantages sur notre langage verbal et surtout les mêmes caractères que ceux que nous avons constatés dans le rêve, la poésie et la révélation. Tout d'abord, il est ironiquement en contradiction avec nos penchants de l'état de veille : naissance et mort coexistent étroitement dans la nature puisque certains êtres vivent sur les restes d'animaux morts ; de même, la haine et l'amour se côtoient et les animaux les plus apparentés sont souvent les plus opposés.

Ce langage de la nature présente, d'après Schubert, le même caractère prophétique que nous avons constaté dans les rêves prémonitoires, la poésie et la prophétie, le mythe ; l'auteur le retrouve sous la forme de l'instinct du monde animal se manifestant dans les migrations des oiseaux et cette faculté de prémonition que l'on constate chez les animaux lors de catastrophes naturelles comme les inondations, les éruptions volcaniques, les tremblements de terre, alors que les hommes n'en pressentent pas la venue. Mais, là encore, Schubert ne se contente pas de constater ces similitudes, il tente de les expliquer : « Si la nature est une parole de la Sagesse éternelle, une révélation de celle-ci à l'homme, cette révélation doit donc avoir le même contenu que celle que les hommes ont fixée par l'écriture. » Par une telle affirmation de l'identité du Livre de la Nature et de l'Écriture sainte, Schubert retrouve la pensée d'un *Naturphilosoph* comme Paracelse, pour qui il y avait deux grands livres, la Nature et la Bible. L'auteur redécouvre ainsi l'analogie fondamentale sur laquelle reposait toute la cosmologie des penseurs de la Renaissance, l'identité entre l'homme-microcosme et la nature-macrocosme, et retrouve la tradition néo-platonicienne pour qui l'homme et la nature sont deux émanations du Verbe divin. Le lieu de notre ressemblance la plus frappante avec le cosmos, c'est notre âme où le *poète caché* calcule par une « algèbre supérieure » les relations du présent, du passé et de l'avenir. Il n'y a donc pas, pour ces penseurs et pour Schubert, de rupture, de hiatus entre le monde intérieur et le monde extérieur puisqu'ils sont fondamentalement identiques et issus du même principe créateur. Il existe une étroite analogie entre les images surgissant de notre âme dans les moments de passivité incontrôlée et l'enchaînement des faits extérieurs. « Au lieu d'un intellect qui, par l'intermédiaire des sens, enregistre fidèlement un monde soumis à un déterminisme rigoureux, une vie intérieure libre et spontanément créatrice se trouve en harmonie avec la vie également spontanée de l'univers.[6] » Dès lors, nous voyons apparaître dans toute son évidence et sa souveraineté ce caractère prophétique se manifestant dans les rêves prémonitoires, les inspirations poétiques, les révélations des prophètes, les images mythiques et les forces à l'œuvre dans le cosmos dont la métamorphose des insectes devient, sous la plume de Schubert, à la fois l'illustration et le symbole réconfortant. En effet, à l'issue de cette démonstration, la mort retrouve tout son sens, elle n'est plus conçue comme la fin de toutes choses, mais comme la promesse d'une renaissance, l'intuition prophétique d'un au-delà supérieur.

Ainsi, après avoir démontré le caractère résolument universel de ce langage fait d'images se manifestant aussi bien dans les créations de l'âme humaine que dans celles, inconscientes et spontanées, de la nature, Schubert nous donne une explication — parfois puérile par les exemples choisis, mais toujours fort intéressante — de la deuxième caractéristique de cette même réalité, l'aspect prophétique. Son incongruité au début de ce XIXe siècle est évidente mais, sans celui-ci, il nous est impossible de comprendre les diverses sciences qui ont connu à la Renaissance un extraordinaire essor avant de susciter, à l'époque romantique, un regain d'intérêt, par exemple l'astrologie. En effet, si la nature est le reflet de l'âme humaine, il ne fait aucun doute que notre destinée et la marche du cosmos soient identiques. Il n'est pas étonnant que les astres portent les traces de chaque destinée individuelle ; aucun geste n'est isolé et ses répercussions s'étendent à la nature tout entière en vertu des infinies correspondances qui nous unissent à elle. La tradition théosophique connaît bien cette pensée analogique, et des esprits comme Jakob Böhme, Oetinger, Saint-Martin et les romantiques adhèrent au mythe de la chute expliquant à la fois le péché originel de l'homme et la dégradation de la nature.

UNE PENSÉE SYMBOLIQUE

Dans le chapitre 3, nous lisons que la nature « est la plus ancienne Révélation connue de Dieu à l'homme, le Verbe d'où sont issues les révélations suivantes ». L'allusion à la Bible est claire ; mais pourquoi une seconde révélation (écrite, cette fois) fut-elle nécessaire à l'homme ? La réponse est esquissée à la fin du même chapitre puis largement commentée et illustrée dans les chapitres 4 et 5. « Mais, depuis la confusion des langues, nous ne sommes plus capables de comprendre le sens profond de ce langage, nous avons besoin de la Révélation écrite qui nous fut donnée à l'aide des mots. » Après avoir développé sa pensée analogique qui, riche en aperçus fulgurants et en rapprochements remarquables, l'a amené à attester la découverte de l'inconscient romantique et à réaffirmer l'analogie fondamentale entre l'homme et la nature, Schubert se livre à une réflexion où il fait intervenir une pensée de type encore analogique mais cette fois-ci, non plus horizontale, mais verticale ; c'est ce que nous appellerons sa pensée symbolique, fondée sur une étude diachronique de l'humanité et du cosmos, tous deux s'inscrivant dans le déroulement d'une méta-histoire illlustrée par le mythe. Dans cette seconde partie de la première moitié de l'ouvrage, Schubert observe l'ambiguïté de l'âme humaine et démontre la perte de la compréhension de la nature par le mythe de la chute.

Cette étude symbolique et diachronique n'est pas, malgré le manque de rigueur dont fait preuve l'auteur dans son exposé, surajoutée ou collée à ce qui précède ; en effet, elle est déjà en germe et en filigrane dans les trois premiers chapitres. Ce langage que l'auteur y détermine, et dont il étudie les avantages et les caractéristiques, nous a déjà livré deux de ses aspects : son universalité et son caractère prophétique. Il en existe un troisième, c'est l'ironie. Elle est évoquée dès le premier chapitre, où le contenu de certains rêves est en contradiction ironique avec les penchants et les désirs qui nous animent à l'état de veille ; « l'étrange poète caché en nous paraît trouver un plaisir bizarre à ce qui nous attriste et avoir, par contre, une idée très grave de nos plaisirs : preuve qu'il ne se sent pas toujours à son aise dans notre existence actuelle ». Cette affirmation est d'une importance capitale pour le reste de l'ouvrage ; l'homme se trouve dans un état et un monde qui ne conviennent plus à son âme. Il y a donc une déchirure, un accident de parcours à l'origine de cette situation. Cette ironie est aussi présente, bien évidemment, dans le deuxième chapitre consacré à la poésie et à la prophétie. La poésie tout d'abord est, par son opposition au monde prosaïque, en constante contradiction avec celui-ci : « Le monde de la poésie tout entier se trouve dans un rapport plus ou moins ironique avec le monde des aspirations et des besoins quotidiens, et les destinées de la plupart des poètes nous font clairement sentir ce contraste qui oppose l'univers poétique et le monde prosaïque. » La révélation prophétique est, elle aussi, un scandale constant vis-à-vis de l'existence quotidienne : « Ce ton de l'ironie que nous avons déjà remarqué dans le langage du rêve sillonne également, mais d'une manière infiniment supérieure, les prédictions de tous les prophètes. » Et Schubert d'évoquer, par de nombreux exemples, la vanité de notre monde et de tout ce qui nous valorise et nous grandit dans la vie quotidienne. La nature présente également cet aspect ironique de multiples manières ; le troisième chapitre nous livre en outre une esquisse de l'évolution qu'elle a suivie : « Dans tout l'univers sensible qui nous entoure, comme dans le monde spirituel, se manifeste la lutte incessante de deux principes qui, à l'origine, cohabitaient harmonieusement et où l'existence de l'un était inséparable de celle de l'autre jusqu'à un moment donné où la discorde s'alluma entre eux » (chapitre 3). Dans cette phrase, nous pouvons constater l'influence de la philosophie de Jakob Böhme, pour qui l'évolution et en fin de compte toute dynamique résultent de l'opposition contradictorielle entre deux éléments tendant à leur mutuelle destruction, jusqu'à ce que l'unité perdue soit réinstaurée. Schubert cite et illustre les différentes étapes de cette évolution depuis la chute originelle, et un vaste *Addendum* vient compléter cette description historique où il cherche, par de longs calculs, à démontrer que la nature confirme les Écritures.

Cette ironie des expressions les plus remarquables de l'âme humaine corrobore donc la déchirure dont la nature actuelle nous livre la trace. Mais cette lutte acharnée et impitoyable de deux principes dans le monde sensible a, en vertu des analogies et des correspondances dont Schubert vient de démontrer l'importance et l'étendue, nécessairement un reflet dans l'homme. Elle est sensible dans l'ambiguïté de l'âme humaine : « Le poète caché en nous, dont les manifestations sont ironiquement en contradiction permanente avec les conceptions qui interviennent quotidiennement dans notre vie matérielle, démontre, par là, sa parenté intime avec une partie obscure de la nature humaine, la conscience » (chapitre 4). Cet « organe moral » se présente sous l'aspect d'un souvenir, plus ou moins marqué suivant les individus, de la nature spirituelle de l'homme. Il y a donc eu un accident, voire une catastrophe à l'issue de laquelle l'homme doit s'être modifié et avoir perdu certaines de ses facultés. On peut trouver la trace de cette déchirure initiale dans le fait que cet « organe moral » est susceptible d'être le porte-parole des influences mauvaises aussi bien que des bonnes, d'où son ambiguïté. Ici nous constatons que Schubert a tendance à adopter une attitude dualiste vis-à-vis de l'inconscient ; l'homme est susceptible d'être tenté par le démon, car toutes les manifestations de l'inconscient sont désormais équivoques. Cette division de la conscience trouve son exacte correspondance dans l'ambiguïté des mystères antiques. Schubert constate qu'ici aussi il y a eu confusion ; « s'il est indéniable que l'esprit d'une connaissance supérieure et objective et d'une communauté très intime avec le divin régnait dans les enseignements ésotériques et les offices secrets, nous constatons qu'à l'opposé ces cérémonies perdirent beaucoup de leur pureté initiale dans ces abominations orgiaques engendrées par une sensualité frénétique et bestiale » (chapitre 5). Cette aberration s'est propagée, si bien que « la cruauté sanguinaire et le fanatisme se sont toujours associés précisément à ces enseignements qui, à l'origine, contenaient les émanations les plus puissantes de la Vérité supérieure et de la Connaissance divine ». La meilleure illustration de cette funeste évolution est Dionysos lui-même, car il est à la fois « un guide soustrayant les âmes à la matérialité et les reconduisant à leur origine pure et divine [...] et le créateur et le souverain du monde des plaisirs des sens ». Schubert découvre également la trace de ce qu'il appelle *confusion des langues* dans certains phénomènes linguistiques ; les mots désignant le chaud et le froid ou la lumière et le mensonge ont souvent la même origine. Nous le constatons, le « philosophe candide » fait preuve de beaucoup de naïveté dans l'énoncé de ces vestiges de la catastrophe initiale, il émet un jugement de valeur fort subjectif sur les mythes dionysiaques, mais il ne faut pas oublier que la science mythologique n'en était alors qu'à ses premiers balbutiements. L'important, c'est de voir que Schubert, après avoir établi, entre autres, l'universalité de ce langage primitif, recherche partout les séquelles de la *confusion des langues* ; c'est la même pensée analogique qui les lui fait découvrir dans tous les domaines, notamment dans ceux où il venait de démontrer les deux premiers caractères d'universalité et de correspondance prophétique.

Cette catastrophe que l'auteur pressent partout et dont il met à nu les séquelles les plus évidentes, il ne tarde plus à l'appeler, à la suite des théosophes et surtout de Saint-Martin, « chute primordiale ». Sous l'influence de la pensée du « Philosophe Inconnu », il reprend la notion de langage et aborde le problème de la chute par le biais de la *confusion des langues*. Cette image biblique illustre à merveille le propos de Schubert ; le langage primitif, par lequel l'homme originel communiquait avec ses semblables, la nature et Dieu, a été corrompu. Dès lors, le rêve, la poésie, la prophétie, le mythe et même la nature dans son état actuel ne sont que des vestiges, des traces presque effacées, l'ombre de ce langage des origines. Schubert passe sous silence le début du mythe cosmogonique tel que Saint-Martin l'avait hérité de son maître Martinez de Pasqually [7] ; car ce qui l'intéresse, c'est de décrire la chute et ses conséquences. Il se livre donc à une recherche des causes qui ont amené une telle catastrophe et il amalgame dans cette évocation du mythe des origines diverses influences dont celle de Saint-Martin est naturellement de loin la plus sensible et la plus importante. « Le penchant fondamental de notre nature spirituelle créée pour l'amour s'est déplacé et a déserté l'objet correspondant à son désir éternel pour se fixer sur un autre, beaucoup plus vil et précaire. » L'homme s'est donc mis à adorer le monde sensible en lui-même, au lieu de continuer à aimer, à travers lui, l'Esprit divin ; telle est donc la cause de la chute de l'homme qui n'a pas su garder à l'univers sa transparence originelle. C'est ici qu'intervient cette dimension symbolique que Schubert, à la suite des théosophes, et de Saint-Martin, attribue au monde sensible. Pour ceux-ci, en effet, la nature n'était pas à l'origine une entité isolée de Dieu, mais son reflet, son miroir et donc son symbole [8]. Dieu a en effet besoin, pour se connaître lui-même, d'un miroir lui réfléchissant son action — Dieu étant essentiellement désir et action. Pour Saint-Martin comme pour Jakob Böhme, la nature est nécessaire au devenir divin. Mais, à la suite de la chute de Lucifer, Dieu émancipe la nature et l'homme, ce qui a pour conséquence de donner une forme (« corps glorieux ») à ces deux entités. La nature est dès lors destinée à servir de prison à l'être pervers et l'homme est chargé de l'y maintenir et de l'y amener à résipiscence. Mais, et c'est ici que Schubert prend le fil du mythe dans la *Symbolique*, l'homme se trouve fasciné par la nature et c'est la chute amenant le chaos dans l'univers. « Le monde sensible qui nous environne devait être le symbole de la région supérieure et de l'objet de notre inclination spirituelle. Mais, par une illusion d'optique, l'ombre du monde supérieur est devenue l'original, et celui-ci l'ombre de l'ombre. » L'homme a donc entraîné la nature dans sa chute et l'univers est désorganisé. L'influence martiniste est sensible en maints endroits de ce chapitre consacré à la *confusion des langues* : « Les mots de ce langage qui existaient entre Dieu et les hommes étaient les êtres qui constituent aujourd'hui encore (mais en tant qu'ombres de l'original) la nature qui nous environne. » Pour Saint-Martin, l'univers fut en effet enfermé, par la faute de l'homme, dans une matière qui n'était pas celle, glorieuse, de la première transformation, mais est la matière pesante que nous connaissons aujourd'hui. Schubert compare la nature à un sublime mécanisme dans lequel l'homme a jeté la confusion : « Le beau mécanisme, violemment coupé de son origine qui lui donnait vie et mouvement, s'arrête, un rayon miséricordieux venu d'en haut ne lui assure plus que la force d'un renouvellement et d'une régénération constamment et uniformément circulaire. » Nous pouvons déceler ici une autre influence dans cette évocation du mythe de la chute, celle de Novalis. Pour le poète des *Hymnes à la nuit,* la chute vient en effet de ce que, l'homme ayant perdu le sens de la vie spirituelle et s'étant enfermé dans la poursuite d'intérêts égoïstes, la nature a perdu sa spontanéité initiale et s'est engourdie dans le mécanisme et l'habitude. Il s'est donc produit un affaiblissement de la spiritualité, tout d'abord dans l'homme, puis dans la nature. De rigides lois mécaniques sont venues supplanter l'harmonie et la vie spontanée de l'univers. Les forces à l'œuvre dans la nature ne sont plus des énergies spirituelles mais des forces aveugles qui se contentent de maintenir et de transmettre la vie. On croirait même parfois entendre Novalis lui-même : « Nous considérons les propriétés physiques des formes symboliques de la Création comme leur signification, alors que leur sens originel nous échappe. » Comment ne pas penser, en lisant ces lignes, au fameux poème de *Heinrich von Ofterdingen* (Henri d'Ofterdingen) : « Wenn nicht mehr Zahlen und Figuren / Sind Schlüssel aller Kreaturen », tant l'esprit dont sont issues ces deux phrases est unanime dans la contestation de la valeur réelle de notre science physique et mathématique qui mesure, pèse et dissèque, mais ne parvient pas à la connaissance véritable.

Si nous continuons à rechercher les influences sensibles dans cette évocation du mythe de la chute, celle de l'illustre Swedenborg s'impose à nous par la référence à ce monde des esprits avec lesquels le célèbre théosophe prétendait être en relation. Schubert, nous l'avons vu, fut initié au mode de pensée de cet homme par le « boulanger mystique » Burger de Nuremberg, et l'anecdote choisie illustre fort bien cette idée de chute telle que l'auteur l'a exposée — de façon désordonnée, mais avec conviction et sincérité — tout au long du 5ᵉ chapitre. L'apparition qu'elle évoque représente de manière symbolique la chute de l'homme, et son interprétation est particulièrement intéressante : l'être igné c'est l'Amour céleste ; l'oiseau symbolise l'amour spirituel pour Dieu, et l'esprit qui veut s'en emparer représente le genre humain qui cherche à posséder la nature, car il s'est mis à l'adorer dans le but d'en jouir et oublie d'aimer, à travers elle, Dieu. Les couleurs de l'oiseau deviennent de plus en plus ternes, il se met à s'affaiblir et devient finalement une pierre inerte : voilà l'image la plus saisissante de la dégradation de l'univers par la faute de l'homme. Mais il y a plus ; Schubert cherche à démontrer par cette anecdote « l'évolution que suivent le langage et la science, de leur origine qu'est l'Amour divin jusqu'à leur engourdissement actuel ». A cet effet, les habitants de Mars qui rendent visite à Swedenborg sont des êtres dissimulant aux autres le sentiment qui motive leur pensée et restent, ce faisant, artificiellement dénués de toute émotion. L'élément qui intéresse Schubert dans cette évocation, c'est le fait que ces êtres privilégient la connaissance au détriment du sentiment, en d'autres termes qu'ils séparent science et amour, foi et connaissance, d'où leur apparence de vie et leurs errements. Ici se révèle l'influence déterminante qu'a eue sur le « philosophe candide » le grand théosophe Franz von Baader, pour qui foi et savoir sont inséparables ; il alla même jusqu'à affirmer que la religion devait devenir une science et la science une religion, qu'il fallait savoir pour croire et croire pour savoir [9]. Ces deux notions sont donc indissociables pour le théosophe, et Schubert affirme l'étroite imbrication de l'une dans l'autre : « De la même manière que tout besoin, tout amour nous fait accéder à un savoir particulier, cette aspiration présente en l'homme (son amour pour le Créateur) amena à une connaissance comparable [...] aux cordes d'une lyre à l'aide de laquelle il chanta son aspiration éternelle et grâce à laquelle il put percevoir le Verbe et les accents de l'Amour éternel. »

Après avoir retracé le devenir de la nature et de l'homme au terme d'un scénario dramatique caractéristique de toute théosophie authentique, l'auteur se propose d'examiner les conséquences de cette *confusion des langues*. Elles sont multiples et là encore nous y décelons une influence martiniste incontestable. La nature tout d'abord est devenue le siège de l'amour que l'homme vouait primitivement à Dieu ; mais, ayant perdu sa transparence originelle — sa valeur de symbole —, elle est devenue opaque (Saint-Martin dit que la matière s'est coagulée). L'univers est donc devenu indéchiffrable et l'homme n'est plus capable de comprendre ce langage — ce hiéroglyphe, dit Schubert à la suite de Saint-Martin —, d'où la dichotomie existant actuellement entre l'être humain et la nature, et cet état de séparation douloureusement ressenti par les romantiques. Privé du livre dans lequel il lisait la parole divine, l'homme est aveugle et isolé. Autre conséquence, cette catastrophe a entraîné l'apparition dans la nature de caractères antagonistes, c'est-à-dire sexuels, très marqués, et la deuxième édition de la *Symbolique* (1821) fait une large place à l'explication de cette anomalie dans le monde végétal : « Les types végétaux les plus anciens de notre globe [...] ne recèlent aucune différenciation sexuelle », puis dans le règne animal : « L'éléphant, le représentant le plus achevé du monde animal primitif, est, parmi tous les animaux que nous connaissons, le plus chaste » *(cf. addendum [H])*. Pour Schubert, comme pour beaucoup de théosophes, le monde des origines ignorait la différence des sexes et l'homme était cet « androgyne au corps glorieux » dont nous parlent Böhme, Saint-Martin et Baader.

Cette déchirure que l'auteur constate dans la nature trouve son écho dans l'âme humaine. Elle est déchirée puisque ses manifestations sont devenues ambiguës, « ce qui devait être le langage de la veille est à présent pour nous l'obscur langage du rêve ; la région du sentiment, même du plus profond et du plus pur à l'origine, la région de l'âme est désormais, tant qu'elle réside dans cet instrument tendu de cordes doubles et terriblement différentes, une région pleine de dangers ». L'homme ne peut donc plus se fier aux messages de son âme, car elle est devenue véritablement suspecte. Dès lors, les vestiges divins que les états d'inconscience et de relâchement de la volonté nous faisaient découvrir sont frappés de la même malédiction ; « quand le rêve, la poésie et la révélation parlent en nous le langage du sentiment et de l'amour, ils éveillent, en même temps que l'aspiration éternelle et divine, les penchants et les désirs sensuels ; la source même de la vie est empoisonnée ». Simultanément, la poésie, cette « langue originelle du genre humain », s'est muée en froide prose et, pour toute consolation, nous ne disposons plus que d'un seul moyen d'expression, notre langage articulé fait de mots qui, vis-à-vis de cette langue métaphorique, représente une régression considérable et devient l'image de la perte de nos pouvoirs primitifs.

Le rêve et la physiologie romantique

Ainsi, au terme de cette analyse occupant toute la première partie de l'ouvrage où Schubert cherche à fonder sa métaphysique du rêve, nous mesurons l'évolution de sa conception, et celle-ci apparaît somme toute assez négative ; à la qualité d'authentique vestige divin que l'auteur accordait sans restriction aux états d'inconscience, se substitue dès à présent une méfiance extrême légitimée par l'ambiguïté dont est frappée l'âme humaine tout entière à la suite de la chute originelle. Ici, Schubert semble se rétracter, comme s'il avait le sentiment d'être allé trop loin et nous verrons les raisons de ce changement d'attitude. Mais toute philosophie de la nature se doit aussi de présenter une explication physiologique des phénomènes dont elle entend démontrer l'existence. L'auteur se propose donc, dans la seconde partie de l'ouvrage (chapitres 6 et 7), de mettre en accord sa métaphysique et sa science physiologique.

Schubert se livre alors à une vaste digression physiologique — dont le but est manifestement d'attester ce qu'il a affirmé dans la première partie — où nous sentons nettement l'influence de ses études médicales et celle de la *Naturphilosophie* de son époque. Il ne s'éloigne pas de la physiologie romantique pour laquelle l'organisme humain présente une opposition des plus significatives. Le système cérébral, le cerveau, est le siège de l'esprit, de la conscience éveillée, de la volonté et des diverses facultés intellectuelles ; le système ganglionnaire — on dirait aujourd'hui système nerveux végétatif — est par contre la zone d'influence de l'âme, le siège du sommeil où les organes de la vie végétative fonctionnent sans intervention de la volonté. Pour les médecins romantiques, cette alternance du sommeil et de la veille où des organes différents sont à l'œuvre, représente la polarité fondamentale de l'être humain. Par le sommeil, c'est-à-dire par les ganglions, l'homme est en relation avec la vie de l'univers, avec le grand souffle cosmique ; l'âme y est donc réceptive aux influences émanant de la nature. Par le cerveau, en revanche, il appréhende l'univers par des moyens artificiels, ceux que la chute originelle a fait naître en lui : les perceptions des sens et les réflexions abstraites de l'intellect. Suivant les moments, l'homme est donc orienté tantôt vers les puissances chthoniennes — « telluriques » comme ne tarderont pas à dire les philosophes de la nature —, tantôt vers la vie solaire, le soleil étant, par exemple chez Novalis, le symbole de notre ère actuelle enfermée dans l'abstraction et la séparation. Pour exposer les rapports existant entre ces deux systèmes nerveux, Schubert s'appuie sur ses propres connaissances scientifiques et sur l'œuvre de la grande autorité de l'époque en matière de physiologie, J.-C. Reil (1759-1813), que nous avons évoqué dans la biographie de l'auteur. Ce remarquable savant a démontré l'importance des organes et du système ganglionnaire dans les phénomènes inconscients comme le rêve, le somnambulisme ou la folie (*Archiv für Physiologie*, Archives de physiologie, 1794-1815). Il fut l'un des premiers à mettre l'accent sur l'interdépendance des phénomènes psychiques et des manifestations organiques, jetant les bases d'une véritable médecine psychosomatique.

Mais le thème de prédilection des savants et scientifiques de cette époque concernait le somnambulisme ainsi que tous les phénomènes touchant à la voyance « magnétique », et Schubert en subit l'influence déterminante. Cet engouement avait pour point de départ deux découvertes essentielles : celle du magnétisme animal par Franz Anton Mesmer[10] et celle de l'électricité animale par Luigi Galvani en 1786. Ce deuxième élément provoqua une véritable révolution dans les milieux scientifiques allemands de la fin du XVIIIe siècle. Reil, nous l'avons vu, s'y intéressa, Ritter en fit l'élément essentiel de ses spéculations et le poète Achim von Arnim publia en 1799 son *Versuch einer Theorie der elektrischen Erscheinungen* (Essai d'une théorie des phénomènes électriques). Schubert consacra la dernière conférence de ses *Ansichten* au magnétisme dont il fit le bilan et il relança ainsi l'intérêt porté à ce phénomène. En 1811, F. Hufeland publia un petit opuscule *Über Sympathie* (De la sympathie), et C.A.F. Kluge son essai *Versuch einer Darstellung des animalischen Magnetismus als Heilmittel* (Essai d'une représentation du magnétisme animal comme remède) auquel Schubert fait de multiples références dans le sixième chapitre de la *Symbolique*[11].

La caractéristique essentielle du somnambulisme est, suivant les philosophes romantiques, de rétablir l'unité entre les deux systèmes séparés : « Dans le somnambulisme, cet isolement est donc supprimé, le centre habituel de notre pensée (le cerveau) est associé au système ganglionnaire et participe aux actes spirituels accomplis à l'aide de celui-ci. » Dès lors, les phénomènes de voyance n'ont rien d'inexplicable puisque l'âme, retrouvant pour quelques instants l'unité primordiale, est à nouveau insérée dans le vaste processus cosmique de la nature et reçoit de sa communion avec celle-ci la faculté de connaître le passé, le présent et l'avenir, les faits proches et lointains, grâce aux multiples correspondances existant entre l'homme et l'univers. Et Schubert, en fidèle adepte de la science romantique, s'attarde à décrire l'importance des organes liés au système ganglionnaire dans ce processus de divination : « Les somnambules déclarent presque unanimement qu'ils reçoivent les hautes connaissances citées plus haut, la compréhension de pensées d'autrui, les vues prophétiques dans le lointain, dans leur propre passé et leur propre avenir ou dans ceux d'autrui, la vision claire de l'univers corporel proche ou éloigné et l'intuition des forces intimes qui le gouvernent, au moyen du creux épigastrique, c'est-à-dire par l'intermédiaire du système ganglionnaire et non par la voie habituelle de la connaissance sensible. »

Mais les éléments qui permettent à l'auteur de faire la distinction entre ces deux types de connaissance sont, nous le constatons, d'une part, le degré de conscience et, d'autre part, le rôle joué par la volonté. En effet, cette connaissance universelle n'est possible que si l'âme est parfaitement débarrassée de la tutelle des facultés cérébrales ; d'où l'apparition de ces phénomènes de voyance dans des états d'inconscience comme le rêve, le somnambulisme ou la folie. Or il existe divers degrés d'inconscience ; la somnambule n'est pas capable, au réveil, de raconter ce qu'elle a dit ou fait pendant son état de voyance. Elle n'est donc pas en mesure de renouveler, à l'état conscient et par l'intermédiaire du souvenir et de la volonté à l'œuvre dans celui-ci, les choses dont elle vient de parler. Schubert explique ce phénomène par le fait que les deux systèmes fonctionnent à nouveau séparément : « Au réveil, l'isolement est brusquement rétabli, et les échos de ces activités, rendues possibles uniquement grâce au système ganglionnaire, n'ont plus aucun accès au cerveau. » Le rêve, quant à lui, occupe une position moyenne entre la veille et l'inconscience totale : « Le rêve nous montre un troisième état, en quelque sorte intermédiaire. Nous nous souvenons, au réveil, des rêves les plus agités », ce qui prouve que le degré d'inconscience est moins élevé que dans le somnambulisme et que la volonté peut reproduire partiellement les souvenirs laissés par les songes nocturnes. Toujours soucieux de localiser physiologiquement ces phénomènes, Schubert en vient à affirmer que le rêve, cet « organe de transmission entre l'état de crise et celui de veille », laisse des traces dans la vie consciente par le « nerf vocal », devenant « l'un des nerfs essentiels du foie », organe dont il reconnaît l'importance capitale dans notre organisme, alors que l'estomac est exclusivement lié au système ganglionnaire.

Mais l'essentiel est de constater que la vie onirique, et à un degré supérieur le somnambulisme, ne sont pas seulement des moments d'inconscience — ou de surconscience — isolés et somme toute incohérents, mais qu'ils sont en relation entre eux par de claires réminiscences ; « les différents états de sommeil hypnotique trouvent, par la netteté du souvenir, une cohérence aussi intime que celle qui unit, à l'état de veille, aujourd'hui à hier ». Cette affirmation capitale permet à Schubert de prouver, à la suite de Mesmer et des philosophes romantiques, l'existence d'un « sens interne » qui, par sa puissance, s'avère infiniment supérieur à nos sens actuels, divisés et amoindris par la chute originelle ; « dans le somnambulisme, l'âme reçoit, lorsque l'isolement naturel a disparu, la capacité d'utiliser, outre nos facultés communes, un sens plus profond et, dans notre état actuel, le plus souvent perdu, dont le champ de vision et de perception est beaucoup plus étendu que celui de nos sens familiers »[12]. Ces phénomènes spécifiques que sont le rêve et le somnambulisme sont bien des échos de nos pouvoirs primitifs ; ils nous permettent donc, grâce à ce sens interne, de participer, même pour de brefs instants, au grand flux vital qui anime encore l'univers. Mais Schubert n'évoque pas ici la parenté entre la voyance magnétique et la mort, qu'il démontrait à la fin de la treizième conférence des *Ansichten* : « La nature parvient à éliminer les maladies incurables — que seul le magnétisme peut guérir — par la mort, et rend ainsi à l'être humain malade, au terme d'une métamorphose totale, l'harmonie intérieure perdue [13]. » Cette différence est significative du changement de perspective eschatologique intervenu dans l'esprit de Schubert. Les phénomènes oniriques et magnétiques ne sont plus conçus comme des promesses de réintégration, mais comme des vestiges de l'harmonie primitive, des échos inutilisables dans notre état actuel à cause de l'ambiguïté de l'âme humaine qu'il vient de démontrer.

Cette ambivalence ironique de l'âme est sensible dans la parenté existant entre les états de somnambulisme et les accès de folie ; « dans l'état de simple somnambulisme, des êtres ordinairement calmes s'avèrent enclins à perpétrer des meurtres et des crimes et doivent donc être soigneusement surveillés ». Ainsi, l'âme, qui dans notre état actuel est accaparée par les fonctions végétatives du système ganglionnaire, a deux expressions terriblement opposées : d'une part elle est capable de nous faire entrevoir l'harmonie primitive, d'autre part elle peut nous conduire à des actes abominables et destructeurs. Nous retrouvons ici la transposition dans le domaine physiologique de l'ambiguïté que Schubert démontrait à la fin de la première partie de l'ouvrage. Ne sachant comment concilier la terrible ambivalence qu'il découvre dans l'organisme physique et sa profonde religiosité, il se réfugie dans un dualisme qui condamne les manifestations de l'inconscient. Le système ganglionnaire est l'organe réceptif aux influences néfastes de la nature et Schubert affirme naïvement la parenté entre la rage et la folie, ainsi que l'adoption par les humains du comportement de certains animaux dans les états de folie.

Nous le constatons, l'auteur semble à présent considérer la nature sous un rapport de plus en plus négatif ; les phénomènes de périodicité et de rythme se retrouvent dans l'organisme humain et se manifestent dans le retour cyclique des crises de folie. Dès lors, toute expression du système ganglionnaire est condamnée : « Les phénomènes de l'exaltation pythique sont fondés pour une bonne part, tout comme la folie, sur l'éveil des capacités psychiques inhibées du système ganglionnaire dont le caractère essentiel est la folie de destruction et cette fureur intérieure qui ne peut s'apaiser que dans le sang. » A l'affirmation précédente, selon laquelle « les organes qui nous enchaînent à la matière sont eux-mêmes susceptibles de nous faire dépasser les limites matérielles », vient s'opposer à présent une conception résolument négative du corps humain et de tout organisme physique en général.

Mais la tare essentielle qui frappe le système ganglionnaire et, à travers celui-ci, l'âme, c'est le fait que tous nos actes sont motivés par des pulsions suspectes et le plus souvent condamnables ; « les productions du système ganglionnaire dans le rêve sont partiellement fondées sur la tromperie et le mensonge ». Si Schubert en arrive à exprimer une méfiance aussi extrême vis-à-vis de notre âme qu'il localise dans le système végétatif, c'est qu'il pressent dans le système ganglionnaire la source de tous nos sentiments, de nos désirs et des passions, ce qui le pousse à affirmer sans restriction : « La plupart des fous perdirent l'usage de leur raison à cause des passions. Irascibilité, haine, avarice démesurée, dissipation excessive, concupiscence sauvage et violente sympathie, toute fixation de l'âme sur un objet impropre à ses véritables besoins [...] suscitent la folie. » Il reconnaît donc dans la nature et dans l'homme l'activité d'une force instinctive et bestiale qui dégrade continuellement notre amour, originellement pur, en vile attirance sensuelle, si bien que même la grossesse n'est que « l'œuvre d'un instinct végétatif inconscient ».

Il est particulièrement intéressant de constater à quel point Schubert s'approche ici d'une conception de l'instinct sexuel tout à fait digne de Freud ; il semble en effet pressentir dans cette « force bestiale et destructrice » (chapitre 7) une sorte de libido avant la lettre, telle que la concevra le père de la psychanalyse. On ne s'étonnera pas de le voir condamner radicalement cet aspect de notre être qu'il découvre avec horreur : « En fait, ce n'est point la partie la plus brillante et la meilleure de nous-même qui est attelée à notre char sous forme d'âme végétative, mais bien la partie honteuse de notre pauvre être en lambeaux. Nous ne le découvrons que trop clairement lorsque, même pour de brefs instants, elle se libère de ses chaînes. Je suis terrifié, lorsque parfois j'aperçois en rêve ce côté nocturne de moi-même sous son véritable aspect. » Une fois de plus, Schubert explique cette disgrâce par le mythe de la chute ; l'homme a sombré dans la matérialité et son âme, « l'organe par lequel le verbe de la région supérieure lui parvenait », fut pervertie.

On mesure ici la distance qui sépare cette conception de l'âme humaine de celle, plus réjouissante et plus riche, exposée dans la première partie de l'ouvrage. Les états d'inconscience, sublimes vestiges de l'harmonie primitive et de l'état glorieux de l'humanité, fondamentalement analogues dans leurs manifestations et leurs expressions, témoins de l'identité de l'âme humaine et du cosmos, deviennent, sous la plume de Schubert, la véritable partie honteuse de notre être. A présent, le « poète caché » qui nous indiquait la voie menant à la vraie vie et à une connaissance authentique, s'est mué en « meurtrier caché », en « galérien enchaîné à notre être » apparaissant sous l'aspect du système ganglionnaire où séjourne l'âme dans notre état actuel. Cette évolution représente à bien des égards une régression vis-à-vis des fulgurants aperçus que l'auteur exposait au début de la *Symbolique*. Il retombe en effet dans un dualisme où deux aspects inconciliables s'opposent et où on ne saurait trouver une polarité dynamique comme chez Böhme ou Schelling. On peut dire ici que Schubert a perdu pied, et si sa démonstration semble logique malgré de nombreuses imprécisions, elle n'est pas convaincante. Au lieu de persister à affirmer l'identité esprit-matière, à attester l'existence d'une parcelle divine en l'homme, il se réfugie dans une sorte de manichéisme et sa ferveur piétiste lui indique une issue à la tragique situation de l'humanité.

Cette solution qui permettrait à l'homme de surmonter sa difficile condition de mortel, Schubert la trouve dans l'amour divin. Il l'expose longuement dans le septième chapitre, mais elle est déjà sensible à la fin du cinquième où il affirme que nous devons préparer à l'âme « un domaine où elle pourra se protéger de la contagion que pourrait occasionner son contact avec l'ancienne source de vie, devenue dangereuse et vénéneuse. Cette région est toute trouvée, c'est notre langage articulé ». Ainsi, au terme de son exposé, l'auteur se trouve en flagrante contradiction avec ses affirmations du départ où il considérait le langage articulé comme très inférieur à celui du rêve. Mais, dans son esprit, le premier doit être un succédané du second qui n'était, somme toute, qu'un vestige du Verbe divin. L'homme doit à présent, d'après Schubert, cultiver son amour pour Dieu en l'exprimant par son habituel langage de mots, car désormais seul l'amour « est capable de connaître, lorsqu'il quitte l'objet indigne de lui et s'élève vers un autre plus haut et plus digne, ce qui se trouve au-delà du cercle étroit de notre existence quotidienne » (chapitre 7).

Nous trouvons donc une conception sensiblement opposée à celle du début ; l'auteur affirme à présent la supériorité de nos facultés intellectuelles sur les manifestations de l'inconscient : le système cérébral « est cette partie réceptive de notre être qui, n'étant pas enfermée dans la sphère des penchants matériels, est accessible et ouverte uniquement à un amour supérieur à l'amour matériel ». Le salut est désormais l'amour spirituel et lui seul. Schubert expose, par de multiples références à la littérature d'édification, les différentes voies de l'illumination et démontre le rôle majeur joué par la volonté et la raison dans diverses résipiscences. Il n'est plus question d'être attentifs aux messages de l'âme tels qu'ils nous parviennent dans les états d'inconscience, mais de combattre tout ce qui s'oppose à l'amour divin, c'est-à-dire surtout l'égoïsme et l'orgueil ; « l'homme doit rompre volontairement les barrières sensibles engendrées par un acte d'orgueil en accomplissant un acte opposé de totale abnégation, d'humilité et de soumission à une volonté supérieure ». Il s'agit dès lors pour Schubert de démontrer que le Christ fut le modèle de cette humilité extrême et que seul le christianisme peut transformer notre « meurtrier caché » en amour supérieur.

Ce brusque repli de l'auteur sur une apologie de la religion chrétienne n'est pas vraiment surprenant, car il lisait, en chrétien fervent, sans cesse la Bible à l'époque où il composa la *Symbolique*[14]. Mais il existe une autre raison, plus importante semble-t-il ; il redoutait l'accueil que son livre risquait de trouver dans les milieux croyants auxquels il appartenait, et surtout le jugement du théologien Paulus que de vives discussions lui avaient rendu hostile et qui d'ailleurs ne ménagea pas ses sarcasmes dès la parution de l'ouvrage. Quoi qu'il en soit, cette apologie du christianisme où doivent se résoudre toutes les contradictions suscitées par notre situation de créatures déchues est caractéristique du changement d'optique qui s'est opéré chez l'auteur dès son séjour à Nuremberg et qui trouve son illustration dans la *Symbolique*. Désormais plus attiré par la pratique religieuse pure que par la recherche des différents états où il venait de découvrir des vestiges divins, Schubert accorde une importance de plus en plus réduite à l'organisme physique et à la nature, qui semble perdre son statut d'ancien Verbe divin.

Les remaniements ultérieurs de la *Symbolique*, particulièrement celui de 1821 (voir les *Addenda*) et les ouvrages qui suivront, surtout *Geschichte der Seele* (Histoire de l'âme), 1830, confirment cette évolution qui, par bien des aspects, ressemble fort à un retour à la religiosité piétiste de sa jeunesse. Dans la même lettre de 1814 à Köthe, il affirme déjà : « J'ai encore laissé une place trop honorable à la nature. » Dans la collection *Altes und Neues aus dem Gebiete der inneren Seelenkunde* (Connaissances anciennes et nouvelles dans le domaine de la science des profondeurs de l'âme, parue en 5 volumes, à Leipzig, de 1817 à 1844), il expose une conception tout à fait négative du rêve, le nommant même « le singe de l'état de veille ». Le domaine onirique y est désormais pour lui « la sphère de tous les désirs et de toutes les passions dans laquelle une foule d'influences dangereuses et de forces mauvaises émanant d'une nature spirituelle environnante se livrent quotidiennement à leur activité ludique »[15]. L'« Histoire de l'âme » porte aussi la trace de cette orientation nouvelle ; « non pas les choses perçues ou entrevues dans le rêve, mais celles que nous exécutons et acquérons à l'état de veille font partie de l'âme »[16].

Schubert n'a pas suivi Saint-Martin jusqu'au bout de sa théosophie et les deux perspectives eschatologiques divergent sensiblement. Pour l'auteur, nous l'avons vu, l'homme doit faire abstraction de tout désir et de tout sentiment qui n'est pas de nature à nous rapprocher de l'amour divin. L'être humain soucieux de retrouver un état d'harmonie et de paix intérieure doit cultiver par la prière et la ferveur religieuse l'embryon de son amour pour Dieu. Jusque-là, aucune différence par rapport à la théosophie du « Philosophe Inconnu » qui reconnaît également cet aspect de la vocation humaine à renforcer son aspiration divine. On retrouve même chez Schubert certaines images — transposées — que Saint-Martin utilise dans *L'Esprit des choses* : « L'enveloppe matérielle [...] lui sert en même temps de couverture sous laquelle il dissimule son véritable aspect, et de prison qui retient captive cette force bestiale et destructrice » (chapitre 7). Mais, même dans cette similitude, nous pouvons mesurer l'évolution et la distance qui séparent notre auteur du théosophe français ; pour celui-ci, la nature joue un rôle analogue de prison — de « préservatif », dit Saint-Martin — en protégeant l'homme de l'être pervers, mais elle est aussi et surtout le seul moyen de connaître Dieu. Elle a donc pour l'homme une valeur inestimable puisqu'elle est la seule possibilité dont il dispose pour s'approcher du principe créateur de toutes choses. Mais il y a plus encore ; pour Saint-Martin, l'homme a un grand rôle à jouer dans la rédemption de l'univers en devenant le déchiffreur de la nature. Le devenir perpétuel du cosmos étant caché, occulté par la matière à l'issue de la chute primordiale, l'homme peut et doit déchiffrer ce vaste hiéroglyphe qu'est la nature ; il devient donc le pivot de la création divine et a le devoir de retransformer celle-ci en miroir dans lequel Dieu pourra à nouveau se connaître lui-même. Tout cet aspect est passé sous silence par Schubert, qui n'expose pas une conception aussi ambitieuse de l'être humain. Il se contente plutôt de réaffirmer, en bon chrétien, sa foi en Christ et son amour pour lui, mais n'attribue point à l'homme une autre tâche que d'aimer Dieu. La fin de la *Symbolique* représente donc sous cet aspect une régression certaine vis-à-vis des courageuses conquêtes de Saint-Martin qui fait œuvre de véritable philosophe de la nature en attribuant à cette dernière et à l'homme une importance considérable dans le rétablissement de l'harmonie initiale.

NOTES

1. A. Béguin, *Création et destinée*, Paris, Seuil, 1973, p. 56.
2. A. Béguin, *L'Ame romantique et le rêve, op. cit.*, p. 167.
3. Cf. *Uber das Leben und sein Problem* (La Vie et son problème), 1806 ; *Elemente der Biosophie* (Eléments de biosophie), 1808 ; *Blicke in das Wesen des Menschen* (Regards sur la nature de l'homme), 1812.
4. Cf. *Vorlesungen über Psychologie* (Cours de psychologie), 1831 ; *Psyche* (Psyché), 1846 ; *Symbolik der menschlichen Gestalt* (Symbolique de la forme humaine), 1853.
5. *Système de l'idéalisme transcendental*, 1800 ; *Exposition de ma philosophie*, 1801.
6. A. Béguin, *L'Ame romantique...*, *op. cit.*, p. 109.
7. Cf. A. Faivre, *L'Esotérisme au XVIIIe siècle*, Paris, Seghers, 1973, pp. 151 sq.
8. Cf. André Lalande, *Vocabulaire technique et critique de la philosophie*, Paris, P.U.F., 1926, rééd. 1972, p. 1080, article « Symbole » (A, 2e) : « Tout signe concret évoquant (par un rapport naturel) quelque chose d'absent ou d'impossible à percevoir ». *Cf.* aussi Gilbert Durand, *L'Imagination symbolique*, Paris, P.U.F., 1964, rééd. 1976, p. 13. « Le symbole est donc une représentation qui fait apparaître un sens concret, il est l'épiphanie d'un mystère. »
9. *Cf.* le remarquable article d'Antoine Faivre, « Foi et savoir chez Franz von Baader et dans la gnose moderne », *Les Etudes philosophiques*, Paris, P.U.F., 1977, n° 2, pp. 137-156. Les opuscules de Baader traitant de ce sujet ne parurent qu'à partir de 1825, mais il est certain qu'il était préoccupé depuis longtemps par ces problèmes, et ses œuvres de jeunesse en recèlent maintes traces.
10. *De influxu planetarum in corpus humanum*, 1766, et surtout *Mémoire sur la découverte du magnétisme animal*, 1779. Cf. F.A. Mesmer, *Le Magnétisme animal*, œuvres publiées par Robert Amadou, Paris, Payot, 1971, et l'excellent ouvrage de Franklin Rausky, *Mesmer ou la Révolution thérapeutique*, Paris, Payot, 1977.
11. Les ouvrages traitant du magnétisme sont innombrables ; nous citons ici les plus importants avant la parution de la *Symbolique*.
12. On ne peut s'empêcher de penser au fameux « sens moral » de Shaftesbury et au « sens intérieur » de Hutcheson. Quant à Mesmer, il écrit en 1785 : « Il est probable et il y a de fortes raisons *a priori* que nous sommes doués d'un *sens interne qui est en relation avec l'ensemble de tout l'univers.* »
13. P. 357 de l'édition originale, Dresde, Arnold, 1808.
14. *Cf.* la lettre du 8 septembre 1814 à Köthe : Bonwetsch, *G.H. Schubert...*, *op. cit.*, p. 180.
15. Vol. I, p. 61, 57 sq. (2e éd.)
16. *Geschichte der Seele*, Stuttgart-Tübingen, 1839, 3e éd., p. 411, 415 sq.

III
FORTUNE DE L'ŒUVRE

La *Symbolique* qui, comme nous l'avons vu, était célèbre avant d'être écrite, connut un énorme succès dans les milieux romantiques ; La Motte-Fouqué, Hoffmann et Justinus Kerner lui réservèrent un accueil triomphal, la majorité des écrivains romantiques la lut avec enthousiasme et y trouva, comme naguère dans les *Ansichten,* une inestimable source d'inspiration. Son succès ne fut pas aussi unanime chez les philosophes. Le livre, rapidement composé, abonde en imprécisions, en aperçus vagues et en exemples quelquefois puérils ; on peut y déceler un manque de méthode ainsi qu'une certaine maladresse dans la démonstration. Schubert lui-même s'en aperçut et c'est en partie pourquoi il le remania pour la deuxième édition, mais celle-ci n'élimina pas les insuffisances de l'édition originale. Schelling critiqua violemment la *Symbolique,* non point pour le sujet, mais pour la manière dont il fut traité ; le rigoureux philosophe qu'il était n'apprécia pas le « ton de conversation léger » de l'auteur, où il retrouvait bien des analogies avec le style de Saint-Martin qu'il ne goûtait guère et auquel il préférait la rigueur d'un système bien construit. Le jugement de Baader fut beaucoup plus favorable et l'esprit martiniste de l'ouvrage ne fut pas pour lui déplaire, ce qui l'incita à encourager l'auteur.

La *Symbolique* a, malgré tout, une manière de poésie qui lui est propre, et Schubert y fait souvent preuve de talent littéraire, en bon élève des écrivains romantiques qu'il ne cessait de lire. Elle recèle aussi et surtout de fulgurantes intuitions, localisées pour l'essentiel dans la première partie. L'auteur n'y expose pas une véritable théorie de la vie inconsciente, mais apporte d'intéressantes réflexions, notamment sur l'universalité du langage onirique, sur lesquelles s'appuiera un philosophe comme Carus dans l'élaboration de son système de l'inconscient, que l'on peut considérer comme l'aboutissement du romantisme philosophique en Allemagne. Mais le principal mérite de cet ouvrage est d'être un véritable miroir de la *Naturphilosophie* du début du XIXe siècle ; la plupart des grands thèmes qui nourrissaient les réflexions de ces penseurs y sont présents : l'inconscient, le rêve, la poésie, la religion, la nature, le mythe théosophique, les considérations et les expérimentations sur le magnétisme, le galvanisme et la voyance. Ce livre constitue donc une sorte de bilan des recherches poursuivies par les philosophes de la nature.

IV
MODERNITÉ DE L'ŒUVRE

Bien que profondément ancrée dans l'esprit de cette époque, la *Symbolique* présente, à bien des égards, un aspect résolument moderne. Nous pensons avoir démontré l'actualité des rapprochements effectués par l'auteur en ce qui concerne l'analogie des différentes expressions de l'âme humaine. Loin de s'enfermer dans une spécialisation forcenée due à l'étude exclusive d'un champ de connaissance, la philosophie de la nature en général et la *Symbolique* en particulier nous livrent le témoignage de l'effort de certains individus à embrasser, par leur spéculation théosophique, la totalité du donné sensible et à l'intégrer dans une méta-histoire, tout en ayant le souci de ne point séparer le créé de l'incréé, le spirituel du concret. Cette attitude, résolument détournée de toute théologie rationalisante ou de tout savoir exclusivement empirique, rappelle tout à fait un certain éclectisme qu'il s'agirait peut-être de réhabiliter. Ce n'est en effet que par la comparaison de divers domaines de connaissance, par les réflexions que nous inspirent certaines analogies et similitudes même lointaines, que nous pouvons parvenir à une compréhension authentique de l'homme et de l'univers. Dès lors, la tradition au sens plein du terme nous livre bien des enseignements et vient apporter certaines dimensions que notre science issue du cartésianisme a passées sous silence. C'est d'une tentative de fusion entre tous les domaines de connaissance que sont issues les remarquables découvertes de Jung, de Bachelard ou d'autres éminents penseurs. Gilbert Durand, dans son excellent ouvrage intitulé *Science de l'homme et tradition* (L'Ile Verte, Berg International, Paris, 1979), constate la crise et l'échec de nos sciences humaines fondées sur une méthode unidimensionnelle et proclame la naissance — cet ouvrage est sous-titré *Le Nouvel Esprit anthropologique* — d'une nouvelle science de l'homme éliminant toute rupture vis-à-vis de la pensée traditionnelle et se présentant comme un domaine ouvert où sont à l'œuvre des valeurs de réconciliation et non plus celles de la séparation analytique et desséchante [1]. Ce renouveau des sciences humaines, le romantisme allemand et la philosophie de la nature où s'inscrit *La Symbolique du rêve* le préfigurent d'une manière tout à fait remarquable.

Mais, pour parvenir à une telle « science » au sens plein, il faut savoir retrouver une faculté que l'homme de notre époque semble avoir perdue : l'imagination, mais non pas conçue comme une « maîtresse d'erreur et de fausseté » ou encore comme une fantaisie légère, mais comme une authentique faculté de connaissance. C'est elle qui est à l'œuvre dans notre ouvrage et peut nous livrer des trésors aussi inestimables que ceux que nous venons d'y découvrir. C'est une faculté essentiellement qualitative, seule capable de retrouver le fil perdu, initialement tendu entre le passé et l'avenir, le bas et le haut, le sensible et le spirituel. Elle est un véritable œil interne qui nous laisse entrevoir les points de convergence, les lignes de force et nous fait dépasser le manège décevant de nos activités de surface comme les apparences trompeuses des systèmes séduisants. L'éclectisme — vecteur horizontal — n'est possible ou envisageable qu'éclairé par l'imagination souveraine qui lui apporte le relief lui donnant vie et dynamisme, une dimension verticale. Pour beaucoup de nos philosophes de la nature, l'entrecroisement de ces deux vecteurs était le garant de leur adhésion au christianisme, non point celui qui s'égare parfois dans des querelles théologiques et des différences rituelles, mais le christianisme fondamental d'où émanent les valeurs conciliatrices de synthèse et d'harmonie.

Les spéculations des *Naturphilosophen*, loin de n'être que des réactions au rationalisme ambiant, représentent une tentative originale et moderne d'élaboration d'une synthèse anthropologique que certains penseurs contemporains cherchent à réhabiliter pour échapper au marasme spirituel engendré par les philosophies positivistes et les systèmes clos.

NOTE

1. Le colloque international de Cordoue, qui s'est tenu durant l'automne 1979 sur le thème *Science et Conscience* et qui a réuni d'éminents physiciens, neurologues, psychologues et philosophes, confirme la modernité de cette démarche.

V
BIBLIOGRAPHIE

Editions de *La Symbolique du rêve*

Die Symbolik des Traumes. — Bamberg, C.F. Kunz, 1814.
Die Symbolik des Traumes. Zweite verbesserte und vermehrte Auflage. — Bamberg, C.F. Kunz, 1821.
Die Symbolik des Traumes. Neue Auflage. — Leipzig, F.A. Brockhaus, 1822.
Die Symbolik des Traumes. Neue verbesserte und vermehrte Auflage. — Leipzig, F.A. Brockhaus, 1837.
Die Symbolik des Traumes. Dritte verbesserte und vermehrte Auflage. — Leipzig, F.A. Brockhaus, 1840.
Die Symbolik des Traumes. Vierte Auflage, hrg. von Dr. F.H. Ranke. — Leipzig, F.A. Brockhaus, 1862.
Die Symbolik des Traumes. Neudruck der fünften Auflage. — Weimar, R. Leuthoff, 1903.
Die Symbolik des Traumes. Faksimiledruck nach der Ausgabe von 1814. — Heidelberg, Lambert Schneider, 1968.

Autres œuvres de G.H. Schubert

Die Kirche und die Götter. — Penig, 1804, 2 vol.
Ahndungen einer allgemeinen Geschichte des Lebens. — Leipzig, 1806 (vol. 1), 1807 (vol. 2), 1821 (vol. 3).
Neue Untersuchungen über die Verhältnisse und Exzentrizitäten der Weltkörper. — Dresde, 1808.
Ansichten von der Nachtseite der Naturwissenschaft. — Dresde, 1808.
Handbuch der Mineralogie. — Nuremberg, 1813.
Handbuch der Geognosie und Bergbaukunde. — Nuremberg, 1816.
Altes und Neues aus dem Gebiete der inneren Seelenkunde. — Leipzig, 1817-1844, 5 vol.
Die Urwelt und die Fixsterne. Eine Zugabe zu den Ansichten von der Nachtseite der Naturwissenschaft. — Dresde, 1822.
Handbuch der Naturgeschichte. — Nuremberg, 1827-1831, 5 vol. (dont le premier est le *Handbuch* de 1813 et le second celui de 1816).
Züge aus Johann Friedrich Oberlins Leben. — Nuremberg, 1828.
Geschichte der Seele. — Stuttgart, 1830.
Geschichte der Natur. — Erlangen, 1835-1837.

Reise in das Morgenland. — Munich, 1837-1839, 3 vol.
Die Krankheiten und Störungen der menschlichen Seele. — Stuttgart, 1845.
Der Erwerb aus einem vergangenen und die Erwartungen von einem zukünftigen Leben. Eine Selbstbiographie. — Erlangen, 1854-1856, 4 vol.
Gotthilf Heinrich Schubert in seinen Briefen : Ein Lebensbild. hrg. von Nathanael Bonwetsch. — Stuttgart, 1918.

Ouvrages de critique

LECHNER (Wilhelm). — *Gotthilf Heinrich von Schuberts Einfluss auf Kleist, Justinus Kerner und E.T.A. Hoffmann.* Beiträge zur deutschen Romantik. Thèse. Münster. Leipzig, 1911.
MERKEL (Franz Rudolf). — *Der Naturphilosoph Gotthilf Heinrich Schubert und die deutsche Romantik.* — Munich, 1913.
SIEGEL (C.). — *Geschichte der deutschen Naturphilosophie.* — Leipzig, 1913.
BERNOULLI (Christoph), KERN (Hans). — *Romantische Naturphilosophie.* — Iéna, 1926. (Choix de textes.)
DAHMEN (Hans). — « E.T.A. Hoffmann und G.H. Schubert », pp. 62-111 *in : Literaturwissenschaftliches Jahrbuch der Görres Gesellschaft*, I. — Fribourg (R.F.A.), 1926.
OSTHUS (Gustav). — *Gotthilf Heinrich Schuberts philosophische Anfänge, unter besonderer Berücksichtigung von Schellings Einfluss.* Thèse. Erlangen, 1930.
BÉGUIN (Albert). — *L'Ame romantique et le rêve.* — Paris, Corti, 1939, rééd. 1967.
KREBS (Peter). — *Die Anthropologie des Gotthilf Heinrich von Schubert.* Thèse. Cologne, 1940.
BUSCH (Ernst). — « Die Stellung Gotthilf Heinrich Schuberts in der deutschen Naturmystik und in der Romantik », pp. 305-339 *in : Deutsche Vierteljahrsschrift*, 1942, n° 20.
HUCH (Ricarda). — *Die Romantik. Blütezeit. Ausbreitung und Verfall.* — Tübingen : Rainer Wunderlichs, 1951, rééd. 1973. Edition française parue en 1978-1979, 2 vol.
LIEPE (Wolfgang). — « Der Schlüssel zum Weltbild Hebbels : G.H. Schubert », pp. 139-157 *in : W.L. Beiträge zur Literatur- und Geistesgeschichte.* — Neumünster, 1963.
LIEPE (Wolfgang). — « Hebbel zwischen G.H. Schubert und L. Feuerbach. Studien zur Entstehung seines Weltbildes », pp. 158-192 *in : W.L. Beiträge zur Literatur- und Geistesgeschichte.* — Neumünster, 1963.
FAIVRE (Antoine). — « La philosophie de la nature dans le romantisme allemand », pp. 14-45 *in : Histoire de la philosophie.* — Paris, Gallimard (La Pléiade), III, 1974.

AVERTISSEMENT DU TRADUCTEUR

Le style de Schubert est particulièrement difficile, voire confus. Les phrases longues abondent ; elles sont souvent encombrées de subordonnées interminables ou surchargées d'imprécisions qui rendent la lecture et parfois la compréhension malaisées.

Nous avons tenté de respecter scrupuleusement le texte de l'auteur sans toutefois sombrer dans l'impasse du rendu littéral. Nous avons également résisté à la tentation — pourtant grande — d'élucider le contenu jusqu'à la simplification abusive.

Puisse la solution moyenne adoptée ici satisfaire le lecteur et lui permettre de goûter les richesses de cette œuvre capitale du romantisme allemand.

P. V.

LA SYMBOLIQUE DU RÊVE

PAR LE DOCTEUR
GOTTHILF HEINRICH SCHUBERT

[*Edition de 1814*]

*L'auteur dédie ce livre à ses amis
Messieurs Georg Matthias Burger, de Nuremberg,
et Matthias Conrads, de Brinke en Westphalie,
en tant que témoignage temporel d'une amitié éternelle*

AVANT-PROPOS

L'auteur n'a pas voulu exposer dans les pages suivantes une véritable théorie du rêve ; il s'est plutôt contenté, même dans la partie physiologique de ce petit ouvrage, d'attirer l'attention du lecteur sur une certaine « partie honteuse » [1]* de l'être humain, dont la véritable nature est, dans la vie quotidienne, le plus souvent méconnue. Cette partie sommeillante et rêvante de nous-même qui sait si bien se dissimuler à l'œil non exercé nous mènera au-delà de l'obscure frontière avec autant de certitude que la partie en éveil, et l'éducation de cette première devrait, à plus d'un titre, représenter pour nous une préoccupation importante ; un système très ancien mais hautement pédagogique, propre à tous les peuples et à toutes les époques, nous en expose la méthode.

L'auteur a, pour plusieurs raisons, jugé opportun de donner cette tournure particulière à ce traité au ton de conversation léger. Les temps semblent venus où même les sourds du côté de l'esprit recommencent à entendre et où la science, en particulier celle de la nature, est enfin en état de nous payer une partie de son ancienne dette.

En outre, il ne semblait pas déplacé, précisément à l'heure où la victoire sur un ennemi extérieur venait d'être fêtée, d'attirer l'attention sur un destructeur et un usurpateur établi dans notre moi intime. Il nous reste toujours à combattre ce dernier, dont la santé est généralement prospère à la clarté du soleil et dans la paix extérieure, et cette lutte, qui ne peut se conclure que par une victoire totale et non par des négociations en vue d'un armistice, pourrait bien devenir, pour de multiples raisons, plus sérieuse à notre époque qu'à aucune autre. C'est pourquoi nous devons utiliser au mieux ce bref moment de répit et de réceptivité,

---

* Les numéros de note entre crochets sont du traducteur.

d'autant plus qu'il pourrait bien être trop tard pour administrer des médicaments si un accès de fièvre reparaissait.

Enfin cette *Symbolique* devait constituer la préface succincte à un chapitre assez vaste du prochain volume de nos *Pressentiments* [2], que nous rédigerons dès que le terrain propice, le matériau et la clarté d'en haut nous seront impartis.

Nuremberg, le 17 avril 1814,

L'auteur

NOTES

[1] En français dans le texte.

[2] *Ahndungen einer allgemeinen Geschichte des Lebens,* ouvrage paru en 3 parties à Leipzig en 1806, 1807, 1821.

Chapitre 1

LE LANGAGE DU RÊVE

Dans le rêve, et déjà dans cet état de délire qui précède le plus souvent le sommeil, l'âme semble parler un tout autre langage qu'à l'ordinaire. Certains objets de la nature, certaines propriétés des choses désignent tout à coup des personnes et, inversement, telle qualité ou telle action se présente à nous sous forme de personne. Tant que l'âme parle ce langage, ses idées sont soumises à une autre loi d'association qu'à l'ordinaire, et il est indéniable que cette nouvelle association d'idées s'établit d'une manière beaucoup plus rapide, mystérieuse et brève qu'à l'état de veille où nous pensons davantage en recourant à nos mots. Avec un petit nombre d'images mystérieuses curieusement agencées que nous concevons soit rapidement et successivement, soit simultanément et en un moment unique, nous exprimons dans ce langage en peu de temps plus de choses que nous ne pourrions en exposer à l'aide de mots durant des heures entières. Nous apprenons dans le rêve issu d'un bref sommeil souvent plus de choses qu'il ne pourrait s'en produire, dans le cours du langage ordinaire, durant des heures entières, et cela sans véritable lacune, dans un contexte en lui-même cohérent mais qui est évidemment tout à fait particulier et inhabituel. *[A]**

Sans vouloir pour autant accorder une préférence au rêve face à l'état de veille, à la folie vis-à-vis de la raison, nous ne pouvons pas nier que ce langage fait d'abréviations et d'hiéroglyphes apparaît, à beaucoup d'égards, plus approprié à la nature de notre esprit que notre habituel langage de mots. Celui-ci est infiniment plus expressif, plus riche et beaucoup moins tributaire du déroulement chronologique que celui-là. Ce dernier, nous devons tout d'abord l'apprendre, alors que le premier nous est inné, et l'âme tente d'utiliser ce langage qui lui est propre dès qu'elle se libère quelque peu de son emprisonnement habituel, par exemple dans le

---

* Ces notes renvoient aux *Addenda*. (N.d.T.)

sommeil ou dans l'état de délire, bien qu'elle y parvienne à peu près aussi peu qu'un bon marcheur qui, fœtus dans le ventre maternel, tenterait d'exécuter les pas futurs. Car, soit dit en passant, au cas où nous serions capables dès maintenant d'amener au jour et à la lumière cette *disjecta membra* d'une vie originelle et future, nous ne pourrions, sur le moment, qu'effectuer quelques balbutiements dans la langue des esprits, ou bien tout au plus obtenir quelques effets de ventriloquie.

D'ailleurs, outre le fait que ce langage a autant de pouvoir sur les forces de notre moi intime que celui d'Orphée chantant sur celles de la nature sensible, il possède un autre avantage très important sur le langage ordinaire. Le cours des événements de notre vie semble en effet s'organiser selon une loi d'association propre au destin, à peu près semblable à celle qui régit l'enchaînement des images oniriques. En d'autres termes, le destin en nous et en dehors de nous (qu'on le nomme comme on voudra) parle le même langage que notre âme dans le rêve. C'est pourquoi celle-ci parvient, dès qu'elle utilise son langage fait d'images oniriques, à produire des combinaisons auxquelles nous ne penserions assurément pas à l'état de veille ; elle relie habilement le lendemain à la veille, le destin d'années entières à venir au passé, et ses calculs s'avèrent exacts, car ses succès montrent qu'elle nous prédit souvent l'avenir avec justesse. Voilà une manière de calculer et de combiner inaccessible au commun des mortels, une forme d'algèbre supérieure encore plus simple et plus facile que la nôtre mais que seul le poète caché en nous sait manier. *[B]*

Curieusement, on constate toujours que ce langage n'est pas différent suivant les personnes et pour ainsi dire autocréé selon l'arbitraire de chaque individualité, mais qu'il apparaît assez semblable chez tous les êtres humains ou tout au plus infléchi par des nuances dialectales. Si nous pouvions ensemble parler en rêve dans le temple d'Amphiaraüs, le sauvage d'Amérique et le Néozélandais comprendraient mon langage fait d'images oniriques, et moi le leur. Ici aussi la langue de l'un a assurément plus de richesse lexicale, d'étendue et de finesse que celle de l'autre ; Platon parle grec, le matelot du Pirée également, cependant la richesse de ce grec sera assez différente chez ces deux personnes. La dame d'honneur cultivée et la paysanne parlent toutes deux, et ce dans la même langue, des mêmes objets de la nature et des mêmes besoins de la vie quotidienne et pourtant les mots de celle-ci sont assez différents de ceux de celle-là. Ou bien encore, dans une langue aussi immensément riche que cette langue mystérieuse qui a tant de mots pour désigner le même objet, l'âme de l'une a coutume de choisir telle ou telle expression, telle ou telle construction favorite, celle de l'autre telle autre. Par conséquent, des âmes vulgaires parlent patois, d'autres plus cultivées un dialecte plus élaboré, comme par exemple dans la région du Schein où le petit peuple parle le dialecte *plattdeutsch* et où les gens distingués parlent le haut allemand. *[C]*

Nous pouvons admettre à juste titre qu'une partie du contenu de nos « Clefs des Songes » se fonde sur des observations pertinentes et répétées maintes fois, alors qu'une autre partie de ce même contenu n'est assurément constituée que d'interprétations fantaisistes et d'explications artificielles. Les Clefs des Songes des différentes nations font apparaître à la comparaison une concordance sur l'essentiel, et celle-ci ne semble pas être uniquement due au fait qu'une partie des plus anciennes Clefs des Songes, par exemple celle de Cardan, ait été écrite en latin ou bien ait été, chez différents peuples, aux mains des futurs psychologues du rêve. Une étude objective de soi et même ce que des voyageurs nous racontent à ce sujet sur les peuples d'Amérique du Nord nous amènent à des principes d'interprétation onirique semblables à ceux exposés dans les Clefs des Songes et qui sont assez connus des gens simples, par expérience ou par tradition.

Nous allons évoquer ci-dessous quelques exemples d'images oniriques tirés d'une Clef des Songes qui a fait toutes ses preuves, et leurs interprétations qui se trouvèrent partiellement confirmées par des observations ultérieures.

L'état dans lequel l'âme pense et agit dans son langage métaphorique avec une sorte de cohérence et d'ordre représente déjà un degré supérieur et plus parfait du rêve. Nous constatons souvent, surtout au moment même où nous nous endormons ou bien dans l'état de demi-sommeil, l'existence d'un degré moins parfait de ce dernier, plus proche de l'état de veille et qui représente en quelque sorte le passage de celui-ci au véritable état de rêve. A ce stade, dont nous nous souvenons au réveil beaucoup plus facilement que du rêve parfait, les deux régions distinctes avec leurs deux langages différents cheminent encore un moment côte à côte dans la même direction et se mêlent d'une manière incohérente et incongrue. Ainsi nous pensons par exemple le mot « écrire », et nous avons au même moment devant nous l'image de deux personnes dont l'une porte l'autre sur son dos. A l'entrée dans le sommeil, l'état de rêve laisse donc la raison éveillée prêcher encore un moment dans son langage de mots, mais exécute en apparaissant derrière elle des gestes insolites (à la manière d'un enfant caché derrière son camarade faisant sa prière du soir) jusqu'à ce que, finalement, la raison s'endorme et que l'univers onirique caché derrière elle apparaisse en toute liberté *[D]*.

De même, dans l'état de rêve parfait, le mode d'expression métaphorique qu'utilise l'âme est différent et sa compréhension est plus ou moins aisée. Souvent un rêve prophétique nous présente les événements du jour suivant, dans la mesure où ceux-ci se prêtent à une représentation imagée, et ce exactement comme ils se présentent ensuite à nous à l'état de veille ; ou bien des images mystérieuses se mêlent bizarrement. Ainsi nous voyons par exemple en rêve arriver un ami que nous croyions très éloigné et celui-ci nous surprend brusquement, le lendemain, par son arrivée ; mais, dans notre rêve, ce qu'il avait à nous dire était soit mimé, soit habillé d'expressions métaphoriques. Ou bien, nous voyons en rêve, dans une chambre pleine de sang, un ami que nous croyions en bonne santé qui nous dit avec un visage grave et livide que c'est aujourd'hui son anniversaire ; et, le jour suivant, dans la même chambre vue en rêve, nous sommes inopinément témoins de l'autopsie de cet ami brusquement décédé. Même les choses que nous exprimons dans le rêve parfait, pour autant qu'elles présentent une parenté avec le monde du rêve (ou du sentiment), conservent souvent dans leur totalité l'expression et le contexte habituels à l'état de veille ; et çà et là seulement des pensées isolées sont caractérisées suivant le mode symbolique propre au rêve. En général, grâce à cette parenté, le rêve est chez beaucoup d'individus un miroir fidèle de l'état de veille. Dans d'autres cas, par contre, l'expression métaphorique du rêve est si éloignée de l'expression verbale de l'état de veille qu'elle nécessite d'abord une traduction. Nous allons donc parler à présent de ce langage symbolique qui caractérise le rêve.

La première classe de mots de ce langage, qui présente encore la plus grande parenté avec le langage verbal habituel, est composée d'images qui ont ici sensiblement la même signification que dans le mode d'expression poétique ou métaphorique connu de tous. Un chemin qui traverse des buissons épineux ou qui serpente dans des montagnes abruptes signifie dans le langage du rêve, comme dans l'expression poétique commune, des désagréments et des obstacles dans le cours de notre vie ; un chemin verglacé désigne dans ces deux langues une situation pénible et dangereuse ; les ténèbres annoncent dans les deux cas affliction et mélancolie ; recevoir l'anneau, c'est se fiancer. D'après le même usage, les fleurs signifient la gaieté ; un ruisseau à sec, l'absence ; être enfermé dans une forteresse, c'est être alité ; la visite du médecin annonce la maladie, des avocats des frais ; voir quelqu'un partir en voyage ou en bateau, c'est le quitter pour la vie.

Une signification très courante du rêve, connue par les Clefs des Songes[1] et par l'expérience commune (d'après laquelle l'âme désigne par une certaine image exactement le contraire de ce que celle-ci signifie dans la vie quotidienne, et utilise des images gaies pour désigner des événements tristes, et inversement des images tristes pour des événements joyeux), mérite cependant une attention toute particulière[2]. L'étrange poète caché en nous paraît trouver un plaisir bizarre à ce qui nous attriste et avoir, par contre, une idée très grave de nos plaisirs, preuve qu'il ne se sent pas toujours à son aise dans notre existence actuelle. C'est ainsi que les pleurs et l'affliction signifient souvent en rêve une joie proche ; par contre, la désolation et la tristesse sont désignées par le rire, la danse et le jeu ; des comédies joyeuses, des jeux de cartes, une musique gaie (surtout une musique de violons) annoncent une violente dispute ou des désagréments ; seul le chant présage, dit-on, quelque chose de bon. De manière tout à fait similaire, la tombe ou un cortège funèbre annoncent souvent, à ce qu'on dit, un mariage, tandis qu'inversement voir en rêve quelqu'un se marier signifie souvent la mort de cette personne. Dans ce style supérieur propre au rêve, on comprend tout autant par le verbe « naître », la mort prochaine du malade, par « anniversaire de naissance » le jour du décès.

Suivant le mode d'expression, le rêve a aussi pour habitude de se jouer en quelque sorte de choses qui sont souvent très estimées à l'état de veille, et ce à l'aide de l'image choisie à cet effet. C'est ainsi que la boue passe pour signifier l'argent ; manger de la terre ou glaner des babioles, devenir riche et amasser des trésors. En rêve, l'argent est également communément désigné par des boutons, des taches sur le corps et autres choses désagréables ; on dit même que dans le langage du rêve les grandes richesses sont représentées par l'image du feu infernal ou par celle de la possession diabolique. L'argent et les biens apparaissent aussi dans le songe sous l'aspect d'une bête de somme par laquelle on fait aussi quelquefois allusion à la « douce moitié ». Des mendiants, des prostituées et l'ivresse y symbolisent le bonheur matériel. Inversement, une petite somme d'argent indique une contrariété, une mauvaise affaire est annoncée par l'image d'un grand profit ; recevoir des coups et des blessures de quelqu'un annonce à l'inverse des cadeaux et des biens matériels que le rêveur doit attendre de cette même personne.

En rapport direct avec ce que nous venons d'énoncer, le poète caché en nous a également coutume de nous rappeler le côté funeste de tout notre bonheur terrestre. La promesse d'un bonheur matériel proche est souvent préfigurée par l'image du cercueil. Devant l'assurance d'un bonheur matériel ou d'une ascension dans l'échelle sociale, beaucoup de gens voient en rêve l'image de leurs propres funérailles. La croix, qui est habituellement le symbole de la souffrance, signifie le triomphe sur les ennemis et la gloire ; voir des lis fleurir indique que l'on se moque du monde et qu'on le méprise. *[E]*

Une autre classe de mots du langage onirique, qui n'est peut-être pas moins importante pour le psychologue professionnel, semble être fondée sur des rapports de réciprocité plus profonds et être proche parente d'un langage de la nature, dans lequel chaque objet a une propriété qui n'a souvent aucun rapport avec les propriétés que nous lui connaissons. Ainsi, pour ne donner que quelques exemples, nos propres passions et nos propres désirs sont matérialisés en rêve par l'image de bêtes hideuses et terrifiantes que nous choyons sur nos genoux ou que nous protégeons. Le rêve représente parfois la sympathie pour une personne par l'image d'un rayon de soleil qui s'échappe de la poitrine de la personne aimante et se dirige vers le sujet aimé ; la couleur jaune, par exemple la vue d'un paysage baigné de la lumière jaune de l'automne, signifie en rêve le deuil ; la couleur rouge présage la joie ; certains objets de la nature, par exemple les oignons, le persil, passent, en vertu de cet obscur rapport de réciprocité, pour signifier le chagrin et l'affliction ; le sel annonce un accès de fièvre ; un tremblement de terre, un malheur universel ; une éclipse de soleil, de même qu'une tempête ou des météores, présage une douleur ou un deuil profond. Les bergers et les chefs des peuples nous apparaissent en rêve (comme à Ajax) sous forme de taureaux et de troupeaux (la tête du taureau signifie déjà la puissance) ; une charge honorifique ou le titre de mari nous apparaissent sous la forme d'un cheval, une violente dispute sous celle d'un chameau. D'après cet étrange mode d'expression, le nombril (par lequel le fœtus est déjà en relation avec son entourage) symbolise le pays natal ou les parents qu'on y a laissés ; l'oreille et d'une manière générale plusieurs parties du corps humain (les dents, les mains, les cuisses) indiquent les parents proches ; l'épaule, une compagne de lit ; l'abeille, le feu ; le vin, la puissance.

D'une manière tout aussi énigmatique, certaines actions symboliques reçoivent dans le rêve une signification toute particulière ; ainsi, par exemple, le fait de mettre ou d'enlever une chaussure, par lequel l'âme indique l'établissement ou la rupture d'une relation entre deux personnes de sexe différent.

Il est fort possible que la majeure partie des exemples d'images oniriques donnés ici appartienne au dialecte inférieur du langage du rêve ; la plupart des observations le concernent toutefois. Le dialecte supérieur semble concorder tout à fait avec le langage dont il sera question dans le chapitre suivant. Du reste, tous deux ont un lien de parenté très étroit et la compréhension de l'un à partir de l'autre est possible.

La signification de ces hiéroglyphes oniriques a tout d'abord été étudiée dans des rêves prémonitoires. Cependant, l'âme n'exerce pas cette faculté de combiner les choses de manière prophétique dans la totalité des rêves ; de la même manière, elle fait référence, à l'état de veille, aussi souvent aux choses passées ou en rapport avec ses désirs et ses besoins présents qu'à ce qu'elle fera ou ce dont elle jouira à l'avenir. En outre, une grande partie de nos rêves, comme d'ailleurs une grande partie de nos conversations de veille, est constituée par un verbiage creux et insignifiant ; parfois, l'âme se dédommage dans le rêve de tous les inutiles bavardages qui lui sont refusés dans la journée, de même que les âmes profondes, qui semblent n'avoir point de moyen d'expression à l'état de veille, en trouvent un, plus puissant et plus riche, dans le songe. Nous remarquons cependant que dans les rêves non prophétiques, l'âme utilise, pour désigner les objets, des images mystérieuses semblables à celles que nous rencontrons dans les rêves prophétiques. Par conséquent, une grande partie de nos rêves n'est que la répétition de choses passées ou bien le jeu débridé de nos penchants et de nos désirs, se déroulant tous deux dans un univers d'images étranges et de signes mystérieux ; et lorsque l'âme s'abandonne en rêve à des réflexions sur des sujets abstraits à l'aide du vocabulaire commun et suivant un mode de pensée propre à l'état de veille, nous retrouvons, entre cette situation et le véritable univers du rêve, les mêmes rapports d'antagonisme que ceux qui existent entre ces rêveries fantastiques auxquelles nous nous abandonnons parfois à l'état de veille et le véritable monde de la veille.

Du reste, il est plus que probable qu'il existe un degré de rêve plus profond encore dont il ne subsiste que très rarement un souvenir au réveil ou tout au plus une obscure réminiscence, parce qu'il est séparé de l'état de veille par un abîme aussi profond que la « clairvoyance *[1]* magnétique ». Ces rêves supérieurs laissent néanmoins subsister au réveil un certain état d'âme ainsi qu'une bonne part de pressentiments (par exemple celui de la mort prochaine) dont on connaît tant d'exemples. L'univers onirique joue généralement un grand rôle dans la formation et l'épanouissement de notre esprit, et le degré supérieur du rêve semble mériter une étude plus approfondie. Le psychologue n'aura aucun mal à trouver maintes traces de celui-ci.

NOTES

1. Par exemple l'ancienne Clef des Songes de Francfort.

2. Le rêve lui-même est déjà chez beaucoup de personnes une étrange face cachée de l'état de veille ; des personnes douces et paisibles sont souvent, en rêve, démesurément irascibles et querelleuses : les lâches rêvent le plus souvent d'actes courageux, et les nombreux lecteurs des *Confessions* de saint Augustin se souviendront d'autres contradictions qu'entretient le rêve par rapport à l'état de veille.

[1] En français dans le texte.

Chapitre 2

LE LANGAGE DE LA POÉSIE ET DE LA RÉVÉLATION

Tout récemment, un respectable savant crut trouver la raison pour laquelle le langage des prophètes était si obscur et si incompréhensible dans le fait que la Sagesse divine refusait à dessein de dévoiler aux non-initiés ses intentions pour l'avenir, afin que le parti de l'obscurantisme n'étouffât pas l'embryon du Bien à venir ou ne pût entraver ce qui favorisait sa croissance ; cette conception ne nous satisfait pas entièrement. En effet, depuis le commencement, la Main divine a toujours su trouver les moyens de préserver le germe précieux et fragile de toutes les intentions hostiles à celui-ci. Elle a su le cacher dans une lointaine Egypte et, depuis toujours, rien n'a été aussi profitable et salutaire à sa croissance et à sa prospérité que ces intentions qui visaient précisément à l'étouffer. Le petit nombre des personnes dont l'œil béni comprend les hiéroglyphes de la Sagesse ne s'est jamais senti investi du droit de se taire. Si les tenants du parti opposé faisaient un effort d'attention, ils apprendraient suffisamment tôt combien de choses ils auraient besoin de connaître pour ourdir leurs projets stériles et leurs machinations hostiles ; et la victoire finale de la Vérité sur le Mensonge serait amenée, grâce à ces obstacles, avec d'autant plus de rapidité et d'une manière d'autant plus décisive et brillante.

Sous un rapport quelque peu différent, lorsque les constellations politiques sont particulièrement obscures, mon vieux Maître a coutume d'admettre avec certitude la chose suivante : les événements que les hommes et surtout les sages de la politique s'accordent à prévoir avec certitude et espèrent ou craignent déjà, ne se produiront pas. Bien plus, il en arrive à la conclusion opposée et il ne s'est pas encore trompé, pour autant que je le sache, dans de telles prédictions fondées sur la sottise du cœur humain. Les desseins de la Sagesse divine, dit-il, sont bien différents des intentions et des conclusions de la stupide sagesse humaine ; toutes deux divergent très sensiblement et celle-ci ne serait pas la Sagesse divine si chaque plaisanterie stupide et insolente produite par les hommes politiques pouvait pénétrer ses intentions.

En fait, il n'est pas besoin de longues observations pour se rendre compte que nous sommes aveugles et malheureux dans nos conclusions et nos projets concernant ne fût-ce que le lendemain, que le langage du destin nous est incompréhensible et que son cours reste pour nous un livre inaccessible. C'est bien dans notre cécité naturelle qu'il faut chercher la raison pour laquelle les prédictions des prophètes qui, d'une manière bien supérieure au rêve, parlent le langage du destin nous paraissent obscures et incompréhensibles.

On peut se demander si la langue mystérieuse dont se sert la Sagesse suprême dans toutes ses révélations à l'humanité — qui se retrouve dans le langage tout voisin de la poésie et qui, dans notre condition actuelle, ressemble davantage à l'expression métaphorique du rêve qu'à la prose de la veille — ne constitue pas, tout compte fait, la seule et véritable langue de la région supérieure. Si, tandis que nous nous croyons éveillés, nous ne sommes pas plongés dans un long sommeil millénaire, ou au moins dans l'écho de ses paroles isolées et obscures, comme un dormeur perçoit les discours de son entourage.

La parenté existant entre le langage poétique et le langage onirique a déjà été évoquée plus haut. Tout comme ce dernier — qui est pour l'âme une activité naturelle, pour ainsi dire innée et ne nécessitant pas d'apprentissage préalable —, la poésie est, d'après l'antique légende bien connue, la langue originelle des peuples, la prose n'étant, somme toute, qu'une invention plus tardive ; les anciens peuples et les vieux livres populaires parlent toujours pour nous le langage de la poésie. Celui-ci, tout comme celui-là, est, en fait, infiniment plus expressif, plus puissant et plus magique que la prose de la veille ; et la poésie démontre par ailleurs que la clef de notre énigme intérieure ne lui est pas étrangère. L'âme, qui, lorsqu'elle parle le langage du rêve, réussit à effectuer des combinaisons prophétiques et à voir dans l'avenir, dispose également de cette faculté dans la sphère de la poésie supérieure. L'inspiration véritablement poétique et l'inspiration prophétique sont apparentées ; les prophètes étaient toujours des poètes.

Bien entendu, les vers dans lesquels s'exprimait la pythie de l'Antiquité, ou dans lesquels ses propos étaient traduits, n'étaient pas toujours particulièrement mélodieux ou dignes d'un grand poète. Il ne faut donc porter aucune attention au mètre bien que le rythme [1] ait toujours été un élément essentiel des plus anciennes langues des peuples. D'ailleurs, cette exaltation de la pythie a en commun avec l'état de rêve profond le mode d'expression et le même caractère obscur et apparemment ambigu (excepté le fait qu'une partie des oracles était transmise en rêves). Le cep de vigne brisé, par lequel l'oracle annonce au général sa mort prochaine, le rempart où viennent accoster des vaisseaux dont le nombre indique celui de ses années de vie, la mer signifiant la masse des peuples à gouverner, sont des métaphores tout à fait semblables aux images oniriques courantes. Il existe aussi une signification souvent radicalement opposée à l'usage courant et, pour ainsi dire, ironique ; ainsi, par l'exemple, l'oracle qui fut donné à Crésus : « S'il franchit l'Halys, il renversera un grand empire » ; Crésus le prit pour la prédiction de sa victoire prochaine et ruina son propre empire.

Le monde de la poésie tout entier se trouve dans un rapport plus ou moins ironique avec le monde des aspirations et des besoins quotidiens, et les destinées de la plupart des poètes nous font clairement sentir le contraste qui oppose l'univers poétique et le monde prosaïque.

L'esprit de la prophétie est assurément aussi éloigné de celui des oracles que le berceau de l'âme humaine ; la région des sentiments spirituels est différente de celle des sentiments matériels dans laquelle l'âme se trouve actuellement et qui est le terrain de l'exaltation pythique du rêve et de tous les phénomènes qui s'y rattachent. Toutefois, de la même manière que, dans la nature qui nous environne, nous reconnaissons dans les diverses classes et les différents genres des êtres vivants la même forme de base plus ou moins parfaitement marquée, nous retrouvons également ici le même type universel dans les deux cas ; le genre supérieur se reflète clairement dans le genre inférieur.

De même que dans la région très inférieure du rêve, la signification des images oniriques est pratiquement toujours identique chez les individus les plus hétérogènes, de même un certain nombre de personnes a déjà remarqué dans le langage prophétique une similitude en vertu de laquelle, chez les prophètes les plus divers, les mêmes images ont toujours la même signification. Chez chacun d'entre eux, nous nous sentons transportés dans un monde de personnages et de forces sacrés, nous trouvons chez tous la même nature, le même costume ; et si nous comparons leurs prédictions à d'autres phénomènes spirituels, cette concordance ne semble pas due à ce que les prophètes étaient tous les produits d'un même peuple.

Les quatre bêtes symboliques munies d'yeux innombrables, toujours animées et emplies d'une pure louange, les sept cierges ou le chandelier à sept branches, les deux oliviers et d'autres images de ce type [2] se retrouvent chez nombre d'entre eux. L'empire du Bien qu'il s'agit de réinstaurer est symbolisé chez les prophètes les plus divers par le Temple qu'il faut reconstruire ; de grandes monarchies ou des princes par l'image d'animaux chimériques ou de bêtes cornues ; les rapports entre Dieu et sa communauté par celle du mariage ; le tumulte de nombreuses nations par celle de la mer ; le déclin universel par celle du tremblement de terre ou de la tempête ; la mort des meilleurs individus est souvent symbolisée par l'image d'une grande moisson ; les conducteurs du peuple par celle des étoiles ; l'empire du Mal, comme celui du Bien, par l'image d'une grande ville ; l'avènement prochain et le renouvellement du peuple dispersé de Dieu par celle de la résurrection de la chair. De la même manière, les chars guerriers attelés de robustes chevaux, les cavaliers de l'Apocalypse, la missive — ce réceptacle dans lequel est enfermée la puissance adverse et rebelle sous la forme d'une femme — sont, comme l'a remarqué Saint-Martin, communs à de nombreux prophètes.

Le ton de l'ironie que nous avons déjà remarqué dans le langage du rêve sillonne également, mais d'une manière infiniment supérieure, les prédictions de tous les prophètes. Tandis que pour décrire l'empire spirituel du Messie on utilise les images les plus splendides et les plus puissantes, nous trouvons inversement toute la grandeur et toute la vigueur du monde non prophétique symbolisées par des images vulgaires et insignifiantes. La fierté de tel puissant prince — qui a soumis des peuples entiers comme on enlève la couvée sans défense d'un oiseau — est comparée à la dureté d'un bâton dont se sert un bras robuste pour frapper à volonté, ou à une callosité dont la main vigoureuse du forgeron se débarrasse dès qu'elle le désire. La belle étoile du matin qui soumit les peuples et voulut monter au ciel pour dresser son trône au-dessus des étoiles à l'instar du Tout-Puissant fut jetée à terre, tel un suaire pourri, et précipitée loin de sa tombe ; au lieu du chant des harpes, ce sont les vers qui lui tiennent compagnie. Tel autre puissant se croyant si solidement accroché à ses racines terrestres qu'il échafaude encore des projets pour sa vie d'outre-tombe est balayé comme un fétu de paille. Une armée puissante, nombreuse comme les grains de sable de la mer, est comparée à notre vision nocturne impuissante, ses expéditions sont préfigurées par les agissements d'un affamé qui rêve de nourriture et se réveille encore plus affaibli. Les sages conseillers des rois avisés sont comparés à des sots qui ne savent pas ce qu'ils veulent. Le dimanche, que l'on trouve ailleurs décrit comme un jour cruel et triste, est représenté par l'image réjouissante d'un festin pour lequel on a depuis longtemps engraissé les bêtes de boucherie et auquel de nombreux invités sont conviés. La baguette de la colère est censée apparaître avec un bruit de timbales et de harpes. Tandis que le désert sera empreint de gaieté, que les champs seront remplis de joie et de fleurs (à l'image du mont Carmel et de la plaine de Saron), les orties et les buissons épineux pousseront sur les ruines des palais des cités florissantes, des autruches solitaires viendront paître dans les ruelles autrefois remplies de gaieté, les chouettes et les corbeaux hanteront les palais, jadis somptueux. Les montagnes deviendront les plaines, ce qui est vil et méprisé deviendra noble. Ainsi s'exprime de la manière la plus variée ce sens du contraste et de l'antithèse propre au monde supérieur de la prophétie face au monde inférieur et non prophétique ; ce qui en celui-ci est noble, brillant, désiré par tous, apparaît dans celui-là futile et vil, et inversement. Cette opposition ne s'est pas seulement clairement manifestée dans les prédictions des prophètes, mais aussi dans leur destinée, dans leurs rapports avec leur époque et avec leur entourage.

Les actions symboliques qui sont généralement attribuées aux prophètes, ainsi que les destinées exemplaires de certains d'entre eux, méritent une attention toute particulière. Nous avons déjà vu plus haut que, de la même manière, certaines actions revêtent dans le langage du rêve une signification symbolique. Il appartient aux caractéristiques les plus importantes du langage de ces deux régions d'utiliser la partie pour désigner le tout, de représenter, à travers un individu, l'histoire de l'ensemble d'une nation, et nous constatons souvent dans l'histoire des prophètes que ceux-ci représentaient, à travers leur destinée propre, celle de leur peuple tout entier.

D'ailleurs, le langage de la région prophétique supérieure est, plus que n'importe quel autre, le langage du destin, celui de la Sagesse divine régnant sur tout, et l'avenir, même le plus lointain, s'est dévoilé à ces visionnaires avec plus de clarté qu'à quiconque. Le contenu de toutes les prédictions des prophètes est toujours le même ; c'est l'histoire de la grande lutte que mène la Vérité contre le Mensonge, celle de l'ultime et immanquable victoire de celle-là sur celui-ci, et la perspective d'un splendide royaume de Lumière, d'Amour et d'Extase.

Encore quelques mots sur un domaine apparenté à celui-ci ; les biographies et les confessions des personnes qui eurent une vie intérieure intense, de celles de saint Augustin aux *Bekenntnisse einer schönen Seele* [1], parlent souvent d'états qui ressemblent parfaitement à ceux des visions prophétiques. La vie d'Anna Garcias ainsi que celle d'Angèle de Foligno sont particulièrement riches en phénomènes de ce genre ; cette première voyait tantôt son état d'âme intime, tantôt ses rapports avec le monde ou avec Dieu souvent préfigurés par toutes sortes d'images prophétiques, notamment celles d'animaux, de phénomènes lumineux et d'autres éléments naturels. Des exemples d'une telle clairvoyance [2] supérieure se trouvent également dans la biographie de Hemme Hayen, récemment rééditée par Kanne [3]. Chez toutes ces personnes, les manifestations et les révélations de la région spirituelle et supérieure se firent également dans un langage dont les paroles étaient des personnages, des objets et des images mystérieuses du monde sensible. Dans une seule de ces images, elles avaient souvent la révélation de choses qui les avaient préoccupées fort longtemps sous la forme d'un mystère impénétrable.

A cela s'apparente également toute la sphère du culte religieux et nous ne faisons, somme toute, que rappeler ce qui a déjà été dit de la signification symbolique de beaucoup d'actes. La seule histoire des rapports magnétiques nous informe de l'action qu'est susceptible d'avoir tout contact, aussi insignifiant soit-il, avec un corps organique ou inorganique aussi bien sur celui-ci que sur le corps de celui qui touche. Quelque chose de semblable se manifeste dans la région spirituelle supérieure, d'une manière, il est vrai, beaucoup plus subtile. Ce rapport ne posera pas de difficultés de compréhension à celui qui a ressenti combien une action accomplie avec volonté, aussi insignifiante semble-t-elle être, combien un seul mot peuvent influer sur notre bien-être spirituel et quel retentissement durable et déterminant pour nos agissements ultérieurs de telles actions peuvent avoir.

Par exemple, les paroles de beaucoup d'hymnes religieux des premiers temps suscitent en nous, lorsque nous nous abandonnons à leur influence, des sentiments et des forces témoignant d'une efficacité presque magique de leur obscur langage métaphorique, bien que celui-ci, à côté de la prose objective de nos nouveaux cantiques moraux qui ont le même effet tiédissant et affaiblissant, ressemblât à une folie supérieure qui, mourant d'amour comme Ophélie, joue avec des fleurs. Le culte religieux et ses rites symboliques plus ou moins incompris ne sont rien d'autre qu'un hymne analogue dont les paroles sont des actions qui manquent rarement leur effet sur une âme douée d'une grande réceptivité. Le culte supérieur appartient donc tout entier à la sphère prophétique et sa compréhension est liée à celle-ci, alors que le culte inférieur relève de la région de l'exaltation pythique.

Enfin, cette mystérieuse langue d'images que l'on a observée particulièrement dans les anciens monuments égyptiens et sur les étranges figures des anciennes idoles des pays orientaux présente une parenté frappante avec le langage métaphorique du rêve. A l'aide de cette parenté, nous pourrions peut-être parvenir à retrouver la clef perdue qui nous permettrait d'accéder à la partie jusqu'ici non élucidée du langage métaphorique de la nature ; grâce à cette clef, nous pourrions obtenir bien plus qu'un simple élargissement de nos connaissances archéologiques et mythologiques, nous pourrions nous faire une idée de l'importance de la nature qui nous environne, dont nos habituelles sciences de la nature ne nous laissent rien deviner.

NOTES

1. L'effet apaisant, comme assoupissant du mètre qui entraîne l'âme dans la sphère des sentiments obscurs et du rêve est également assez singulier.

2. On trouve aussi les têtes de ces quatre bêtes chez le Créateur loué par les Orphiques, et elles sont les attributs du Dieu-Soleil indo-perse Mithra (d'après Kanne).

3. *Leben des Hemme Hayen, eines niederländischen Bauern* [Vie du paysan néerlandais, Hemme Hayen], Nuremberg, 1810.

[1] « Confessions d'une belle âme », chapitre du roman de Goethe, *Wilhelm Meisters Lehrjahre*, 1795, d'après les notes de Susanne von Klettenberg.

[2] En français dans le texte.

Chapitre 3

LA SYMBOLIQUE DE LA NATURE

Les originaux des images et des formes qu'utilise le langage onirique, ainsi que la langue poétique et prophétique, sont issus de la nature qui nous environne et qui nous apparaît donc comme un monde du rêve incarné, comme une langue prophétique dont les hiéroglyphes seraient des êtres et des formes. C'est pourquoi le Philosophe Inconnu [1] compare à juste titre la nature à un somnambule, à quelqu'un parlant en rêve qui agirait en tout lieu suivant la même nécessité intérieure, suivant le même instinct inconscient et aveugle d'où sont issues les actions d'un somnambule ; les produits de la nature, dans toute la variété de leurs espèces et de leurs genres, sont donc semblables aux images de nos rêves qui, en soi, sont anodines et n'acquièrent sens et importance que par ce qu'elles signifient et représentent.

En fait, l'opinion téléologique commune fait de la nature un monstre n'ayant d'autre occupation que de sévir éternellement dans ses propres entrailles, formant un carrousel où chat et souris, souris et chat se poursuivent éternellement dans le même cercle, sans véritablement progresser vers un but. Lorsque, par exemple, on nous affirme qu'une partie du règne animal inférieur n'existe que pour être dévorée par le genre supérieur, celui-ci à son tour n'étant là le plus souvent que pour dévorer le genre inférieur qui risquerait de se multiplier à l'excès, on ne comprend pas sur quoi débouche véritablement cette action de manger et d'être mangé ! La nature, dans laquelle d'ailleurs le nombre des êtres vivants — au plan individuel comme au plan général, de la somme supposée des polypes d'un corail jusqu'à la somme des êtres humains vivant sur la terre au même moment — est déterminé avec tant de précision, s'entendrait vraiment très mal à organiser ce rapport de consommation, s'il était vrai qu'elle se procurât d'un côté une quantité de provisions si disproportionnée qu'elle eût besoin de ses propres créatures pour les dévorer, et que, d'un autre côté, elle dût fabriquer d'importants suppléments à l'univers, initialement destiné à l'homme et à lui seul, car, dans celui-ci, on aurait insuffisamment assuré la subsistance des êtres qui sont au service de l'homme.

Le défunt Wieland regrettait en plaisantant, à la vue d'un champ couvert d'un jeune trèfle en fleur, de n'être pas une vache pour pouvoir manger lui-même ce savoureux aliment ; et, en fait, dans une nature dont toute finalité serait en somme de nourrir l'homme et de le vêtir, on ne comprend pas pourquoi des signatures de ce type ne sont pas plus nombreuses et plus visibles d'autant que, comme dit Vanini au moment d'être brûlé sous prétexte d'athéisme, la contemplation d'un simple brin de paille suffirait à prouver l'existence d'un dieu.

Cette commune opinion téléologique est battue en brèche par un livre ancien qui pose la question suivante : « Peux-tu capturer le Léviathan avec un hameçon ? [...] Crois-tu que les sociétés le découperont pour en répartir les morceaux entre les marchands ? » Cette opinion est d'ailleurs réfutée par toute l'histoire de l'humanité. Celle-ci, bien loin de prendre fait et cause pour l'hypothèse d'une telle sollicitude épicurienne selon laquelle la nature tout entière ne serait là que pour réjouir nos sens, a depuis toujours pleinement démontré que l'homme avait une destination supérieure à celle du plaisir des sens ; de plus, la voie qui mène à la région originelle de notre âme passe par l'isolement et le dénuement de toute attache au monde des sens. En somme, il semble à l'évidence que la nature créatrice ait eu comme objectif non pas l'homme sensuel et la satisfaction de sa concupiscence, mais au contraire l'homme spirituel et son éducation. *[F]*

Une opinion téléologique supérieure qui, elle non plus, n'est pas parfaitement satisfaisante, est dérivée de la nécessité générale de l'opposition d'après laquelle un élément ne peut exister sans un autre élément contraire. Par exemple, le foie ne pourrait être créé sans qu'en même temps soit posé le pôle contraire, à savoir la rate, dont le rôle physiologique est si énigmatique ; de même, les reins ne pourraient exister sans les capsules surrénales, les animaux herbivores sans les animaux carnivores qui s'opposent à eux. Cependant, la véritable téléologie, qui admet certes que l'homme est le centre de l'univers créé et que la nature (au sens spirituel) existe par rapport à lui, ne se fonde pas sur cette idée, mais sur d'autres principes dont les racines sont plus profondes.

On a déjà souvent pensé — et beaucoup de peuples l'ont fait — à une signification spirituelle de la nature qui nous environne, à ce que l'on appelle un langage de la nature. Il est toujours curieux de constater que certains animaux, certaines fleurs, etc., ont eu, pour les peuples les plus divers et à des époques très différentes, une seule et même signification qui n'a aucun rapport visible avec les propriétés que nous leur connaissons. Par exemple, le martin-pêcheur, l'alcyon des Anciens, a, aujourd'hui encore chez les peuples à demi développés ou sauvages, chez les Tartares et les Ostiaques, aussi bien que chez les habitants des îles de l'océan Pacifique, la même signification que chez les Anciens, à savoir l'oiseau de la paix et du bonheur, dompteur des tempêtes et de la mer ; il en va de même pour beaucoup d'animaux dont certains feront l'objet de remarques ultérieures. Le langage artificiel des fleurs, particulièrement prisé dans les pays orientaux, semble, lui aussi, partir de l'hypothèse qu'un tel langage de la nature est possible, bien qu'il soit le plus souvent appliqué arbitrairement et conduise rarement à une signification plus profonde des objets de la nature. Ainsi, par exemple, telle fleur pourrait aussi bien que telle autre signifier dans le langage épistolaire une rencontre ou bien l'œil jaloux du rival et, en fait (que l'on pense seulement à la signification si variée de la pensée en allemand et en français), presque toutes les nations se sont livrées, chacune à sa manière, à des interprétations aussi arbitraires. Lorsque par contre le colchique *(Colchicum autumnale)* — dont les fleurs liliacées couvrent nos prairies en automne quand la saison de presque toutes les autres fleurs est passée pour disparaître après quelques jours sans avoir donné de feuilles ou de fruits, lesquels n'apparaissent ensuite qu'au printemps suivant — signifie, dans le langage des fleurs, l'immortalité, l'aspiration inassouvie dans la vie actuelle et ne pouvant s'accomplir qu'au printemps d'une nouvelle vie (on peut la comparer à l'asphodèle des Anciens), une telle interprétation semble s'approcher d'une compréhension plus profonde et plus pénétrante de la nature.

Chez les Anciens[2], Dionysos, que l'on célébrait dans les mystères, était la représentation de la multiplicité de la vie et se manifestait comme diversité des éléments et des espèces de la nature qui nous environne. Ce même Dionysos est, d'après la doctrine secrète des Egyptiens, dieu né de dieu, et sa place tout à côté du trône de Zeus et le pouvoir du père sont ses attributs ; dans les mystères orphiques, il est même considéré comme le dieu des dieux. Ce dieu devenu chair — deuxième personne de la divinité chez les Hindous, souverain éternel régnant sur toutes choses et, de ce fait, également maître des destinées chez les Egyptiens —, premier des prophètes (il parle donc la langue du destin), est appelé en d'autres lieux le Verbe émanant de Dieu. La nature qui nous environne dans toute la variété de ses éléments et de ses formes apparaît en cela comme un Verbe, une révélation de Dieu à l'homme, révélation dont les lettres (car dans cette région tout possède vie et réalité) sont des êtres vivants et des forces mouvantes. Ainsi la nature est bien l'original de cette langue métaphorique dans laquelle la divinité s'est révélée depuis toujours à ses prophètes et aux âmes consacrées à Dieu, cette langue que nous trouvons dans toute la Révélation écrite et que l'âme, dont elle est la langue originelle et naturelle, parle en rêve ainsi que dans ces états voisins de l'inspiration poétique et de l'exaltation pythique. Une telle communauté entre la langue de notre âme et celle du principe créateur suprême nous fait conclure à une autre concordance plus profonde entre celles-ci. Le même principe, dont est issue la totalité de la nature qui nous entoure, manifeste également son activité en nous lors de la création de ce monde fait d'images oniriques et d'images de la nature, bien que la manifestation de cette activité ne soit, dans notre état actuel, qu'une occupation très inférieure de l'âme.

Les éléments que nous avons rencontrés dans le langage du rêve, à savoir ce ton ironique, cette étrange association d'idées et cet esprit de la divination, nous les retrouvons également d'une manière tout à fait remarquable dans l'original du monde onirique, c'est-à-dire dans la nature. De fait, la nature semble se trouver en accord avec le poète caché en nous et se moquer avec lui de notre misérable joie et de notre joyeuse misère, tantôt en se riant de nous du fond des tombeaux, tantôt en faisant entendre ses plaintes funèbres près des couches nuptiales ; elle mêle ainsi, de manière tout à fait étrange, plainte et plaisir, gaieté et tristesse, et nous rappelle la musique de Ceylan où des menuets extraordinairement gais sont chantés d'une voie profondément déchirante et plaintive. C'est le temps des amours et de la joie lorsque le rossignol fait entendre avec le plus d'ardeur son chant plaintif afin, d'après une expression poétique, de chanter la rose qui fleurit sur les tombes ; tous les hymnes joyeux de la nature ont le mode mineur de la lamentation, tandis qu'à l'inverse l'insecte éphémère fête son union le jour même de sa mort. Mort et mariage, mariage et mort sont aussi voisins dans l'association d'idées de la nature que dans celle du rêve, l'un semble souvent signifier l'autre ou bien l'appeler ou encore en supposer l'existence ; ils apparaissent souvent dans le langage de la nature comme deux mots synonymes, interchangeables à l'occasion. La génération et la dissolution dernière des corps sont, comme nous l'avons déjà remarqué ailleurs [3], dans toute la nature directement apparentées et semblables, aussi bien au point de vue des phénomènes qu'à celui des produits qui en résultent. Phosphorus est étoile du matin et étoile du soir, flambeau du mariage et de la mort, et tandis qu'une partie de la roue toujours en mouvement monte vers une nouvelle procréation, l'autre descend dans le même rapport. Souffrance et joie, joie et souffrance sont, de la même façon, proches parentes ; l'enfant de la joie est enfanté dans la douleur ; au suprême degré du déplaisir et de la douleur physique succède, même dans l'état de faiblesse et de mort apparente, la joie la plus vive, et, inversement, le plaisir sensuel est générateur de souffrance.

L'Antiquité semble avoir bien saisi cette étrange parenté en érigeant le phallus ou son gigantesque symbole, la pyramide, sur les tombeaux en signe de repas funèbre ou bien, lors de la fête secrète de la divinité de la mort, en portant solennellement le phallus, bien que ce sacrifice de l'instrument du plaisir sensuel n'ait été que l'expression un peu fruste d'une compréhension plus profonde de la nature. Au beau milieu des cérémonies et des plaintes funèbres des mystères éclataient, comme dans une tragédie de Shakespeare, les rires concernant Baubo et Bacchus ; lors de festivités empreintes de drôlerie et de gaieté, on sentait souvent percer un sentiment de gravité et de tragique.

Cet humour de la nature a également coutume d'unir intimement l'amour et la haine dans le monde sensible de la manière la plus variée. Tous deux sont si proches l'un de l'autre que l'on ne peut distinguer, chez certains êtres du monde animal par exemple, lequel des deux principes leur a donné naissance. La fête de l'amour commence chez beaucoup d'animaux par des combats de mâles, par une exaspération sanglante ; une haine terrible et une sympathie frénétique sont issues de la même source et souvent (lorsque par exemple le mâle finit par déchirer et dévorer avec une fureur inaccoutumée la femelle dont il s'était longtemps efforcé d'obtenir les faveurs [4] ou quand la femelle de beaucoup d'insectes tue et déchiquette son mâle juste après l'accouplement) l'attirance sexuelle n'apparaît que comme une haine effroyable ayant emprunté le masque de l'amour, et inversement.

Ainsi, nous trouvons en maints endroits de la nature le même assemblage ironique des extrêmes les plus éloignés. L'être le plus proche de l'homme raisonnable et modéré se trouve être, dans l'association d'idées de la nature, le singe exubérant ; l'éléphant sage et chaste côtoie le porc impur, le cheval voisine avec l'âne, l'affreux chameau avec le svelte chevreuil ; on rencontre côte à côte la chauve-souris qui, mécontente du sort des mammifères, singe l'oiseau, et la souris qui se risque à peine hors du sol ; le singe écervelé, toujours en mouvement, est proche du loris nonchalant, et même le paresseux semble, d'après sa grande ressemblance avec le singe en ce qui concerne la morphologie de son visage songeur, n'être pas très éloigné de celui-ci.

Le modèle de ce don de combinaison prophétique, de ce

rattachement du lendemain à la veille, que nous avons remarqué dans le langage du rêve, se trouve dans la nature. C'est grâce à ce don de combinaison que chaque besoin dans la nature trouve, dès son apparition, toutes choses préparées en vue de sa satisfaction. En vertu de ce don de prévision, l'abeille des murs construit les alvéoles qui recevront les œufs et, ce faisant, prend déjà en considération la future génération d'abeilles, qu'elle approvisionne en nourriture de la manière la mieux adaptée à chacun des futurs nouveau-nés. Une génération d'animaux qui n'a encore connu aucun hiver se trouve, dès l'été, déjà prête à affronter la mauvaise saison ; à peine sur terre et se chauffant pour la première fois aux rayons du soleil, elle a déjà de nets pressentiments du proche changement du temps. De la même façon, les parties maladroitement individualisées du corps humain — qui n'existent que par rapport à l'ensemble de l'être — parviennent quelquefois à se dérober à l'unité de la volonté éveillée et passent dans la sphère de la singularité. De la même manière que l'homme vit souvent par anticipation, en rêve ou dans d'autres états qui lui sont étroitement apparentés, des événements extérieurs apparemment fortuits, par exemple l'écroulement d'un mur ou d'un puits de mine ou d'autres événements qui menacent de lui nuire, les animaux fuient les avalanches en montagne que l'intelligence humaine se trouve incapable de prévoir. L'oiseau qui nourrit ses petits avec tendresse abandonne sa couvée lorsque celle-ci se trouve en trop grand danger, tandis que l'homme éveillé danse joyeusement et se livre à des réjouissances avec une insouciance inconsidérée dans la vallée qui sera bientôt son tombeau. Grâce à ce même instinct de prévision, les animaux fuient souvent longtemps à l'avance des régions qui seront le théâtre d'une éruption volcanique ou d'un tremblement de terre [5], tandis que l'homme ignore ce qui le menace, travaille et récolte sur le sol exposé au danger ; on connaît des cas où des animaux, surtout des chevaux, ont échappé à des dangers imminents avec une capacité de pressentiment quasiment humaine [6]. C'est cette même faculté d'intuition qui conduit les oiseaux migrateurs au-delà des mers immenses vers des continents éloignés, alors que l'entendement humain ignora des siècles durant jusqu'à l'existence de telles parties du globe.

L'instinct que nous voyons régner dans la nature tout entière est donc d'essence tout à fait prophétique et le dieu du destin, Dionysos, qui apparaît en maints endroits comme le dieu et le prophète du rêve (cf. Creuzer), affirme ici son autorité, comme dans la région du rêve et des états plus spirituels qui s'y rattachent, avec une nécessité organisatrice qui fait partout régner l'harmonie.

Cependant, cet esprit de prophétie que possède déjà la nature par rapport à elle-même et à ses propres besoins, nous le retrouvons mais dans un sens bien supérieur et, cette fois-ci, appliqué à l'homme, dans la nature elle-même. Depuis les temps les plus anciens, une contemplation pure et spontanée de la nature permet d'y trouver un reflet de la vie et de l'effort humain ; la nature rappelle de multiples façons à l'homme sa mission originelle, lui qui s'est fort éloigné de sa sphère initiale. Le spectacle d'une région montagneuse et désolée, la brise du couchant éveillent souvent un ordre d'idées sommeillant en nous, le pressentiment d'un monde supérieur et spirituel, ainsi qu'un désir qui voudrait en vain trouver sa pleine satisfaction dans notre existence actuelle.

De la même façon que la nature qui l'environne renvoie à l'homme de tous côtés l'image rayonnante de sa propre existence sensible, elle lui donne également le reflet de sa vie spirituelle intime. L'esprit de la nature semble avoir les mêmes pensées que nous, se préoccuper de problèmes qui sont aussi ceux de notre esprit et que nous nous efforçons de résoudre. A cet égard, la représentation que nous donne la nature dans la métamorphose des insectes de l'éveil « à l'image du modèle original supérieur », qui est naissance issue de la mort de la larve imparfaite, est de la plus haute importance. L'esprit de la nature jette ici un regard véritablement prophétique sur l'existence actuelle de l'homme et apporte ce faisant une réponse à l'une des questions les plus importantes qui se posent à lui.

Dans ce qui précède, nous avons remarqué que le contenu de toutes les prédictions des prophètes et celui de toutes les révélations divines était partout le même, à savoir l'histoire d'un renouvellement et d'une régénération de l'homme pour retrouver sa véritable vocation, l'histoire d'une lutte grandiose entre la Lumière et les Ténèbres, et celle de la victoire finale de la Vérité sur le Mensonge. Si la nature est une parole de la Sagesse éternelle, une révélation de celle-ci à l'homme, cette révélation doit donc avoir le même contenu que celle que les hommes ont fixée par l'écriture. Car, que le livre de la nature ait été écrit en premier lieu exclusivement pour l'homme ne fait aucun doute, puisqu'il est le seul être du monde sensible à posséder par nature la clef de ce langage mystérieux. *[G]*

A un certain point de vue, la nature qui nous environne nous apparaît comme un podomètre grâce auquel le cours de l'évolution du royaume spirituel supérieur est parfaitement mis en évidence. En même temps que la situation originelle de l'homme, se modifia également la nature qui l'entoure et qui est en relation avec lui. Sous un autre rapport, celle-ci, qui à présent ne crée plus aucune espèce mais ajoute au livre dont l'écriture est achevée tout au plus des variantes, des modifications des genres s'adaptant aux époques, apparaît comme la partie très tôt achevée d'un Tout supérieur. Puisque, lors de la création de l'individu, entrent en action les mêmes principes et les mêmes forces antagonistes qui donnèrent naissance au Tout supérieur, l'histoire de celui-ci est reconnaissable dans celle de l'individu ; de la même manière, dans l'histoire de chaque être humain, on peut retrouver les étapes de l'évolution de tout le genre humain, et il est possible, en juxtaposant toutes les plantes fleurissant le même mois ou en réunissant tous les peuples et tous les hommes vivant sur la terre au même moment, de mettre en évidence les diverses étapes de l'évolution qu'ont traversées ces espèces au cours des millénaires. *[H]*

Dans tout l'univers sensible qui nous entoure, comme dans le monde spirituel, se manifeste la lutte incessante de deux principes qui, à l'origine, cohabitaient harmonieusement et où l'existence de l'un était inséparable de celle de l'autre jusqu'à un moment donné où la discorde s'alluma entre eux. On peut suivre le déroulement de cette lutte à travers les diverses étapes de l'évolution des genres et des espèces en qui se reflètent tant de siècles et tant d'époques de diverse durée, jusqu'au moment où, finalement, le principe destructeur est vaincu par son contraire et où se dessine, comme dans le lointain et avec des contours toujours plus estompés, la perspective d'une ère de perfection et d'un ineffable royaume de paix. Par conséquent, le contenu de ce grand livre mystérieux est le même que celui de la Révélation écrite.

La nature qui nous environne n'a d'ailleurs pas vu le jour tout d'un coup (même dans la tradition sacrée), mais s'est formée au cours de diverses périodes successives. Nous espérons avoir l'occasion de nous consacrer dans un autre ouvrage à une étude plus détaillée du zodiaque de ces diverses périodes de l'évolution, et nous nous contenterons ici de relever quelques moments qui nous intéressent en nous limitant tout d'abord au règne animal.

La plus ancienne constellation de notre zodiaque, le monde animal primitif, est venue des eaux ; un calme repli sur soi, une grande intériorité et une cohésion constante avec son propre centre semblent être ses caractéristiques. Il s'étend de la plupart des polypes, vers et poissons, en passant par une sorte d'état supérieur de ces derniers, les cétacés (lamantins, morses, hippopotames), jusqu'aux pachydermes. Le représentant de cet âge primitif est l'éléphant ; une énorme masse de chair, une grande longévité, l'harmonie avec le dessein original de la nature (son caractère inoffensif) sont des marques spécifiques de cette classe d'animaux et caractérisent en somme l'époque primitive. Ce groupe d'animaux se situe encore dans la sphère de la paix, il devance celui des bêtes fauves et lui est supérieur, nous n'en voulons pour preuve que sa quasi-invincibilité par celles-ci, et le fait que les bêtes fauves ne s'en préoccupent pour ainsi dire pas ou n'ont aucune relation avec eux. En même temps, cette période du règne animal est pratiquement dénuée de rapport direct avec l'homme, il lui est en fait impossible de la maîtriser. Une autre classe d'animaux presque aussi ancienne, dont le représentant est le taureau, lui est déjà plus directement accessible et se prête davantage à la satisfaction de ses besoins. Dans la troisième période, cette classe d'animaux tombe en même temps que l'homme dans la sphère de la lutte, de la destruction. Les animaux de cette troisième conformation également très ancienne, les grandes bêtes fauves, se caractérisent par une grande ressemblance avec l'homme, ne serait-ce que parce qu'elle a été en plus étroit rapport avec lui que les deux premières, et parce que l'homme, qui d'après la plus ancienne tradition provoqua la catastrophe qui amena dans la nature luttes et antagonismes, confondit leur destin avec le sien ; peut-être doivent-elles leur naissance à cette grande modification amenée par l'homme. Le représentant de cette troisième constellation est le lion. La grande taille, la longévité, cette intériorité et ce calme, qui caractérisaient le monde animal primitif, commencent à régresser ; la force destructrice échappe à sa sujétion initiale, et c'est ici que la nature abandonne l'harmonie primitive, qu'elle devient hostile à celui auquel elle devrait en fait consacrer ses efforts. L'esprit d'un antagonisme constant a donc pénétré dans la nature, et celui qui cita le nom de ce mauvais esprit ne peut à présent trouver le mot apte à l'en chasser ; une lutte se fait jour, laquelle envahit les diverses étapes de la formation du règne animal. Ce conflit déclenché entre deux forces contraires est mené à ce niveau par des combattants puissants avec des armes tangibles ; le principe qui se maintient vainc, ici aussi, au moyen d'une force de production supérieure au détriment des espèces qui souffrent, tandis que, chez les espèces plus faibles des époques plus récentes, le combat est mené pour ainsi dire avec des armes invisibles, au moyen de poisons, par exemple.

On peut donc considérer ces anciennes familles d'animaux comme la partie du grand Livre de la Nature qui nous a transmis l'histoire d'un passé lointain, celle de la première grande catastrophe. A cet égard, le taureau, par exemple, devient le symbole d'une nature encore pure et supérieure, qui souffre avec l'homme et à cause de lui alors qu'elle est innocente. Les parties plus récentes de la révélation de la nature racontent l'histoire des temps qui suivirent.

On a parfois comparé les prédictions des prophètes, dont les événements proches du temps du visionnaire apparaissent avec clarté et où ceux qui sont plus lointains semblent toujours plus sombres et plus diffus, avec une vue sur le lointain, par exemple avec celle d'une grande avenue où les objets proches apparaissent plus grands, plus distincts et plus distants les uns des autres et où les objets éloignés et isolés apparaissent, suivant l'éloignement croissant, toujours plus indistincts, plus petits et plus rapprochés les uns des autres. Dans le langage fait de formes de la nature, les contours semblent également s'effacer, devenir plus mouvants et plus indistincts au fur et à mesure que les espèces animales deviennent plus récentes, et que le contenu des chapitres isolés de ce grand livre concerne davantage l'avenir le plus éloigné. Nous trouvons ceci le plus souvent dans les constellations les plus récentes du grand zodiaque. Nous omettrons de parler des autres pour nous consacrer à présent au dernier maillon de cette chaîne.

Le monde des insectes et particulièrement celui des vers a été considéré par beaucoup de gens comme une apparition plus tardive, plus récente que le reste de la nature. En fait, l'existence de ces êtres est fondée en majeure partie sur la mort, sur la décomposition et la destruction d'êtres antérieurs dont on suppose donc l'existence avant la venue de ce nouveau règne animal. Nous remarquons dans le monde des insectes des rapports nouveaux qui n'apparaissent pas chez les êtres antérieurs ; c'est ainsi que l'on constate, par exemple, au lieu des chiffres habituels 2 et 4 en ce qui concerne les pattes et les organes des sens, les chiffres 3 et 6. Les formes deviennent ici tout à fait symboliques et chimériques, la ressemblance avec l'homme disparaît complètement, de la même manière que, lorsque l'on regarde des objets très éloignés, ils deviennent totalement indistincts et méconnaissables. La configuration de leur appareil respiratoire nous apporte la caractéristique d'une nature plus tardive, où l'atmosphère semble jouer exactement le même rôle essentiel que l'eau à une époque antérieure. Mais ce qui caractérise le mieux ce nouveau règne animal, c'est le fait que les êtres n'apparaissent plus sous la forme originelle propre à leur espèce, mais qu'ils passent la majeure partie de leur existence dans l'état de larve méconnaissable et qu'ils ont besoin d'une nouvelle naissance (la métamorphose) pour recouvrer leur forme spécifique.

A un autre point de vue, cette métamorphose devient, suivant la vieille opinion populaire, un symbole réconfortant de la mort considérée comme naissance à une existence originelle et parfaite, comme éveil à l'image d'un modèle supérieur ; le mot « mort », autant dans sa signification effrayante que dans son sens réconfortant, semble n'être entré dans le langage de la nature qu'avec les formes de vie récentes, puisque celles-ci sont issues de la destruction et de la mort des êtres précédents. Toute la nature antérieure n'a aucune image semblable pour désigner cette notion qui semble, à l'origine, lui avoir été étrangère.

Si, dans la période des bêtes fauves, le règne animal s'éloigne de plus en plus de l'unité et de la conformité originelles, nous voyons le monde animal récent quitter l'harmonie primitive d'une manière encore plus définitive, et nous constatons qu'il se trouve dans une contradiction encore plus grande avec le dessein primordial de la nature. Ce monde animal se rend encore plus hostile, encore plus nuisible ; dans son stade larvaire, tout au moins, il ne représente pour la nature antérieure qu'un fléau, qu'une calamité. Le principe destructeur lutte ici avec d'autres armes, des armes pour ainsi dire fantomatiques, avec des poisons dont on peut souvent à peine expliquer l'efficacité chimico-magique par le mode d'action habituel de la nature organique. En même temps, la longévité diminue (tout au moins pendant le stade le plus parfait), ainsi que la taille du corps et la force physique, et l'instinct d'habileté, donné en guise de substitut aux espèces faibles, fait également partie des caractères d'une époque plus tardive.

Dans le langage du rêve et dans celui de la région prophétique supérieure, on remarque souvent l'utilisation de la tournure qui permet de représenter le tout à travers la partie (par exemple, un peuple tout entier par l'inspiré qui le dirige) et où un objet isolé remplace tout un ensemble. Nous retrouvons cette tournure d'une manière tout à fait remarquable presque exclusivement dans la période la plus récente du règne animal, dans le monde des insectes. Nulle part ailleurs que dans l'univers de ces derniers-nés nous ne retrouvons une organisation où toute une espèce animale, toute une foule imparfaite est représentée par un individu supérieur, plus parfait, lequel prend en charge pour le bien de tous la tâche la plus importante de l'existence et les souffrances de la parturition. La reine des abeilles apparaît dans sa perfection comme la représentante de toute son espèce et ce dans un rapport pour ainsi dire magique avec celle-ci qui, comme chacun sait, ne pourrait exister sans elle. En fait, cette reine n'est rien d'autre que la forme originelle et normale du type abeille, et les ouvrières ne sont, comme des études anciennes et d'autres plus récentes l'ont démontré, rien moins que des mères atrophiées et stériles, des reines imparfaites. Un œuf ordinaire donne naissance à une reine au lieu d'une ouvrière, lorsque les abeilles, s'étant vu dérober leur reine et les œufs devant produire des reines, agrandissent l'alvéole contenant cet œuf et la remplissent d'énormes quantités de nourriture. Ainsi nous trouvons ici, comme dans le monde spirituel, ce même rapport mystérieux où un individu parfait atteint l'état normal de toute son espèce et représente ce groupe d'êtres imparfaits en prenant en charge, pour le bien de celui-ci, la tâche suprême de l'existence animale que tous les autres individus semblent incapables d'accomplir.

A nos yeux, l'univers des insectes devient, d'une autre manière encore, le symbole du monde spirituel supérieur ; tandis que, d'un côté, on ne trouve nulle part dans le règne animal de telles preuves de stupidité, de besoins grossiers et de colère, colère contre l'explosion de laquelle ni l'amour réciproque des sexes, ni celui de la mère envers ses petits ne peut offrir de protection [7], nous constatons, de l'autre, qu'il existe chez les insectes des images favorables et réjouissantes qui témoignent d'un tout autre aspect des choses. Chez ces êtres bigarrés, issus de la mort et de la disparition de la larve imparfaite, qui, délivrés des servitudes vulgaires, quittent le sol en toute liberté pour vivre dans la clarté d'un ciel qu'ils n'ont jamais vu et sur une terre qu'ils ne connaissent pas [8], nous apercevons les signes favorables du lointain et heureux avenir de notre espèce. Pour cette région, dont les êtres cohabitent dans une tranquille innocence et dans une paix éternelle, la longue lutte semble terminée, le principe ennemi semble avoir disparu et le grand Livre de la première Révélation de Dieu se referme sur une réconfortante parole de paix.

Dans son grand Livre qui présente en fait trois chapitres principaux dont chacun est composé de plusieurs petites parties, la nature nous apparaît donc comme une apocalypse de formes et d'images vivantes. Elle est la plus ancienne Révélation connue de Dieu à l'homme, elle est le Verbe d'où sont issues les révélations suivantes qui, à travers lui, ont le même contenu qu'elle. Elle est cette même langue que la région supérieure du monde spirituel a parlée dès le début et parle encore aujourd'hui ; bien que l'homme ait perdu l'habitude de parler cette langue divine, il lui reste néanmoins un rayon de son intelligence originelle, et nous verrons plus loin de quelle puissante manière l'esprit de ce grand Livre de la Nature, dont les caractères sont des êtres vivants, agit encore sur lui et le concerne, même s'il en a rarement conscience.

Dans ce qui précède, nous nous sommes contenté de faire allusion à l'essentiel et nous réservons un développement plus vaste pour une autre occasion. Peut-être réussirons-nous alors, en étudiant l'histoire interne de la nature, à obtenir des éclaircissements très différents sur des énigmes que la plus haute Antiquité nous a transmises. Avant de quitter définitivement ce chapitre, nous allons exposer ici l'une d'entre elles.

L'idée d'un dieu devenu chair, né homme et, en tant que tel, ayant parfaitement connu les souffrances dues aux limites humaines ne semble pas du tout avoir été étrangère à toute l'Antiquité. En tant que dernière incarnation de Dieu et rayonnement extrême de l'Être éternel, ce dieu né de dieu que connaît le système religieux égyptien est, lui aussi, devenu chair et doit subir sous l'apparence humaine les pires épreuves et même la mort la plus cruelle [9]. C'est le cas de Shiva Dionichi qui, d'après le système religieux des Hindous, est la deuxième personne de la divinité révélée. En tant que dieu devenu matière, il doit subir le sort cruel de la vie terrestre et mourir [10]. C'est aussi le cas du fils du dieu des dieux, Zagreus, à qui son père éternel octroie le siège à côté de son trône et même les emblèmes de sa puissance suprême, qui est cruellement tué par les Titans [11]. Le jeune Perse Mithra, qui est vénéré comme le créateur du monde, de la diversité colorée des choses et comme son protecteur, doit mourir sous l'aspect du taureau Abudad de la main d'Ahriman. L'Antiquité a donc représenté et façonné de diverses façons, dans les légendes les plus variées et les plus colorées, cette image de l'incarnation humaine et de l'avilissement du divin qui subit partout à ce stade les mêmes tribulations. Mais une autre image tout aussi significative vint se joindre à celle-ci. Ce dieu devenu homme n'apparaît pas seulement comme juge des morts et souverain des enfers mais comme sauveur de la mort, libérateur des entraves de notre condition de mortels et comme guide dans notre retour à nos origines divines. Ce dieu qui, dans les mystères, était représenté soit par Dionysos, soit par Perséphone, était le créateur des âmes et le guide de leur destinée ; sous les traits de Hadès, il devenait le bienfaiteur des esprits déchaînés en leur tendant la coupe qui les ramène à plus de modération et éveille en eux la nostalgie du retour au divin. Tout ceci est exprimé avec encore plus de netteté dans les mystères. Dans la plupart, on trouvait représenté, d'une manière générale, le destin des esprits après la mort et, par leurs initiations et leurs enseignements secrets, ils préparaient à l'âme un sort plus favorable dans cette vie, car leur contenu essentiel était la conduite des âmes vers l'origine qu'elles avaient quittée, vers la divinité. Mais c'était Dionysos, le dieu des mystères, qui reconduisait seul les âmes au ciel, vers leur perfection. Il était celui qui surveillait et organisait le salut, le perfectionnement des âmes auxquels les mystères ouvraient la voie. Sous les traits de Bacchus, il était descendu lui-même aux enfers et y avait délivré l'âme de sa mère ; dans cette légende significative se conjuguent les images, paraissant par ailleurs si différentes, des systèmes orphique et bachique. Devenu Aridela, il conduit, sous l'aspect d'une constellation bienveillante, les âmes à travers l'obscur labyrinthe vers la sortie et la lumière. Le dieu du système égyptien ressuscite sous forme du bienfaiteur éternel et du pédagogue, après avoir enduré le plus terrible destin qu'un mortel puisse avoir.

Si nous nous demandons à présent de quelle manière, d'après l'enseignement que nous donnent les mystères, s'effectuent le cheminement vers le Ciel, la rédemption et la sanctification des âmes, nous obtenons des diverses applications des enseignements secrets une réponse tout aussi significative, même si elle semble obscure. Les mystères étaient censés préparer à l'âme, par sa purification, un sort meilleur dans cette vie, et la voie du retour à la patrie éternelle passait par bon nombre de purifications. Parmi celles-ci, il y en avait une particulièrement insolite, celle qui passait par le sang.

D'une manière générale, le dieu des mystères apparaît à divers égards sous l'image du taureau et meurt, dans le mythe perse, comme nous l'avons mentionné plus haut, sous les traits du taureau cosmique Abudad. Dans ce que l'on nommait les tauroboles, les purifications étaient menées de telle manière que le sang du taureau sacrifié se répandait sur le corps du repentant qui se tenait juste au-dessous dans une fosse, et de cette même façon, des sacrifices de béliers étaient pratiqués comme moyen de purification psychique (crioboles). Hercule, lui-même, fut libéré de ses fautes de cette manière avec du sang de taureau avant l'initiation secrète, et même des personnes n'ayant pas besoin d'une telle rémission de leurs fautes furent placées lors de l'initiation aux mystères sur les dépouilles des animaux sacrifiés. En général, les victimes jouaient un rôle important dans les enseignements secrets. La pratique suivante, qui faisait partie des mystères de Bacchus, nous en donne une singulière illustration ; la viande des animaux sacrifiés devait être mangée crue par les prêtres, ce qui est une allusion évidente à la mort sanglante de Dionysos-Zagreus, qui fut déchiqueté par les Titans. De même, lors du curieux sacrifice annuel du bœuf de trait, la viande était distribuée en parts égales et Dionysos était souvent considéré pour cette même raison comme celui qui distribue les aliments, celui qui répartit la nourriture de façon équitable et généreuse. Même les hommes qui naquirent du ventre des Titans furent considérés pour cela comme des parties du dieu car les Titans avaient mangé la chair de celui-ci.

Mais ces anciennes coutumes chargées de signification furent, dès les premiers temps, dénaturées de la manière la plus horrible et la plus diverse par une étrange confusion des langues dont nous reparlerons dans l'un des chapitres suivants. Les sacrifices d'animaux devinrent de cruels sacrifices humains ; les images les plus chargées de spiritualité devinrent des caricatures et prirent des formes horribles, mais nous sommes néanmoins en mesure d'en réunir les pièces défigurées et d'en faire un tout reconnaissable ; tous ces éléments deviennent dès lors des preuves nous permettant d'accéder à la vérité, à savoir que l'époque primitive a, par son esprit prophétique, pressenti beaucoup de choses qui ne s'accomplirent qu'aux époques suivantes. Nous pourrions, comme il serait de mise dans un livre sur les rêves, démontrer ceci à l'aide de multiples exemples, ce qui fut déjà fait par d'autres personnes [12]. En effet, l'espèce avilie et dégénérée semble avoir conservé une ancienne et sainte Révélation. Mais d'où venait cette ancienne Révélation, quelle voie avait-elle empruntée ? Elle vint une fois de plus par l'intermédiaire du Verbe devenu chair, par ce Verbe divin qui, d'après l'enseignement de Dionysos, se présente lui-même comme la diversité colorée de l'univers sensible, comme la multiplicité ; elle vint par la nature. *[I]*

Nous pourrions trouver beaucoup d'éléments susceptibles de nous mener à une telle réponse ; nous n'en relèverons ici que quelques-uns.

Dans ce qui précède, nous avons, entre autres choses, reconnu que le monde des insectes était la partie la plus récente de la nature qui nous environne, celle dont la création fut la plus tardive. Mais ce dernier livre de la Bible de la Nature recèle tout particulièrement une prophétie concernant l'avenir lointain qui nous intéresse. Nous avons découvert dans l'espèce des abeilles des éléments qui nous ont semblé avoir une signification très profonde. Cette opinion se trouve à certains égards confirmée par le fait que même l'Antiquité la plus reculée a reconnu cette signification, et ce de la même façon que nous.

D'après l'ancienne légende, les abeilles apparurent après l'Age d'Or [13] ; elles préparaient avec beaucoup d'efforts le liquide succulent qui, pendant l'Âge d'Or, coulait directement des feuilles des arbres, et donnaient ainsi à l'homme un maigre succédané destiné à remplacer la savoureuse nourriture perdue. C'est pourquoi l'abeille fut appelée l'être royal et sacré, empli de l'esprit divin, prophétique, et devint le symbole de l'abondance, de la sagesse, de l'innocence et de la justice. Elle a pour nous plus d'importance encore en raison de son rapport avec les mystères. Dionysos, tout comme Jupiter, fut nourri par des abeilles, il était considéré comme roi des abeilles et père de celles-ci. Le nom des prêtresses de Cérès et de tous les initiés à ses mystères était celui d'abeille *(melissa)*, la reine des abeilles étant elle-même le symbole d'un roi à la fois dieu et prêtre. L'Antiquité, qui vénérait les abeilles, vouait également un culte à Melchisédech [14] dont l'époque chrétienne apostolique reconnut la profonde signification. La reine [15], de même que ces personnages mythiques de rois divins qui recevaient leur nom de celle-ci, était, en tant qu'hôte qui distribuait la nourriture, le dieu même de la doctrine secrète, Zagreus, dont le corps fut déchiqueté et dévoré par les Titans et dont la chair était, par le truchement de celle du taureau, distribuée et consommée en guise de pénitence ; la reine des abeilles donnait également son nom aux initiés qui, d'après la doctrine secrète mentionnée plus haut, représentaient des fragments du dieu et qui devenaient ainsi les abeilles de la reine, les dispensatrices de la nourriture. L'abeille était même l'être qui « proclame l'évangile de la nouvelle loi », et le Verbe lui même [16]. Au demeurant, le miel était pour les Anciens une image de la mort ; Glaucos, ce roi légendaire représenté souvent comme le monstre marin qui engloutit les humains, meurt dans le miel et renaît (d'après le vieux proverbe, Glaucos ressuscita, car il avait bu du miel) ; dans le même usage, le serpent et la pierre aux trois teintes qui alterne ses couleurs avec la lumière du jour, deviennent pleinement significatifs. Des temps les plus anciens jusqu'à l'époque chrétienne, le miel est le symbole de l'expiation des fautes et de la purification de l'âme. Pour le dieu fait homme des Hindous, Krishna, l'abeille est également sacrée ; elle en est le symbole. L'abeille est aussi le symbole de la génération, de la force créatrice qui donna naissance au monde sensible, à la nature visible. Pour l'Antiquité tout entière, le taureau a la même signification ; en tant que taureau cosmique, il est le dépositaire de toutes les semences du monde créé. C'est pourquoi on représente par l'image du taureau le créateur de l'univers et de la multiplicité des formes, le dieu devenu chair dont la révélation la plus sensible est, de toute évidence, la nature qui nous environne et l'univers tout entier dans sa diversité colorée. Mais, d'après ce que nous avons dit plus haut, le taureau est aussi le représentant de l'époque qui précéda immédiatement la grande catastrophe, laquelle causa une grande destruction et bouleversa toutes choses, époque où le principe stable vainquit le principe destructeur par l'intermédiaire de sa puissante capacité de reproduction et de création. C'est pour cette raison que le taureau est à nos yeux le principe stable, le principe de lumière, en quelque sorte taillé pour le combat et la souffrance, et renaissant de ses cendres avec toujours plus de diversité et de puissance. L'âne lui-même devient aussi le symbole de la génération et de la force créatrice. Il est curieux de constater que ces deux animaux ont aujourd'hui encore la même signification dans le langage du rêve, où l'âne, par exemple, indique la bien-aimée, l'épouse [17] (il se trouve ainsi étrangement en relation avec la notion de génération). Toutes les images utilisées dans les mystères apparaissent donc chargées d'une profonde signification ; le papillon, la graine germant au sein de la terre, le lierre, le vin, la farine, l'eau, le feu, etc. Tous ces éléments sont profondément en relation les uns avec les autres et forment une chaîne où toute l'histoire de la région prophétique supérieure se manifeste à nous. Nous sommes, dans ce langage des mystères, dans un domaine également apparenté au rêve ; mieux encore, nous nous croyons au cœur d'un rêve au contenu éminemment prophétique. Et, en vérité, le Verbe de la nature, ou plutôt le Dieu devenu nature, fut pour l'Antiquité à la fois rêve et explication du rêve. L'homme, partie et image de Dieu, dont la nature est également le langage et le Verbe révélé, portait en lui, à l'origine, l'organe qui lui permettait de saisir ce langage (il était le maître de la nature, mais dans un sens différent de celui que l'on donne habituellement à cette expression). Aujourd'hui encore, la psyché prisonnière nous fait entendre dans le rêve ses accents innés. Le Verbe révélé aux sens dans la nature sensible concordait à l'origine avec le Verbe déposé en l'homme primitif ; celui-ci comprenait le langage que son esprit parlait aussi bien que la révélation vivante ; mieux, il était cette Parole elle-même. Mais depuis la grande confusion des langues (*cf.* chapitre 5), nous ne sommes plus capables de comprendre le sens profond du langage propre à notre nature ; nous avons besoin de la Révélation écrite qui nous fut donnée à l'aide de mots. Du reste, celle-ci a le même contenu que celle de la nature, elle ne nous parle que de Lui, hier et aujourd'hui, immuable et éternel.

NOTES

1. *Cf. L'Esprit des choses humaines* [en français dans le texte].

2. En ce qui concerne les références à l'Antiquité, on consultera *Symbolik und Mythologie der alten Völker* [Symbolique et mythologie des peuples de l'Antiquité] de F. Creuzer, Leipzig, 1810-1812, 4 vol., surtout le livre III, auquel elles furent ici textuellement empruntées.

3. Dans le tome II de nos *Ahndungen einer allgemeinen Geschichte des Lebens* [Pressentiments d'une histoire générale de la vie], Leipzig, 1807.

4. Comme cet ours dans un jardin zoologique de la Suisse saxonne.

5. Par exemple celui du Seidenschwanz, en 1551.

6. *Cf.* Kluge, *Versuch einer Darstellung des animalischen Magnetismus als Heilmittel* [Essai d'une représentation du magnétisme animal comme remède], Berlin, 1811.

7. Chez beaucoup d'espèces d'insectes, la femelle a coutume de dévorer le mâle plus faible qu'elle et une grande partie de sa progéniture.

8. Beaucoup de larves d'insectes sont aveugles ou vivent dans un lieu inaccessible à la lumière du jour.

9. *Cf.* Creuzer, *op. cit.*, III, p. 143.

10. *Ibid.*

11. *Ibid.* p. 351.

12. *Cf.* à ce sujet l'ouvrage de Frédéric Schlegel, *Über die Lehre und Weis-*

heit der Inder [*sic.*, en fait : *Uber die Sprache und Weisheit der Inder*, Sur la langue et la sagesse des Indiens], 1808.

13. *Cf.* Creuzer, *op. cit.*, IV, p. 420. D'après le mythe, l'abeille naquit de la décomposition du taureau et a pour nom nécrophore *(vespa, vespillo).* Dans de nombreux mythes, elle va de pair avec l'arc-en-ciel (symbole de l'époque suivant la catastrophe). *Cf.* Kanne, *Pantheon der ältesten Philosophie* [Panthéon de la plus ancienne philosophie], Tübingen, 1810, pp. 320-340, et *System der indischen Mythologie* [Système de la mythologie indienne], Leipzig, 1813, p. 365.

14. *Cf.* Creuzer, *op. cit.*, IV, p. 406.

15. *Ibid.*, p. 406.

16. Citation de Kanne dans *Pantheon der ältesten Philosophie,* p. 340. *Cf.* Kanne, *System der indischen Mythologie,* p. 268.

17. *Cf.* par exemple l'ancienne Clef des Songes de Francfort.

Chapitre 4

LE POÈTE CACHÉ

Le poète caché en nous, dont les manifestations sont ironiquement en contradiction permanente avec les conceptions et les penchants qui interviennent quotidiennement dans notre vie matérielle, démontre, par là, sa parenté intime avec une partie obscure de la nature humaine, la conscience. La conception superficielle défendue par la génération de penseurs maintenant disparue ou en train de disparaître a méconnu et rejeté radicalement cette obscure aptitude inhérente à la nature humaine, avec laquelle elle se sentait en contradiction catégorique. Même dans un système éthique sévère, l'homme ne peut apprendre à reconnaître ce qui est bon et ce qui est mauvais que par l'éducation, et c'est elle seule qui peut l'imprégner de la crainte de Dieu. Cette crainte inculquée à l'homme passe pour être ce que nous appelons la conscience, et l'éducation de celui-ci n'aurait donc pour but que de lui en donner une.

Bien entendu, la conscience peut être comparée au sentiment de bien-être ou de malaise grâce au fait que, comme celui-ci, elle est susceptible de s'affiner ou de s'émousser. Car, de la même manière que celui qui a déjà joui d'un degré supérieur de bien-être moral est sensible au moindre malaise, tandis que celui qui n'a jamais éprouvé le sentiment d'avoir une santé robuste ou qui s'est habitué petit à petit à son état maladif, prend finalement celui-ci pour la santé, une jouissance plus fréquente du bien-être moral nous rend sensible à tout sentiment contraire. Nous entrons dans la vie non en tant qu'êtres bien portants, mais comme des malades qui peuvent et doivent y guérir, et l'univers, avec tous ses remèdes et ses moyens de régénération, ressemble à un établissement pour convalescents. Dans cette optique, nous ne parvenons au sentiment de bien-être total qu'après la guérison, nous ne naissons pas avec celui-ci, et des peuples entiers prisonniers d'une erreur séculaire semblent, dans la pratique, ne pas savoir discerner ce qui est bon de ce qui est mauvais, et être devenus insensibles à l'état de paralysie morale dans lequel ils se trouvent. Cependant, la confirmation que ce raisonnement superficiel sur la conscience semble recevoir ici n'est qu'apparente, et tous les êtres humains portent plus ou moins clairement en eux le souvenir de leur nature spirituelle, jadis florissante.

Abstraction faite de cette image, la conscience n'est rien d'autre que l'organe du langage jadis propre à l'esprit humain, l'organe du langage divin. Cet organe est une partie de la nature divine elle-même, il est cette étincelle de la vie supérieure qui fait de l'homme l'image du divin et établit sa parenté avec celui-ci. Il représente la particularité la plus caractéristique de la nature humaine, la conscience nous étant innée. C'est ce même organe qui se manifeste sous les traits du poète caché qui produit nos rêves, dans l'inspiration poétique comme dans l'exaltation de la région prophétique supérieure.

Si la conscience a été, à l'origine, l'organe humain par lequel s'exprimait la voix de Dieu, et cette voix elle-même, elle s'est, depuis la grande confusion des langues, fort éloignée de sa destination première ; notre organe spirituel est souvent utilisé par une voix totalement opposée à celle de Dieu, une voix qui en abuse de la manière la plus épouvantable. C'est pourquoi, non seulement dans le rêve, dont on a déjà déploré la nature non divine dans d'anciennes confessions (par exemple celle de saint Augustin), mais également dans l'exaltation pythique et dans le fanatisme existant aussi bien chez l'athée que chez le superstitieux, nous percevons, grâce à cet organe, un langage spirituel qui utilise certes les mêmes mots que le langage originel, mais en use dans un sens tout à fait différent et à des fins complètement opposées. Cependant, la conscience reste partout cette région du sentiment (obscure dans notre existence actuelle), sur laquelle ou dans laquelle agissent toutes les influences d'un monde spirituel supérieur ou inférieur, bon ou mauvais, et à travers laquelle s'expriment toutes les forces d'une vie antérieure et future.

C'est dans cette ambiguïté que se manifeste en tout lieu notre aptitude spirituelle, et il n'est aucun siècle, aucune nation où l'on n'ait perçu, au milieu des dissonances les plus criardes auxquelles on a rabaissé cet organe, ne serait-ce que des sons isolés de la voix supérieure opposée.

Jadis, un homme que l'Antiquité connaît sous le nom de Paul le Simple, épuisé et meurtri par les mauvais traitements que lui avaient infligés les hommes, se rendit chez le patriarche Antoine. Ayant besoin de repos et d'un enseignement, il pria le patriarche de bien vouloir l'accepter pour élève auprès de lui. Antoine remarqua bientôt dans l'esprit limité de cet homme une aptitude toute particulière à l'obéissance humble et aveugle, et il soumit aussitôt celle-ci à rude épreuve. Il ordonna au nouveau disciple de porter de l'eau dans des récipients percés, de tresser des paniers et de les détresser, de couper des vêtements et de les recoudre, de porter sans aucune utilité des pierres d'un endroit à un autre ; celui-ci exécuta aveuglément les ordres du père, avec une obéissance silencieuse et grave. Ainsi, par l'exercice apparemment exclusif d'une aptitude isolée, Antoine conduisit cette nature limitée au suprême degré de l'accomplissement qu'il est donné à un être humain d'atteindre ; lorsque Paul eut parfaitement appris à sacrifier sa propre volonté à une volonté supérieure et à se vouer complètement à celle-ci, cette innocente faculté devint l'organe de l'esprit divin, un organe recelant une capacité illimitée faisant éclater les frontières communes de la nature humaine. Paul le Simple devint le Faiseur de Miracles.

De la même manière, le Maître supérieur de notre espèce semble également obliger des peuples durant des siècles entiers à vivre dans un cercle de vertus souvent fort réduit et se garder ouvert au moins d'un côté l'accès à la région, du reste diversement profanée et souillée, de leurs penchants et de leurs actions. Ainsi, la voix de Dieu, cette loi supérieure en l'homme, n'est-elle totalement imperceptible à personne ; mais les éléments qui déterminent cette communication sont très différents de ceux qui régissent nos systèmes moraux.

Cet organe spirituel propre à l'homme représente, dans son ambiguïté, le bon et le mauvais génie qui l'accompagne dans la vie et, suivant que celui-ci aura prêté davantage attention à l'un ou à l'autre, il le conduira vers un but heureux ou malheureux. Le bon génie (socratique) éveille dans l'âme la nostalgie du bien et, au début, la punit avec indulgence ; mais, plus elle est attentive à ses manifestations, plus il la punit avec sévérité pour toute action, toute parole, toute pensée qui la conduirait à s'écarter du but recherché. Ce génie a un caractère prophétique et tout homme qui sait comment on conduit sa vie intérieure aura remarqué combien de fois celui-ci nous met en garde contre les instigations et les occasions derrière lesquelles le Mal nous guette à notre insu ; il nous préserve de celles-ci grâce à sa puissance d'ordre supérieur. On peut ainsi n'avoir conscience de rien, pas même de la moindre intention pernicieuse et pourtant ressentir, à l'approche d'un danger inconnu, une inquiétude, une angoisse, comme si nous venions d'accomplir une mauvaise action. Le génie socratique nous met également en garde contre d'autres dangers, par exemple contre des dangers physiques. Prenons le cas de ce prêtre qui sort de chez lui pour se rendre sur le mont rocheux qui se trouve près de sa demeure et profiter de la belle vue qu'offre celui-ci. En chemin, une voix intérieure lui dit : « Que fais-tu ici ? Est-ce la vocation supérieure qui te guide ou une vaine curiosité ? Est-ce bon d'aller là-haut ? » Il s'arrête, quitte le chemin, se place sous une paroi rocheuse et réfléchit ; et, tandis qu'il est encore à sa méditation, un roc qui, sans cet avertissement, l'aurait immanquablement écrasé s'abat brutalement sur l'étroit sentier qu'il venait de quitter[1].

De cette manière prophétique, le bon génie nous conduit avec une sorte de puissance supérieure à intervenir dans des situations où nous pouvons accomplir quelque bonne action ; il met donc à profit l'inquiétude et l'angoisse que nous connaissons comme étant des mouvements de la conscience. La nuit était déjà assez avancée et, alors qu'il venait de se déshabiller, le respectable Johann Dod fut saisi d'une irrésistible inquiétude qui le poussa à rendre visite à son ami qui habitait à environ une lieue de là. Tous ses efforts pour raisonner, pour trouver des objections à l'appel de cette inquiétude intérieure furent vains ; il dut se mettre en route. Il trouva son ami au désespoir, luttant contre une profonde angoisse morale et prêt à se suicider ; il lui fut donc donné de le délivrer pour toujours de cette angoisse[2]. Citons aussi l'exemple de ce fonctionnaire qui, par une nuit où la pluie et la tempête faisaient rage, ne parvenait pas à trouver le sommeil sur sa couche ; il s'efforçait en vain de calmer avec toute la raison dont il était capable l'angoisse intérieure qui le poussait à sortir dans son jardin et à se rendre dans les champs. Il dut finalement sortir et il eut ainsi l'occasion d'aider un petit garçon, qui appelait vainement du secours, à sauver son père de la mort[3]. C'est également le cas de cette personne qu'une angoisse intérieure pousse à se mettre en selle pour arriver, au but de sa chevauchée, à sauver plusieurs personnes[4]. *[J]*

Le mauvais génie agit d'une manière semblable mais avec des intentions et à des fins complètement opposées. Il excite dans l'âme le penchant au mal et éveille la concupiscence en simulant des jouissances passées ou futures ; il nous pousse, imperceptiblement au début puis, au fur et à mesure que l'attention que nous lui portons croît, avec plus de violence, à passer des pensées et des paroles à des actes néfastes ; il contredit la voix du bien qui est en nous. Le mauvais génie a également un caractère prophétique, et ce d'une manière tout aussi remarquable que le bon. Dans les biographies des criminels les plus célèbres, nous trouvons de multiples traces de cet esprit qui évite et abhorre toute occasion de faire le bien ou d'éveiller la voix du bien. L'Ange du Mal annonce avec tout autant de certitude à celui qui désespère la mort prochaine ou d'autres choses paraissant plus aléatoires. La fameuse possédée de Loudun qui, par ses dons de prophétie, mit dans l'embarras les médecins et philosophes éclairés de son époque, et dont J. Bodin raconte les faits et gestes, révéla à un meurtrier et blasphémateur qui la questionnait les secrets et pensées intimes que recelait le cœur de celui-ci [5] et épouvanta d'autres personnes de la même façon. L'Ange du Mal agit avec la même puissance prophétique irrésistible qu'utilise l'Ange du Bien pour mener aux occasions de faire le bien, mais il conduit à des situations opposées. *[K]* Des meurtriers malheureux et des personnes de cette nature qui manquèrent se suicider racontent souvent comment ils furent amenés avec une violence irrésistible aux instruments et aux circonstances favorisant le meurtre.

Nous retrouvons cette obscure aptitude de l'homme surtout dans son ambiguïté, dans son caractère à la fois bon et mauvais. C'est à tort que nous comprenons toujours par *conscience* seulement les bons mouvements de cette aptitude. Les angoisses de la conscience se manifestent parfois aussi bien sous un aspect pernicieux que favorable. A titre d'exemple, Bunyan fut torturé pendant des années par une profonde angoisse morale au sujet d'un mot qui lui vint involontairement à l'esprit, resta en pensée et ne fut même pas prononcé par ses lèvres. Il lui sembla dès lors qu'aucune pitié et qu'aucune aide ne fussent possibles. Irrévocablement perdu, il pouvait aussi bien s'adonner aux vertiges des sens qu'au désespoir le plus extrême. Toutes les voies d'un réconfort spirituel et toutes les occasions de recueillement lui semblèrent une raillerie, un blasphème qui ne firent qu'amplifier sa faute. Le désespoir le conduisit souvent aux confins du suicide ou à d'autres excès graves. Dans d'autres cas, le mauvais génie prend la forme du bon, du principe qui punit le Mal et venge de ses atteintes ; il adopte l'aspect de l'Ange du Bien et rend avec d'autant plus d'assurance l'âme qui désespère sourde aux accents de tout réconfort, de tout amour et de toute paix spirituelle. Avec une dialectique admirable [6], il sait réduire à néant tous les arguments contraires et toutes les remontrances émis par la voix du bien ; cette dialectique apparaît d'ailleurs en maints endroits comme une invention du mauvais génie dont le bon n'a que faire. C'est à ce mauvais génie qu'il faut attribuer tous les excès de la prétendue folie religieuse et du fanatisme ; le masque apparemment religieux est l'une des formes habituelles sous lesquelles il se manifeste et grâce auxquelles trop souvent il ridiculise et rend suspectes les manifestations du bon génie [7].

Ce langage fait d'images et de formes dont se sert l'organe spirituel dans le rêve, dans l'inspiration poétique et dans l'exalta tion pythique, nous le retrouvons également dans ses manifestations premières et directes sous la forme de la conscience ; même le monde des Furies tient d'une manière terriblement nette ce langage spirituel avec l'homme. Il ne manque pas de présenter lui aussi un tel caractère de compréhensibilité universelle que nous avons déjà mentionné plus haut. L'image du meurtre, dont un certain peintre était l'auteur, poursuivait partout celui-ci, il la rencontrait en tout lieu ; en rêve et à l'état de veille elle le regardait avec une gravité terrifiante et muette ; lorsqu'elle fut peinte par celui-ci, toute personne qui la regardait éprouvait sans rien savoir de la motivation du peintre un sentiment d'inquiétude, d'angoisse et d'horreur. Et pourtant c'était le portrait d'un homme d'âge moyen, beau, bien habillé, au regard quelque peu sévère [8]. A cet égard, on connaît bien l'effet produit sur les gens par les sons et les mots, effet qui fut largement exploité par la mélancolie religieuse.

C'est souvent l'image d'une action ou d'un détail obsédant de celle-ci qui accompagne les meurtriers pendant des années comme une Furie torturante. Beaucoup d'entre eux ont raconté comment les gémissements de la victime, l'image de l'endroit où se passa l'action, le sang qu'ils croyaient voir en permanence sur leurs mains ou à l'endroit où il fut versé ne les quittaient pas, de nuit ou de jour ; ces éléments les poursuivirent jusqu'à l'heure de leur mort ou au moment où ils se ravisèrent. De la même façon, des images et des sensations liées à des moments de bonheur accompagnent également l'âme, comme un ange protecteur, à travers toute la vie, et deviennent son guide dans son retour à l'origine supérieure. Chez un individu qui avait sombré [9] dans tous les vices, qui s'était adonné par jeu à toutes les passions, subsistait depuis son enfance le souvenir d'un unique bon mouvement, d'une seule larme que l'exhortation d'un bon père avait suscités en lui. Ce souvenir ne voulait jamais s'effacer malgré toute la dialectique du vice qui s'était instaurée dans son âme, et il devint, pour celui qui s'était égaré, un guide le reconduisant à la Vérité qu'il avait abandonnée. Chez un autre, ce fut l'effet d'une action religieuse qui, dans tous ses profonds égarements, ne le quitta jamais et le conduisit finalement à la Connaissance supérieure [10]. Dans les pages suivantes nous rencontrerons plusieurs autres cas de ce genre.

Dans le langage fait d'images et de formes propre à l'esprit humain, des voix diverses se présentent souvent à l'âme sous forme d'êtres particuliers et indépendants ; le bon ou le mauvais génie apparaît parfois à l'âme sous une forme tangible. Nous n'allons pas rappeler ici tous les cas et phénomènes étranges où l'individu se voit lui-même. Le prédicateur hollandais Evert Luyksen, qui, par manque de réflexion, voulut abandonner ses pénibles fonctions, vit les objections et les reproches que lui adressait sa conscience se présenter à lui sous les traits d'un étranger à l'aspect singulier. De la même façon, le bon génie se rendit visible à Grynäus (Camerarius, l'ami de Mélanchton). Une grande partie des images oniriques qui forment un singulier contraste avec nos penchants et nos idées de la vie quotidienne semble être le produit du bon génie qui nous protège.

Le caractère d'opposition au monde quotidien — avec lequel il se trouve ironiquement en contradiction — que nous avons déjà mentionné plus haut, est également très sensible dans les manifestations directes de l'organe qui est la source même de ce contraste. Les prophètes qui, par leurs opinions et leurs actes, étaient constamment en contradiction violente avec leur époque et leurs contemporains représentaient en réalité la Conscience des peuples. Certaines individualités douées du don de prophétie nous apparaissent, à l'époque moderne, comme la conscience de leur peuple et de leur temps. Le réformateur écossais qui prédit avec assurance et lucidité les événements les plus inattendus et que personne ne soupçonnait d'aucune manière, avait souvent coutume d'annoncer, pareil à la voix qui s'élève dans notre conscience, le déclin du vice le plus aveugle et le plus insolent, ou bien de punir la méchanceté la plus secrète et d'en dévoiler les visées les plus intimes. A une époque très proche de la nôtre, l'étrange Manizius nous fournit un exemple analogue *(Cf. Basler Sammlungen).* Des hommes de ce genre étaient donc différents de l'image que l'opinion populaire avait d'eux et ils accordèrent, de leur côté, peu d'intérêt aux occupations et aux penchants de la vie quotidienne.

En vertu de ce contraste naturel, l'association d'idées de l'organe moral est tout autre que celle de la pensée éveillée, voire même radicalement opposée à celle-ci. La voix de la conscience ne se laisse contester ou étouffer par aucun raisonnement, aussi logique et sensé soit-il ; bien que souvent contredite et assourdie elle reste constamment et nettement perceptible même chez les personnes considérant la conscience comme l'écho de vieux préjugés enracinés par l'éducation. On a comparé l'effet que produit la Vérité sur l'âme de ceux qui la perçoivent à celui d'un miasme qui saisit irrésistiblement tous ceux qui entrent dans son rayon d'action. Aucune pensée raisonnable, aucun intérêt extérieur, même les liens sociaux et les penchants sensuels, aucune résistance violente, ni la menace, ni le danger ne sont capables de retenir dans le cercle de ses occupations quotidiennes une âme qui a été touchée par la puissance contagieuse de la Vérité [11].

La conscience nous est apparue comme la mère de toutes les contradictions de notre nature que nous avons mentionnées plus haut. C'est cet aiguillon qui, au beau milieu des plaisirs du monde sensible ou dans la satisfaction de nos penchants sensuels nous empêche de trouver le contentement ou la paix ; d'un autre côté, il interrompt constamment notre repos spirituel et nous exhorte à continuer la lutte, même si le but semble atteint. L'un des deux visages de Janus de notre double nature semble rire lorsque l'autre pleure, ou bien sommeiller et ne s'exprimer qu'en rêve tandis que l'autre est au plus clair de la veille et parle haut. Quand notre être extérieur s'adonne librement et joyeusement à tous les plaisirs, une voix exprimant une aversion intérieure et une profonde tristesse vient troubler notre ivresse. Qui n'a fait l'expérience, au cours d'une enfance heureuse et paisible, de la succession d'un sentiment de vacuité jusque-là inconnu et d'une irrésistible mélancolie, de larmes sans raison à des heures passées à jouer librement et joyeusement ? Qui ne sait comment cette mélancolie nous surprend au milieu de la joie la plus vive ? D'un autre côté, notre être intérieur nous fait percevoir, parmi les larmes et la tristesse, les accents d'une joie qui, lorsque nous leur prêtons attention, nous font rapidement oublier notre douleur ; le Phénix exulte dans les flammes qui le consument. Plus l'être extérieur triomphe avec une robuste énergie, plus l'être intérieur s'affaiblit et se réfugie dans le monde des sentiments obscurs et du rêve ; par contre, plus l'homme intérieur se fait vigoureux, plus l'homme extérieur dépérit. Voilà bien une expérience par trop ancienne ! Ce que celui-ci désire le plus n'est d'aucune utilité pour celui-là, ce que le premier réclame est un poison pour l'autre. Les deux aspects de ce couple étrange revendiquent leur droit d'exister et aucun n'est disposé à le céder à l'autre ; l'un tire l'attelage d'un côté, l'autre de l'autre, et l'homme oscille entre l'infortune et la félicité, tiraillé des deux côtés et souvent écartelé par cet attelage indocile ; inévitablement, lorsqu'il favorise l'un, il s'attire l'hostilité de l'autre. Quand cessera donc cette éternelle contradiction ? La naissance monstrueuse d'un être double dans lequel une partie est un fardeau pour l'autre se conclura-t-elle par la mort effective de l'une des deux, ou bien traînerons-nous de l'autre côté cette ridicule ambiguïté viscérale ? Ne nous débarrasserons-nous pas, là-bas, de ce monstre qui fait retentir ses rires insolents devant l'autel sacré de nos meilleures résolutions [12] ou près du cercueil de nos chers disparus, et dont les ricanements bruyants s'immiscent jusque dans nos joies les plus profondes ? Qui a donc fait l'étrange plaisanterie de se jouer de notre pauvre nature comme on joue à faire un sermon en chemise de nuit où, pour accompagner les paroles du prédicateur manchot, une autre personne cachée sous ses vêtements fait des gestes de tristesse lorsque celui-ci parle de gaieté, des gestes de joie quand il a des paroles tristes, ou bien exécute des mouvements d'inquiétude et de nervosité lorsque l'orateur parle très calmement, et des mouvements calmes quand ses paroles sont les plus ardentes ?

NOTES

1. *Cf.* Jung-Stilling, *Taschenkalender auf 1808* [Almanach de 1808].
2. *Cf.* Reiz, *Historie der Wiedergeborenen* [Histoire des ressuscités].
3. *Cf.* Jung-Stilling, *Taschenkalender auf 1809* [Almanach de 1809].
4. *Cf.* Hillmer, *Christliche Zeitschrift* [Revue chrétienne].
5. *Cf.* Tersteegen, « Leben des Queriolet », *Leben heiliger Seelen* [« Vie de Queriolet », Vie des âmes saintes].
6. L'épouse de Rupert Harris, dans la biographie de ce dernier, nous en montre l'étendue. *Cf.* Reiz, *op. cit.*
7. Il faut toutefois tenir compte de l'importance de l'organisme physique, surtout en ce qui concerne la mélancolie qualifiée abusivement de religieuse.
8. *Cf.* Jung-Stilling, *Kleine gesammelte Schriften* [Petits Ecrits], I.
9. *Cf.* Wagnitz, *Moral in Beispielen* [Morale en exemples], 6 vol., I.
10. *Ibid.*
11. La vie de saint François d'Assise en est le meilleur exemple.
12. Chacun d'entre nous aura fait un jour l'expérience du héros de Jean-Paul, l'aumônier militaire Schmelzte (devant l'autel), ou celle du fondateur des méthodistes anglais dont la maladie de rire à l'office devint passagèrement contagieuse.

Chapitre 5

D'UNE CONFUSION BABYLONIENNE DES LANGUES

Poursuivons donc le curieux contraste inhérent à notre nature[1]. Depuis toujours, la rigueur de la morale n'accorde pas de valeur suprême aux sensations et aux plaisirs intimes qui saisissent l'homme dans les moments les plus heureux de sa vie intérieure. Et pourtant, ces joies, que l'âme reçoit de sa relation et de sa communauté avec son origine supérieure, apparaissent comme les plus pures et les plus immatérielles qu'elle puisse recevoir dans son existence actuelle. Dans une morale rigoureuse, il est beaucoup plus question d'un abandon et d'une privation spirituelle profonde de nos plaisirs même les plus immatériels que d'un état nécessaire au développement de la vie intérieure et souvent beaucoup plus utile à sa prospérité que celui du plaisir, bien que notre douleur, intangible et ainsi privée de la consolation qu'apportent les larmes, soit la plus vive que l'âme puisse supporter dans son état actuel.

En vérité, nos sensations, même les plus immatérielles et les plus pures, confinent à une autre région du sentiment apte à faire aisément sombrer l'esprit dans les contradictions les plus flagrantes et les périls les plus extrêmes. L'esprit humain sans défense a, de tous temps, été exposé à des périls de cet ordre et s'il est indéniable, comme nous l'avons vu, que l'esprit d'une connaissance supérieure, objective et d'une communauté très intime avec le divin régnait dans les enseignements ésotériques et les offices secrets, nous constatons qu'à l'opposé ces cérémonies perdirent beaucoup de leur pureté initiale dans ces abominations orgiaques engendrées par une sensualité frénétique et bestiale. Nous avons reconnu plus haut le sens véritable, original des mystères bachiques dont les abus et les excès épouvantables qui en découlèrent furent conservés jusqu'à notre époque dans certaines tournures verbales. Si nous examinons les diverses formes religieuses adoptées par les différents peuples, nous constatons à notre grand étonnement que le tumulte déclenché par un désir sensuel et sauvage, la cruauté sanguinaire et le fanatisme se sont toujours associés précisément à ces enseignements qui, à l'origine, contenaient les émanations les plus puissantes de la Vérité supérieure et de la Connaissance divine. Les doctrines ésotériques de toute l'Antiquité (par exemple les mystères bachiques et les enseignements, apparemment si différents, d'Apollon) sont, eu égard à leur contenu, étroitement apparentées, et celui-ci est encore reconnaissable dans les vestiges laissés par l'idolâtrie des peuples actuels, surtout des asiatiques. C'est à juste titre que l'Antiquité considérait certains de ces mystères parmi les moins souillés comme supérieurs à toutes les autres institutions religieuses créées par l'homme, de même que les dieux se trouvaient au-dessus des héros. Mais les formes symboliques des doctrines ésotériques devinrent des caricatures monstrueuses ; comme elles furent défigurées ! C'est ainsi que le Moloch tueur d'enfants fut remplacé par sa caricature du Nouveau Monde, le sanguinaire Huitzilopochtli. Le soleil, clarté bienfaisante et fécondatrice, symbole de la Lumière supérieure de la région spirituelle, est devenu un feu destructeur et meurtrier ; les symboles de la divinité créatrice du Tout dont le Verbe, manifesté dans le sensible, est la nature visible, devinrent les instruments d'une sensualité bestiale ; le calice de vin, qui avait une haute signification dans les grands mystères antiques, devint la coupe de l'ivresse, de l'engourdissement et des malentendus les plus pernicieux. Deux vices étroitement apparentés, la sensualité et le goût du sang ont, par suite d'une dangereuse association d'idées propre à la folie, presque toujours accompagné l'idée fondamentale des enseignements ésotériques. De la même manière que cette cérémonie nocturne fut presque partout souillée par des actions ignominieuses, nous constatons que les premières guerres fanatiques, les persécutions furieuses et les cruautés de toutes sortes apparurent au moment où les doctrines ésotériques commençaient à se propager. C'est précisément leur autel sacré qui devint le champ de bataille où tombèrent tant de victimes humaines. Nous trouvons partout le meilleur conjugué au pire, comme le montre, entre autres, l'histoire de la nation qui, par décision supérieure, fut élue entre tous les peuples de l'Antiquité.

La conception que les Anciens associaient à la notion de bacchanale ou de ménade est ici très importante. Celle-ci était à leurs yeux tantôt une image de profonde contemplation religieuse, où l'on était imprégné du sentiment douloureux et doux d'une jouissance intérieure et spirituelle, où régnaient la quiétude, le repli sur soi, tantôt l'image d'une ivresse spirituelle frénétique, d'un vertige des sens fait d'extravagance et d'inconscience [2]. Ces deux extrêmes sont toujours très proches l'un de l'autre. Une étude attentive des personnes qui eurent une vie intérieure intense et qui ont lutté toute leur existence pour parvenir à l'accomplissement religieux nous enseigne que ce furent précisément les âmes qui eurent le plus à combattre les tentations et les incitations intérieures les plus brûlantes les poussant aux plaisirs des sens, qui connurent le plus souvent les joies spirituelles et le ravissement divin les plus intenses. Les rayons doux et chauds d'un soleil supérieur sont pourtant nécessaires à l'éveil de la vie spirituelle, car ils représentent sa première nourriture. Dans un autre domaine, on sait que presque tous les grands comiques ont, à côté de leur talent, une profonde inclination à la gravité, à la mélancolie, comme le prouve entre autres la biographie de l'Arioste ; à l'inverse, on constate également chez ceux qui ont un talent de tragédien une disposition au comique. En rapport étroit avec ce que nous venons de voir, il existe souvent chez les enfants, dont les parents ont des sentiments profondément bons, une tendance particulièrement marquée aux excès les plus sauvages. La cruauté fanatique et d'autres dérèglements de ce genre furent aisément rattachés au culte qui avait pour but d'éveiller l'âme — devenue étrangère à elle-même — par l'expérience des sentiments puissants, et de lui rappeler son retour dans sa patrie. La racine de ce vieux malentendu est profonde. Pour l'Antiquité, le dieu devenu homme, qui était pour tous un guide soustrayant les âmes à la matérialité et les reconduisant à leur origine pure et divine, de même qu'un exemple de la négation de l'égoïsme sensuel, était à la fois le créateur et le souverain du monde des plaisirs des sens. Il était celui qui distribuait la nourriture et, de même que la nature tout entière est la manifestation visible du Verbe divin et le corps de celui-ci, ce corps se transmettait à l'homme dans chaque aliment, chaque boisson, chaque plaisir des sens. C'est pourquoi il était l'être bon, doux et généreux qui prodiguait les joies des sens, et dans le royaume duquel la nature corporelle prenait toute sa valeur ; bref, il était le dispensateur de délices, aimé de tous[3]. Assurément, le même dieu avait aussi prodigué sa chair dans un autre sens, il était, à l'origine, le dispensateur d'autres joies, d'autres plaisirs.

Les âmes, ayant quitté leur origine pure et bienheureuse pour sombrer dans le monde de l'ivresse sensuelle propre à Dionysos, oublièrent rapidement, dans cet univers chaud et agréable où règne la volupté, le retour dans leur patrie et cette patrie elle-même. Mais le même dieu, par le miroir duquel la nostalgie du monde inférieur et grossier s'était allumée en elles et qui leur fit oublier leur patrie dans son univers sensible, était aussi le guide qui les y reconduisait ; il était également là pour leur tendre la coupe de la

Sagesse et de la Connaissance qui éveille en elles la nostalgie du monde supérieur et leur fait oublier le monde inférieur.

La source de toutes nos contradictions réside dans un malentendu très ancien de la nature humaine et dans un renversement de sa situation intérieure originelle. Dans le monde sensible, nous voyons souvent l'élan créateur passer d'un organe à l'autre par une aberration métastatique, et c'est ainsi que, dans certains cas, la sécrétion du lait ou d'autres substances peut s'effectuer par des parties qui sont totalement impropres à cette fonction. L'histoire de nos penchants matériels est également riche en exemples d'une telle aberration métastatique, et des personnes, à qui l'objet naturel de l'amour conjugal ou parental fait défaut, consacrent souvent le penchant qui lui correspond à des objets animés ou inanimés qui, en soi, ne méritent pas un tel sentiment. De la même manière, le penchant fondamental de notre nature spirituelle créée pour l'amour s'est également déplacé et a déserté l'objet correspondant à son désir éternel pour se fixer sur un autre, beaucoup plus vil et précaire. Notre nature erre toujours dans une région qui ne lui convient pas ; mais elle possède encore la force qui lui est propre et sa configuration originelle si bien qu'elle ressemble à un somnambule enfermé dans une pièce étroite qui croit se trouver dans un tout autre endroit et dont les actes contrastent ridiculement avec ce qui l'entoure. Le monde sensible qui nous environne devait, d'après des paroles prononcées jadis, être le symbole de la région supérieure et de l'objet de notre inclination spirituelle. Mais, par une illusion d'optique, l'ombre du monde supérieur est devenue l'original, et celui-ci l'ombre de l'ombre. Le monde sensible, qui devait être pour nous la région de la réflexion calme et sereine en même temps qu'un langage métaphorique dont la signification s'appliquerait à l'objet de notre inclination supérieure, est devenu pour nous l'objet même de cette inclination ainsi que la région de l'amour et du sentiment ; par contre, la sphère spirituelle est devenue la région de la réflexion abstraite. Nous considérons les propriétés physiques des formes (symboliques) de la Création comme leur signification, alors que leur sens originel nous échappe ; inversement, les objets de la région spirituelle sont rabaissés au niveau d'image et de symbole des objets vers lesquels nous pousse notre inclination aux plaisirs des sens. L'âme, engagée avec toute sa vigueur éternelle au service de la futilité, fait curieusement un mauvais usage des rayons qui nous parviennent de la Lumière spirituelle en ne les utilisant que pour agrémenter son séjour dans ce monde malpropre et misérable, de la même manière que, dans le monde sensible, l'esclave des plaisirs destructeurs n'utilise la santé à peine recouvrée que pour se détruire encore plus rapidement. C'est pourquoi un ancien malentendu, une vieille confusion, a mis l'extérieur à la place de l'intérieur, l'inférieur à celle du supérieur, et inversement ; nous constatons ainsi l'union de notre amour éternel avec un être radicalement différent et indigne de lui.

Des recherches linguistiques récentes et approfondies ont mis en évidence cette ancienne confusion présente dans tout le langage articulé et dans la parenté existant entre les mots[4]. Tout d'abord, il apparaît fréquemment que les mots désignant des notions tout à fait opposées proviennent de la même racine, comme si l'âme avait au début qualifié par des mots non pas des phénomènes extérieurs et opposés, mais l'organe à double sens apte à saisir ce genre de phénomène. Ainsi, les mots qui désignent le chaud et le froid sont non seulement équivalents dans plusieurs langues actuelles (par exemple, *caldo,* qui signifie chaud en italien, a la même sonorité que notre *kalt,* froid), mais également dans une même langue où les mots : chaud et froid sont issus de la même racine (*gelu, gelidus, kalt* et *caleo, calidus, warm*) ; le dieu du Sud et de la chaleur est né du Nord où règne le froid[5]. De même que dans le mythe et dans le langage, la divinité du bien est souvent confondue avec celle du mal, et inversement, en Perse, où pourtant le mythe semble maintenir la séparation entre ces deux principes antagonistes, le nom du méchant Ahriman et celui du dieu de la lumière Orim-Asdes proviennent de la même racine ; c'est aussi le cas de 'ερως (l'amour) et de 'ερίς (la discorde) et, dans différentes langues, les mots signifiant « unité, réunion » et « ennemi, désunir » ont la même origine[6] ; Swedenborg affirme d'une manière à peu près équivalente que la haine la plus terrible est née de l'amour sensuel. La lumière *(Licht),* symbole de la vérité, et le mensonge *(Lüge)* dérivent dans différentes langues de la même racine, car la lumière (la belle étoile du berger, comme on l'appelle), en se changeant en flamme destructrice, devient le loup vorace ou le méchant dieu Loge, qui apparaît également quelquefois, dans un sens impur, sous la forme d'un chien ou d'une chienne. Cette nature double (brûlante et éclairante) de la lumière est partout présente dans le langage et dans le mythe[7]. Le sang apparaît également dans les deux cas chargé de diverses significations : poison, colère, fureur frénétique, ainsi que réconciliation, apaisement, vivification[8]. Frénésie et quiétude, obscurité et lumière, le métal pesant et l'oiseau léger, l'air et le fer, les témoignages de joie et de tristesse, le haut et le bas, le désir sensuel et la castration, ainsi que tous les mots aux significations apparemment si opposées proviennent de la même racine. L'agneau comme le bélier, qui sont souvent des symboles du Verbe créateur, apparaissent sous l'aspect du bouc, tout d'abord comme expression du principe générateur, puis comme celle de la sensualité la plus grossière (ici encore l'agneau : *Lamm* et la flamme : *Flamme* ont la même origine) ou encore sous l'aspect du serpent avec une signification tantôt bienfaisante, tantôt redoutable.

Curieusement, le cheminement que suivent les mots pour passer d'une signification à une autre, qui lui est tout à fait opposée, est aisément reconnaissable aussi bien dans le langage que dans le mythe. Nous allons en évoquer ici quelques exemples. La parenté existant entre la Connaissance et la Création a déjà été remarquablement démontrée par Franz Baader. Aussi bien dans le langage que dans le mythe, la colombe — qui, en tant que sainteté et esprit de vie, anime l'eau matricielle de la création ainsi que l'esprit humain tendu vers la connaissance — a une signification équivalente à celle de l'oiseau Phénix et à celle du palmier. Le palmier, ainsi que la fleur nocturne de la Fontaine de Vie, ou ailleurs le chêne, la vigne, le figuier, est l'Arbre de la Connaissance en même temps que l'Arbre de la Discorde. Finalement, l'Arbre de la Connaissance devient le *lingam*, l'instrument et le symbole du plaisir sexuel. De la même façon, l'œil qui aspire à la Connaissance (la Fontaine de Lumière, le Verbe) devient, d'un côté, la main constructrice et active, et a, de l'autre, un sens équivalent à l'organe de la procréation. L'œil qui donne la vie devient à la fois la main qui témoigne et jure et celle qui trompe, ment et ensorcelle. C'est ainsi qu'une chaste jeune fille du mythe, qui ne fut jamais effleurée par le moindre désir sensuel, devint la déesse impudique de la sensualité la plus débridée et la plus sauvage ; le Verbe Créateur, empli de la Connaissance spirituelle, fut représenté par l'image de l'horrible bélier Mendès dont le culte réunissait toutes les vilenies de la sensualité la plus dégénérée et la plus bestiale ; le poisson et le serpent du désir sensuel[9] ont donné le terrible venin qui a empoisonné le monde et la vie. Le Verbe de l'Amour, le Nom saint, la Loi sont devenus punition, colère et vengeance[10].

De même qu'à cause de cette grande catastrophe linguistique le bien se transforma en mal et la lumière en obscurité, le mal se changea inversement en bien et, dans beaucoup de cas semblables à ceux que nous avons évoqués plus haut, ce qui est mauvais et pernicieux apparaît traîtreusement dans le mythe et le langage sous une forme agréable, bonne et salutaire.

Mais quelle fut la raison de cette confusion babylonienne des langues ? La raison pour laquelle la colombe, cet esprit divin qui enseigne le langage aux peuples, devint l'oiseau de la discorde ?

Une vieille légende raconte que lorsque *Haranguerbehah*,

initialement pure émanation de la Lumière divine originelle, eut réuni sous sa forme les formes de toutes choses et englouti en lui-même les principes de tout devenir, il se mit à s'adorer lui-même, à se dire à lui-même *Aham* (« c'est moi ») ; il devint ainsi l'artisan de la chute, du mensonge et de la mort bien que dans son nom, *Sati,* l's et l'i attestassent son origine divine (le *t* signifiant le mensonge et la mort). Cette légende nous dit aussi que ce *Haranguerbehah,* qui qualifie l'aspiration de l'univers tout entier à prendre forme (de même que *Parkorat,* l'intelligence féminine, représente l'aspiration de Dieu à créer le monde), décida lui-même d'attirer au jour le monde informe et donc dénué de nom qui était en lui ; lorsqu'il voulut engloutir la lumière éternelle (le soleil), naquit le langage qui attribua un nom à chaque créature et donna naissance aux dimensions temporelle et spatiale, ainsi qu'à la science. Dans d'autres légendes, le langage articulé de l'être humain apparaît également comme une invention tardive et notre aspiration nous poussant à engloutir la lumière éternelle, à amonceler des montagnes et à nous rendre éternels par la construction de la Tour, trouve son illustration dans diverses images mythiques.

Le Livre de la Nature lui-même recèle un mythe semblable, au contenu duquel nous n'allons ici que faire allusion.

Le monde sensible qui nous environne actuellement, la nature, ce Verbe révélé, est assurément un livre dont les caractères sont stables, et les espèces des créatures vivantes se maintiennent et se renouvellent par le même procédé, presque sans modification. Cependant, une question se pose avec acuité : En a-t-il toujours été ainsi ? Ou bien ce créateur protéiforme ne s'est-il pas plutôt brusquement arrêté dans ses dernières opérations ? Ses forces antagonistes — nous rappelant le repas de noces des Lapithes — ne se sont-elles pas tout d'un coup paralysées et figées dans leurs mouvements changeants ? Les vestiges d'une nature organique antérieure, se trouvant dans les plus anciennes montagnes, ont, pour la plupart, eu d'autres formes que celles de la nature actuelle ; les strates géologiques des montagnes nous montrent, dans leurs couches curieusement superposées dont chacune contient ses propres espèces animales, une transformation et une mutation véritablement périodiques des formes vivantes, un monde animal tout à fait différent, réparti en divers étages chronologiques, semblable à ces êtres protéiformes, sans cesse en mutation, que l'on classe parmi les infusoires [11]. Assurément, les espèces qui ont disparu au cours de la dernière grande catastrophe ressemblaient assez aux espèces actuelles ; mais cette catastrophe fut avant tout la conséquence de ce repas de noces pétrifiant.

Si, autrefois, le modèle supérieur de la nature organique et corporelle, en tant que mot changeant et mouvant du langage originel émanant directement des mouvements de la région spirituelle, dépendait de ceux-ci et se transformait avec eux, à présent, les principes de la conservation et du renouvellement perpétuel des espèces sont aux mains des êtres eux-mêmes. Le chant éternel de la Création fait écho sur un mur figé qui ne rend plus qu'un son unique résonnant invariablement de la même manière et dont les vibrations sont représentées par les êtres qui meurent et reparaissent sous la même forme, si bien que l'univers, pareil à un objet métallique représentant un serpent, est devenu un anneau éternel dont la courbure ne finit que là où elle recommence. Mais cet ancien monde animal que nous ne pouvons qu'imaginer ignorait la différence entre les sexes et était pour ainsi dire androgyne, alors que le monde animal actuel porte en lui cette différence de manière frappante et marquante. La légende dit qu'Uranus, le souverain des temps les plus reculés, fut violemment émasculé (dans le langage et dans le mythe, l'émasculation et la pratique des plaisirs sensuels ne sont qu'un seul et même mot) ; du sang et du liquide procréateur de sa virilité naquit la déesse de la fécondation et de la génération. Ce mythe semble signifier que les principes de la génération passèrent par une terrible catastrophe qui priva la nature de son contact originel avec la région spirituelle, sous le contrôle des êtres sensibles et, en vérité, les différences existant entre les deux langues dont nous parlons ici attestent l'existence d'une telle catastrophe.

Le langage originel de l'être humain, tel que le Rêve, la Poésie et la Révélation nous le présentent, c'est le langage du sentiment et celui de l'amour, car l'amour est le centre vivant des sentiments. L'objet de cet amour fut, à l'origine, le divin et cette région supérieure qu'est le monde spirituel. Les mots de ce langage qui existait entre Dieu et les hommes étaient les êtres qui constituent aujourd'hui encore (mais en tant qu'ombres de l'original) la nature qui nous environne. Ce langage traitait de l'objet de notre amour éternel (son contenu spirituel était le mot) mais n'était pas cet objet lui-même. De la même manière que tout besoin, tout amour nous fait accéder à un savoir particulier, cette aspiration présente en l'homme amena à une connaissance comparable, pour lui qui était le souverain et le centre de la nature, aux cordes d'une lyre à l'aide de laquelle il chanta son aspiration éternelle et grâce à laquelle il put percevoir le Verbe et les accents de l'Amour éternel. A cette époque, c'était encore l'influence vitale, l'Esprit de la région supérieure qui animait et transformait cet océan de formes changeantes. « Mais l'enfant inexpérimenté a l'idée, venue d'on ne sait où, de regarder à l'intérieur de la montre que son père lui a offerte, de la démonter d'une main avide de savoir et d'en faire un autre mécanisme issu de sa propre imagination. » Son aspiration tout entière et la connaissance donnée par cette aspiration quittent la voie originelle et ne sont plus dirigées vers le maître mais vers l'instrument. Le beau mécanisme, violemment coupé de son origine qui lui donnait vie et mouvement, s'arrête ; un rayon miséricordieux venu d'en haut ne lui assure plus que la force d'un renouvellement et d'une régénération constamment et uniformément circulaires.

La légende dit qu'un roi généreux et bon avait donné son amour à une jeune fille pauvre et inconnue. Elle vivait loin et séparée de lui, mais le roi lui envoyait ses innombrables et brillants serviteurs pour lui dire son amour et ses messagers lui rapportaient le témoignage du sien. La beauté des serviteurs éblouissait la jeune fille inexpérimentée et un penchant coupable naquit dans son cœur, elle oublia d'envoyer les messagers ou de recueillir le témoignage d'amour de son bien-aimé, ils durent devenir ses esclaves dont elle fit étalage devant ses voisins, les esclaves d'un penchant coupable. Pauvre être perdu ! Qui te sauvera si l'Amour éternel n'est pas plus grand que ta faute, plus puissant que la mort elle-même ?

Ainsi le monde sensible et sa misérable personne devinrent pour l'homme l'objet de son amour et de son désir, tandis que l'objet originel de son amour, la région du spirituel et du divin, furent oubliés. En proie à une triste démence, il rapporta aux besoins étroits de son amour contre nature les mots du langage originel qui traitaient de l'Amour éternel et de son objet immortel, et le mot dont Dieu se servit pour connaître et créer l'homme et le monde a pris, d'après l'exemple choisi plus haut, le sens du vil plaisir sensuel. La pauvre créature qui, par orgueil, voulut se faire le créateur des hommes et de la nature devint l'instigateur de la mort ; son univers devint un tombeau sur lequel viennent encore faire écho, pareils à un glas, les accents de l'Amour éternel. C'est là que réside la source de tous les malentendus et de toutes les confusions. Le chant au contenu sublime et divin fut travesti de la manière la plus épouvantable, bien que les mots soient restés les mêmes, mais l'esprit humain avili les utilise de la manière la plus affreuse, de la même façon que, dans un cercle limité, le jouisseur dégénéré fait le pire usage des mots sacrés : amour et amitié.

Cependant, le langage divin, cette nature qui nous environne, avait à l'origine un contenu infini, immense et éternel, mais ses mots furent, par ce travestissement, appliqués au domaine le plus étroit, le plus misérable et le plus limité qu'il soit donné à l'âme humaine de connaître après sa chute ; ses mots désignent à présent un objet de nature mortelle et éphémère. Naturellement, la plus grande partie des mots est restée de ce fait sans aucune profondeur et sans aucune signification ; notre vocabulaire s'est considérablement appauvri, de la même manière que, dans la région du Schein, l'être à l'intelligence bornée n'utilise que quelques mots pour exprimer le champ étroit de ses misérables besoins et néglige les autres qu'il finit par ne plus connaître. Comme, en outre, les mots ne furent plus employés, à cause de ce renversement et de cette modification, dans leur sens originel qui leur donnait lumière et cohérence, ce langage perdit pour l'homme sa transparence originelle, lui devint presque totalement incompréhensible et fut pour lui un domaine obscur. Seul celui qui connaît la région supérieure du spirituel et le Verbe qui, depuis lors, fut révélé à la place de la nature et a le même contenu que celle-ci, trouvera la clef de ce labyrinthe de formes mystérieuses et variées dont le sens nous est devenu étranger.

En outre, ce travestissement donna naissance à l'ambiguïté de l'âme humaine, à cause de laquelle une même inclination du cœur se porte aussi bien sur l'objet le plus élevé que sur le plus vil. La nature éternelle de l'homme fut tellement altérée qu'à présent, même lorsque parle la voix de l'amour le plus pur, la sensualité la plus vile se fait souvent jour ; lorsque l'une des deux cordes de cet instrument vibre, on entend au même moment vibrer l'autre qui rend le même son. Quand le Rêve, la Poésie et la Révélation parlent avec nous, conformément à l'organisation primitive, le langage du sentiment et de l'amour, ils éveillent malheureusement en nous, en même temps que l'aspiration éternelle et divine, les penchants et les désirs sensuels ; la source même de la vie est empoisonnée, le calice de l'exaltation qu'offrit l'amant à sa bien-aimée afin qu'elle y bût la bénédiction de l'aspiration divine et pure, est devenu pour elle la coupe qui l'incite à s'adonner aux plaisirs vils, la flamme impure et destructrice, le feu de l'ivresse sensuelle.

Ce qui devait être le langage de la veille est à présent pour nous l'obscur langage du rêve ; la région du sentiment, même du plus profond et du plus pur à l'origine, la région de l'âme est désormais, tant qu'elle réside dans cet instrument tendu de cordes doubles et terriblement différentes, une région pleine de dangers. La nature inférieure doit mourir et, bien que cette ivraie pousse au au milieu de la bonne herbe, la nature éternelle ne meurt pas pour autant en même temps que l'autre ; le tissu minéral de l'asbeste ressort de son contact avec la flamme, qui a détruit les filaments de qualité inférieure qui s'y trouvaient, encore plus pur et plus beau. Et cette flamme, c'est précisément cette nuit sans étoiles, cet état de profonde solidude, de misère, c'est-à-dire celui des sentiments les plus purs et les plus saints. Lorsque l'âme, par cet amour unique, s'est dépouillée de tout et, après bien des tempêtes, trouve, dans le flot des formes mouvantes, le rocher auquel elle fixe pour toujours l'amarre de son frêle esquif, elle se met à croire que cet amour unique sera éternel et que sa fidélité et sa mansuétude ne seront pas altérées par le temps et l'éternité ! Mais elle se voit à présent abandonnée de celui-là, l'œil unique auquel était suspendu le sien, plein de dévotion, s'est fermé, la nuit l'environne, tout est silence, excepté la raillerie du monde qu'elle a abandonné pour cet Amour. « Mais nous ne fléchirons pas ! Et où irions-nous ? Il n'y a, pour nous, rien d'autre que toi ! L'amour que nous t'offrons est éternel, comme toi-même ![12] » Et voyez, l'âme hésitante se trouve, à la fin de ses souffrances, gênée devant Celui qu'elle avait craintivement cherché, dont elle était au plus proche alors qu'elle s'en croyait au plus éloigné et, à l'engourdissement que suscite l'heure matinale la plus froide, succède l'ascension du soleil le plus ardent.

L'âme a le devoir, dans son misérable état actuel, de se rendre capable d'accéder à une vie supérieure, conforme à son origine, une vie nouvelle et future. Le rapport d'opposition doit, en somme, se renverser dans la mort ; le langage spirituel du rêve doit redevenir le langage de l'état habituel de veille. Mais comment ceci pourrait-il se produire sans précipiter l'âme dans les pires dangers et sans la faire sombrer dans cet abîme au-dessus duquel la maintient encore l'ambiguïté de son univers actuel et de sa propre nature sensible dont l'aspiration inextinguible se verrait assignée plus tard (si ce n'est plus tôt) sa voie originelle et son dessein primordial ? Il nous faut trouver dans l'existence actuelle une voie dans laquelle l'âme puisse se libérer des liens matériels, des méprises et des mauvaises interprétations, inhérentes à notre nature, au sujet du Verbe issu du monde spirituel ; nous devons lui établir ici-bas un domaine où elle pourra se protéger de la contagion, ailleurs inévitable, que pourrait occasionner son contact avec l'ancienne source de vie, devenue dangereuse et vénéneuse. Cette région est toute trouvée, c'est notre langage articulé, le langage artificiellement appris, propre à notre état de veille.

De même qu'aussitôt après la grande catastrophe l'hiver envahit la nature, priva l'homme, précisément dans cet endroit de la terre où résidait originellement sa race, du monde sensible pendant une partie de l'année et le réduisit à sa propre personne, de même l'homme se vit pourvu, à partir de cette grande catastrophe, d'un nouvel organe, le langage fait de sons dont il dispose actuellement. Celui-ci est assurément issu du langage originel constitué par les êtres vivants, langage dont il est, par l'effet du hasard, un élément subordonné. Mais il a supplanté les composants les plus importants de l'original et c'est précisément par ce rapport malsain et incomplet que le langage de la veille est devenu le moyen qui permet à l'âme de s'abstraire complètement du domaine des sens, et de tout sentiment en général, d'éviter les écueils suscités par cette dangereuse ambiguïté et de se rapprocher de ses origines en se coupant radicalement du monde inférieur. Mais le langage est également le tour d'adresse grâce auquel l'homme parvient à s'approprier la couleur de l'amour, sans amour, l'apparence de la vie, sans vie, le feu froid, le froid chaud, la lumière obscure, l'eau sèche.

Depuis que le langage originel de la nature et du sentiment, dont le contenu était l'amour du divin, est devenu incompréhensible et même dangereux à l'homme, car il a appliqué abusivement les expressions de celui-ci à ses propres penchants dégénérés et les a exclusivement considérés par rapport à cette utilisation, son esprit s'est vu contraint de suivre une voie qui, par le langage et la science, divergeait de plus en plus de celle qui menait à la région du sentiment (considéré par lui comme relevant uniquement du monde sensible). D'un côté, il a considéré sa séparation de cette région obscure et incertaine comme bénéfique, de l'autre comme affreusement mutilante et de nature à détruire tout germe de vie ; assurément plus bénéfique que nuisible, cette séparation a toutefois transformé le langage initial de la poésie en une prose abstraite, le chant de la nature en froide philosophie. Evidemment, privé de sa nourriture d'en haut, le germe des sentiments supérieurs meurt simultanément avec celui des sentiments inférieurs, et la belle colombe qui, de l'arbre de la vie, s'adressait à nous, s'est transformée en pesant oiseau de mort. En vérité, notre connaissance comme notre mode de pensée se sont tôt égarés dans la région glacée où tout sentiment et tout amour finissent par périr. Mais l'Amour éternel parle encore le langage originel avec nous, le souffle vivant effleure encore les cordes de la lyre et les cordes impures vibrent en même temps que les autres. Et quand l'esprit de l'espèce humaine aura atteint les ultimes extrémités de l'abandon et de la misère où les derniers rayons de vie ne lui parviendront plus, l'Amour éternel qu'il aura cherché en vain et dont il se sera cru très éloigné, lui sera accessible au crépuscule d'un nouveau matin.

Cette évolution que suivent le langage et la science, de leur origine qu'est l'Amour divin jusqu'à leur engourdissement actuel, fut très intelligemment exposée par le fameux Swedenborg, et l'état dont il parle est très semblable au degré profond du rêve que nous avons mentionné à la fin du chapitre 1 et n'en diffère que par son rattachement à la conscience éveillée.

« Un jour, raconte-t-il, alors que je conversais avec un esprit, qui semblait dire des choses mémorables dans un état ressemblant à celui du sommeil, des esprits vinrent à nous en parlant entre eux, mais ni les esprits autour de moi ni moi-même ne comprirent ce qu'ils disaient. Je fus instruit qu'il s'agissait d'esprits venant de la planète Mars qui pouvaient ainsi se parler entre eux mais de sorte que les esprits présents ne pussent rien y comprendre. Je m'étonnais qu'une telle langue pût exister, car tous les esprits ont une seule et unique langue qui consiste à reproduire spirituellement les idées qui sont perçues dans le monde spirituel comme des mots. On me dit que ces esprits dissimulent de cette façon aux autres les idées qu'ils expriment d'une certaine manière à l'aide des lèvres et du visage, de sorte que, ce faisant, ils restèrent artificiellement dénués de toute émotion et du sentiment intérieur motivant leurs propos. Car, puisque la pensée ne vit que par le sentiment dont elle est issue, elle ne peut se manifester aux autres que par le sentiment et elle reste fermée à ceux-là quand le discours, réduit au simple mouvement des lèvres et des traits du visage, perd son âme et sa vie par l'absence d'émotion. Il en va ainsi de ces habitants de Mars qui situent la vie céleste exclusivement dans la connaissance et non dans la vie de l'amour, mais tous les habitants de ce monde ne sont pas semblables à eux. Ceux-là conservent leur langue morte même en tant qu'esprits. Cependant, même s'ils pensent être totalement incompréhensibles aux autres, leurs pensées, même les plus secrètes, sont percées par les esprits d'un ordre supérieur : les esprits angéliques. Il leur fut dit par ceux-ci qu'il était mauvais de dissimuler ainsi leur vie intérieure et de s'en écarter pour favoriser l'extérieur, essentiellement parce que c'était mensonge de parler ainsi. Car ceux qui sont sincères ne veulent rien dire ou penser qui ne corresponde à ce que désirent savoir tous les êtres humains qui ne veulent pas cela, qui ne pensent que du bien d'eux-mêmes et du mal d'autrui et même du Seigneur. Il me fut dit que ceux qui vivent de cette façon exclusivement dans les connaissances, et ne mènent pas une vie d'amour, et se sont habitués à parler sans faire appel aux sentiments, finissent par ressembler à une peau, dure comme l'os, qui entoure le centre de la vie affective, c'est-à-dire le cerveau, sans jamais participer aux sentiments dont celui-ci est le siège. Ils sont spirituellement morts, car seuls ont une vie spirituelle ceux dont la connaissance provient de l'Amour céleste. Et cette connaissance issue de l'Amour éternel dépasse toutes les autres. Ceux qui vécurent longtemps sur terre et menèrent une vie d'amour savent qu'après la mort, à leur arrivée au Ciel, ils aimeront des choses qu'ils ignoraient complètement auparavant ; ils penseront et parleront comme les anges et diront des choses qu'aucune oreille n'a perçues, qu'aucun cœur n'a éprouvées et qui sont ineffables.

« L'état de ces esprits dégénérés de la planète Mars dont les habitants vivent encore en grande partie dans l'Amour céleste nous fut représenté par une autre image.

« Je vis une très belle chose ignée, constituée de maintes couleurs étincelantes : pourpre, puis blanc, puis rouge. Une main apparut, à laquelle cet être igné se fixait d'abord sur les bords extérieurs, puis sur la paume, puis tout autour de la main. Ceci dura un moment, puis la main ainsi que l'être igné s'éloignèrent à quelque distance, ils s'arrêtèrent, pareils à une clarté, et la main disparut. Après cela, l'être igné se transforma en un oiseau qui, au début, était encore paré de couleurs vives et étincelantes. Mais ces couleurs disparurent peu à peu et, avec elles, la force vitale de l'oiseau. Celui-ci voleta, d'abord autour de ma tête, puis dans une pièce étroite qui ressemblait à une chapelle, et plus il volait, plus la vie s'enfuyait de son corps, et il devint finalement une pierre, d'abord gris perle, puis de plus en plus sombre ; mais bien qu'il n'eût plus de vie, il continua de voler. Lorsque l'oiseau voletait encore autour de ma tête et avait encore sa force vitale, un esprit apparut ; venant d'en-bas, il traversa la région des reins et remonta jusqu'à la poitrine et, de là, il voulut s'emparer de l'oiseau. A cause de la beauté de celui-ci, les esprits qui étaient autour de moi l'en empêchèrent, car ils avaient tous dirigé leurs regards en même temps que moi sur l'oiseau lorsque celui-ci était apparu. Mais il les convainquit que le Seigneur était avec lui et que son acte était dicté par lui et, bien que la plupart ne le crussent pas, ils ne l'en empêchèrent plus. Mais comme le Ciel à ce moment-là se fit influent, il ne put rien sur l'oiseau et celui-ci lui échappa. Tandis que cela se produisait, les esprits parlèrent entre eux de la signification de cette apparition. Ils reconnurent que ce phénomène ne pouvait qu'émaner des Cieux et que l'être igné représentait l'Amour céleste ; la main étant le symbole de la vie et de sa force créatrice, l'altération des couleurs représentant la transformation de la vie par la Sagesse et la Connaissance. L'oiseau signifie également l'amour et la connaissance qui en découle, mais tandis que le feu indique l'Amour céleste, l'Amour du Seigneur, l'oiseau représente l'amour spirituel, c'est-à-dire l'amour du prochain et la connaissance inhérente à celui-ci. Les modifications des couleurs et de la vie en l'oiseau jusqu'à ce qu'il devînt une pierre symbolisent les transformations progressives de la vie spirituelle après la connaissance. En outre, ils savaient que les esprits qui montent de la région lombaire jusqu'à la poitrine se figurent à tort qu'ils sont dans le Seigneur, et que tout ce qu'ils font, même si c'est mauvais, est commandé par lui. Cependant, la signification de l'ensemble de cette vision restait obscure aux esprits. Finalement, ils furent instruits d'en haut qu'il fallait comprendre par cette apparition l'état dans lequel vivaient les habitants de Mars. L'être igné signifiait l'Amour céleste dans lequel se trouvent encore beaucoup d'entre eux, l'oiseau, tant qu'il resplendissait de couleurs et qu'il avait toute sa force vitale, symbolisait leur amour spirituel, mais lorsqu'il devint inerte et sombre comme une pierre, il désigna les êtres qui se sont éloignés de l'amour et persistent dans l'erreur, ceux qui transforment la vie de leurs pensées et de leurs sentiments d'une manière insolite en un semblant de vie et en une connaissance stérile. De tels esprits devenus étrangers à l'amour, enfermés dans l'erreur et qui persistent à se croire dans le Seigneur sont représentés par l'esprit qui s'éleva et voulut s'emparer de l'oiseau. »

Nous avons voulu donner ici pour plusieurs raisons un exemple détaillé d'une vision de cet homme psychologiquement exceptionnel. On remarquera ici plus clairement qu'ailleurs le caractère particulier du langage onirique, la succession caractéristique des idées et des phénomènes dans le rêve, ainsi que la forme de l'expression ; cette vision est donc pour nous une explication de ce qui fut dit plus haut. Elle est en même temps l'exemple d'une forme de phénomène psychologique qui va nous ouvrir la voie menant à la partie physiologique du domaine onirique.

NOTES

1. *Cf.* Franz Baader, *Begründung der Ethik durch die Physik* [Fondement de l'éthique par la physique], 1813.

2. *Cf.* Creuzer, *op. cit.,* III, p. 201.

3. *Cf.* Creuzer, *op. cit.,* III, pp. 153 sqq.

4. *Cf.* J.A. Kanne, *Älteste Urkunde* [Le Document primordial], Bayreuth, 1808 ; *Pantheon der ältesten Philosophie* ; *System der indischen Mythologie.*

5. *Cf.* Kanne, *Pantheon..., op. cit.,* p. 100.

6. *Cf.* Kanne, *System..., op. cit.,* p. 276.

7. *Cf.* Kanne, *Älteste Urkunde* et *Pantheon..., op. cit.*

8. *Cf.* Kanne, *Pantheon..., op. cit.,* pp. 273, 198, etc. *Cf. System..., op. cit.,* pp. 144, 296.

9. Il est curieux de constater que, dans certains types de rêves, le serpent symbolise la sensualité. Cela nous fait penser au monde onirique de Swedenborg, où règnent les esprits : « La sensualité et la volupté, dit-il quelque part, sont représentées dans l'autre vie par des serpents. »

10. *Cf.* Kanne, *Pantheon..., op. cit.*

11. Sur ce sujet particulier et encore peu connu, nous attendons un excellent ouvrage de H. Nees von Esenbeck, riche en découvertes et en idées peu communes et fertiles.

12. Extrait, cité par Gerhard Tersteegen, des *Ecrits* de Bernières Louvigny. Nuremberg, 1809.

Chapitre 6

L'ÉCHO

Le nerf qui meut la langue, et le nerf du pharynx, mais en tout premier lieu le nerf vocal, assurant dans le corps humain la fonction de la parole, se trouve, par sa configuration, ses ramifications et sa fonction organique, dans le rapport le plus étroit avec une partie du système nerveux qui, vis-à-vis des nerfs du cerveau et de la moelle épinière, constitue un tout indépendant et autonome. Cet ensemble, riche en ganglions et en réseaux, que l'on appelle système sympathique et d'où partent les nerfs vers les viscères de la cage thoracique et de la cavité abdominale et les vaisseaux sanguins de tout le corps, n'est pas issu, comme on l'affirmait autrefois, d'un endroit situé entre la cinquième et la sixième paire de nerfs du cerveau, mais est simplement en relation avec ceux-ci, ainsi qu'avec d'autres nerfs du cerveau et de la moelle épinière ; cette soi-disant racine ne serait pas en rapport, eu égard à son extrême finesse, avec le reste du système nerveux[1]. C'est pourquoi on retrouve, dans le règne animal imparfait et même dans des malformations du règne supérieur[2], un système ganglionnaire ne comportant ni cerveau, ni moelle épinière, et il n'est pas rare que soient absents, dans la chaîne des ganglions des nerfs sympathiques issus du cerveau, des membres de transmission isolés, sans pour autant causer des inconvénients. Avec une clarté remarquable, Reil[3] a démontré le rapport qui existe entre les systèmes ganglionnaire et cérébral. Les nerfs issus du cerveau et de la moelle épinière se distinguent, ne serait-ce que par leur configuration, d'une manière frappante de ceux du système ganglionnaire et des nerfs vocaux qui appartiennent presque tous à ce dernier. Ceux-ci sont plus mous, plus gélatineux, de couleur gris-jaune et rougeâtre, ils sont interrompus par de nombreux ganglions et entrelacements, et il est plus difficile d'en séparer les filaments que pour les nerfs blanchâtres, plus durs et plus fortement oxydés du système cérébral. Alors que les nerfs du cerveau et de la moelle épinière sont de bons conducteurs qui transmettent non seulement la sensation au cerveau, mais aussi les ordres donnés par celui-ci aux membres, les nerfs du système ganglionnaire n'obéissent pas à la volonté ; les mouvements des vaisseaux sanguins et de l'intestin sont, à l'état normal, involontaires ; un animal disséqué vivant crie lorsqu'on excite un nerf issu du système cérébral (par exemple le nerf sciatique), mais les piqûres et les coupures pratiquées dans un nerf mou du système ganglionnaire ne lui occasionnent aucune douleur. Tout le système végétatif du corps, tous les organes qui contribuent à la formation, à l'entretien et à la croissance de l'organisme physique appartiennent au système ganglionnaire qui est constitué, avec les organes vocaux, par les réseaux de la gorge, du cœur, des poumons, du diaphragme, du mésentère, du bassin et des testicules ; ce système structuré est également le point de départ des nerfs qui irriguent les grandes artères, tandis que les nerfs du système cérébral suivent le tracé des vaisseaux sanguins, sans se ramifier en eux. Avec les artères, dont le contenu contribue à la formation et à l'entretien de toutes les parties du corps, les nerfs du système ganglionnaire se répartissent dans tous les organes et commandent aux processus de sécrétion, de formation et de génération. Les nerfs sympathiques qui forment, de part et d'autre de la colonne vertébrale, une longue ellipse et ont leurs terminaisons dans le cerveau et dans l'extrémité inférieure du bassin, constituent, non pas l'origine du système ganglionnaire, mais la limite entre celui-ci et le système cérébral [4]. A l'intérieur de cette frontière elliptique, les réseaux des nerfs du système ganglionnaire se séparent en filaments innombrables, tout en restant réunis et égaux, et commandent de là les fonctions de digestion, de sécrétion du sang, de formation et de reconstitution. De même que chaque centre nerveux interrompt la fonction conductrice d'un nerf et rend celui-ci, indépendamment du cerveau et de la volonté, sensible uniquement à une excitation extérieure particulière, de même le nerf sympathique, constamment interrompu par des ganglions, élabore autour du système ganglionnaire un processus de semi-conduction qui, à l'état normal, isole celui-ci du système cérébral et l'en rend indépendant, de sorte que l'activité de l'un a une influence indirecte sur l'autre et que les mouvements du système ganglionnaire à l'état normal — éveillé — ne parviennent pas au cerveau et ne sont pas ressentis par l'âme, de la même manière que celui-ci n'a aucun pouvoir direct sur l'activité des viscères et des organes. Cependant, dans certains cas, cet isolement du cerveau est supprimé, ce processus de semi-conduction diminue au profit d'une conduction totale et les relations entre les deux systèmes, la dépendance de l'un par rapport à l'autre, sont rétablies [5]. Nous nous sommes efforcés de démontrer dans un autre ouvrage que non seulement le sommeil, mais également la mort naturelle pouvaient être produits par un effet rétroactif des organes subordonnés au système ganglionnaire [6]. Tous les phénomènes du sommeil et des états qui lui sont apparentés semblent être issus du système ganglionnaire, qui a dès lors la prédominance sur le système cérébral. Le premier apparaît en somme dans toutes ses fonctions comme une activité de l'âme consacrée à la vie végétative qui, dès qu'elle est gênée dans sa fonction propre ou bien démunie de ses matériaux, exprime, d'une manière spirituelle et conformément à sa nature originelle, sa tendance particulière à la création. Dans le sommeil paisible et sain, l'activité organique propre au système ganglionnaire a la prédominance sur l'activité particulière du système cérébral qui est interrompue, toute l'activité de l'âme étant éteinte au profit de cette fonction végétative. Alors que, dans le sommeil, cette cloison isolante disparaît lorsque le processus de semi-conduction énoncé plus haut est lancé et que les deux systèmes s'unissent pour fonctionner ensemble, au réveil, par contre, le rapport naturel se rétablit, les deux systèmes sont à nouveau isolés et nous ne nous souvenons que des rêves qui accédèrent à la région trouvant, par le nerf vocal, un accès au cerveau, c'est-à-dire à la région du foie. Cet état de choses est particulièrement net dans les phénomènes de somnambulisme et de folie. Lorsque, dans l'état de somnambulisme [7], le sens intérieur aiguisé perçoit tout ce qui est extérieur aussi clairement et même plus que dans l'état éveillé, lorsqu'il reconnaît, les yeux convulsivement fermés et d'ailleurs tout à fait inaptes à voir, les objets extérieurs aussi bien que par la vue, voici, d'après les témoignages unanimes de tous les somnambules, ce qui se passe, grâce au creux épigastrique, grâce à l'estomac : une lettre posée à cet endroit est lue, un mot prononcé là de la voix la plus basse et la plus inaudible est perçu, et des pressentiments d'événements futurs, des perceptions et des prémonitions de choses dépassant le cadre d'une commune observation sensible se font jour dans la zone épigastrique. Lorsque la somnambule ne fait plus qu'un avec l'âme du magnétiseur, de sorte qu'elle devine chaque pensée et éprouve chaque sentiment de celui-ci, qu'elle est capable d'avoir des vues profondes dans l'histoire intime et extérieure, passée et présente de toutes les personnes en relation avec elle, qu'elle se prédit à elle-même des événements qui n'ont absolument aucun rapport avec ses connaissances actuelles, quand elle décrit et énonce avec précision non seulement les médicaments capables de traiter sa maladie, mais aussi le lieu où elle ne s'est pas rendue et où pousse telle ou telle herbe aux vertus curatives [8], la région de l'estomac, la zone épigastrique se trouvent être l'organe de cette connaissance [9]. C'est à cet endroit que la somnambule porte instinctivement tous les objets qu'elle veut observer avec précision, de la même manière que d'autres les amènent devant les yeux [10]. Mais quand, dans cet état insolite, une force supérieure de connaissance et de sentiments se fait jour dans l'âme, lorsque la somnambule parle avec clarté et assurance d'objets qu'elle ne connaissait auparavant que sous forme d'images imprécises, lorsque le passé le plus ancien et l'avenir lui apparaissent avec netteté [11], lorsqu'elle devine avec un discernement surnaturel le contexte des actions et des pensées les plus secrètes que personne, hormis Dieu et les individus accomplissant ces actions ou ayant ces pensées, ne pouvait connaître [12], lorsqu'elle accomplit des actes complexes ou demandant de l'adresse, ou qu'elle travaille ou converse avec des personnes venant lui rendre visite, toutes ces connaissances et même le souvenir de ce qui fut dit ou fait disparaissent brusquement au réveil. Dans le somnambulisme, cet isolement est donc supprimé, le centre habituel de notre pensée (le cerveau) est associé au système ganglionnaire et participe aux actes spirituels accomplis à l'aide de celui-ci. Par contre, au réveil, l'isolement est brusquement rétabli et les échos de ces activités rendues possibles uniquement grâce au système ganglionnaire n'ont plus aucun accès au cerveau, de même qu'inversement — puisque tout souvenir volontaire n'est rien d'autre qu'un renouvellement par la volonté des émotions passées — aucun souvenir n'est, dans ce cas, possible car la volonté n'a aucun accès aux organes qui furent le siège de ces émotions. La somnambule ne veut pas croire au récit de tout ce qu'elle a dit ou fait dans le sommeil hypnotique, il lui semble impossible d'avoir été, quelques instants auparavant, une tout autre personne, douée de pouvoirs et de capacités complètement différents [13]. Ainsi se fait jour le phénomène d'une double série d'états, dont chacune est autonome et n'a pas de rapports avec l'autre. La somnambule se souvient, dès qu'elle retombe dans le sommeil hypnotique, de tout ce qu'elle a fait ou dit précédemment dans cet état ; elle renoue souvent le fil de la conversation là où elle l'avait rompu la fois précédente et promet à l'inverse de donner dans une crise future d'autres informations sur des objets qui lui étaient, naguère encore, inconnus. Ainsi, les différents états de sommeil hypnotique trouvent, par la netteté du souvenir, une cohérence aussi intime que celle qui unit, à l'état de veille, aujourd'hui à hier. Cependant, le véritable et parfait somnambulisme a également un regard lucide sur l'état de veille. Bien que la somnambule ne conserve, au réveil, aucun souvenir de tout ce qui s'est passé en elle et autour d'elle pendant la crise, elle sait tout de même très bien ce qui est arrivé pendant la veille et elle se rappelle très précisément les événements d'un passé lointain dont elle n'arrivait par aucun moyen à se souvenir pendant l'état habituel de veille. Dans le somnambulisme uniquement, l'âme reçoit, lorsque l'isolement naturel a disparu, la capacité d'utiliser, outre nos facultés communes, un sens plus profond et, dans notre état actuel, le plus souvent perdu, dont le champ de vision et de perception est beaucoup plus étendu que celui de nos sens familiers et, comme ces activités supérieures de crise ne sont rendues possibles que par un élargissement du cadre de nos actes spirituels, elles disparaissent aussitôt et ne peuvent plus être reproduites, même sous forme de souvenirs, dès que ce cadre retrouve ses proportions habituelles *[L]*. On ne perçoit les accords supérieurs sur un clavicorde divisé en deux compartiments distincts par une cloison épaisse que si cette dernière est enlevée et que l'esprit de l'artiste qui est, par ailleurs, limité à quelques sons, peut également caresser ces cordes ; mais, dès que l'on replace la cloison en guise de séparation, même l'écho ténu de ces accords supérieurs devient inaudible. Mais il existe d'autres états étroitement apparentés au somnambulisme pendant lesquels cet isolement persiste autant qu'à l'état de veille. On ne constate qu'ici, avec une netteté particulière, ce phénomène de deux individualités séparées l'une de l'autre mais entretenant de bons rapports, réunies d'une manière étonnante dans une seule et même personne. La jeune fille, dont Erasmus Darwin nous raconte la maladie [14], sombrait régulièrement un jour sur deux dans un état dans lequel elle était totalement insensible aux impressions sensorielles qu'exerçait habituellement son entourage sur elle et ne voyait et n'entendait rien de ce qui se passait autour d'elle. Elle s'entretenait alors de manière cohérente et fort spirituelle avec des personnes absentes qu'elle croyait présentes, elle déclamait des vers et lorsque, parfois, il lui manquait un mot dans sa déclamation, il ne servait à rien que les autres personnes l'aidassent, même à haute et intelligible voix, car elle s'obstinait à trouver elle-même le mot manquant ; lorsqu'on lui retenait les mains, elle s'en plaignait, sans savoir pourquoi ses mouvements étaient entravés, et la même chose se produisait quand on fermait ses yeux ouverts et fixes. A son réveil, elle était effrayée et ne savait plus rien de tout ce qui s'était passé. Elle était à nouveau la même qu'auparavant, jusqu'au jour où la rêverie reparaissait. Jugeant d'après les apparences, les amies qui lui rendaient visite prétendaient qu'elle avait deux âmes s'exprimant alternativement. De même, dans un cas identique décrit par Gmelin [15], la malade sombrait par intermittence dans un état où elle se prenait pour une tout autre personne, en l'occurrence pour une émigrée française, et où elle se tourmentait avec un malheur inventé. Elle parlait alors français et avait même, au début, des difficultés pour parler allemand, elle prenait ses parents et ses amis présents pour des visiteurs inconnus pleins de compassion pour son destin malheureux, elle ne pouvait absolument pas se souvenir de tout ce qui avait rapport avec sa personnalité éveillée et véritable, mais faisait preuve par ailleurs d'une activité intellectuelle supérieure à l'ordinaire. Au réveil, elle ne savait plus rien de tout ce qu'elle avait fait et dit dans cette personnalité inventée, mais elle se souvenait clairement de tout ce qui lui était arrivé dans cette série de sommeils dès qu'elle s'y replongeait. Ces deux états étaient donc cohérents en eux-mêmes, mais perdaient chacun toute cohérence par rapport à l'autre. On trouve fréquemment des cas similaires dans les notes des médecins [16]. En dehors des crises, les somnambules ne sont pas conscients de ce qui est arrivé pendant celles-ci et, inversement, ne peuvent pas comprendre qu'ils puissent avoir, dans l'état de crise, dans lequel ils se souviennent de tout ce qui s'est passé dans d'autres crises identiques, une personnalité différente et éveillée à d'autres moments. Ils sont et se prennent, dans ces crises, pour des personnes tout autres qu'à l'état de veille, et inversement. On ressent également après de longues maladies un tel sentiment de double personnalité, et ce dédoublement est réellement présent dans la folie et dans le rêve. Les différents états oniriques sont souvent en relation entre eux par de claires réminiscences et, dans le rêve, nous sommes, même psychiquement, souvent une tout autre personne qu'à l'état de veille, l'être de nature pacifique devient alors irascible et querelleur, le faible prend courage *[M]*. Tous ces phénomènes vont trouver leur éclaircissement dans l'existence et la division de ce double système de nerfs. Dans les cas que nous venons de décrire, c'était l'activité de l'âme à travers le système ganglionnaire qui justifiait cet état étranger à la personnalité habituelle et, très souvent, par exemple dans le cas cité par Gmelin, le caractère spécifique du système ganglionnaire se révèle dans le don de prophétie ou dans les phénomènes issus d'un sens de la prémonition extrêmement aiguisé. Lorsque, dans l'un des deux états, l'âme choisit comme centre de son activité le système ganglionnaire, elle se trouve coupée, par la présence de cette cloison naturelle, des ressources du système cérébral et des sens, et inversement. Le rêve nous montre un troisième état, en quelque sorte intermédiaire. Nous nous souvenons, au réveil, des rêves les plus agités, et l'histoire du somnambulisme nous enseigne que, parfois, ce qui se passe durant la crise et semble, au réveil, complètement oublié, se présente à l'âme dans le rêve de la nuit suivante sous forme d'image onirique et laisse, en tant que telle, des souvenirs au réveil [17]. Ainsi, le rêve devient l'organe de transmission entre l'état de crise et celui de veille, et communique par ce biais les phénomènes issus du premier à la conscience éveillée. Cette jonction d'une grande partie de nos rêves avec l'état de veille s'accomplit essentiellement par le nerf qui, entre tous, constitue le médiateur entre les deux systèmes, le nerf vocal. Celui-ci, après avoir auparavant adopté le caractère et la fonction du système ganglionnaire, devient finalement l'un des nerfs essentiels du foie, cet organe curieux qui se montre excessivement actif dès le début de la vie dans toutes les fonctions ayant trait au développement de l'organisme, ainsi qu'à la coagulation. Le foie, dans la région duquel se trouve, dans diverses positions, et en particulier dans la position couchée, le centre de gravité du corps, représente également ce centre de gravité sous d'autres rapports, et cette source fondamentale du développement organique nous relie étroitement à la matière et à l'espace. Dans d'autres ouvrages, nous avons déjà attiré l'attention sur cette fonction et démontré qu'elle était celle qui est la plus sensible aux changements importants de lieu de résidence [18]. Les Européens qui quittent leur continent pour un autre s'exposent, ce faisant, essentiellement à des maladies du foie, et le mal de mer semble consister principalement en une affection pathologique des organes sécrétant la bile. Tous les mouvements brusques et les balancements agissent merveilleusement sur ce centre de gravité naturel, et on comprendra, vu l'importance de cet organe dans la vie végétative, pourquoi, d'après de récentes découvertes, le balancement fréquent et régulier agit d'une manière aussi bénéfique dans le traitement de la consomption et d'autres maladies issues d'un dérèglement des fonctions végétatives [19]. Mais le foie, source du principe amer, est également le siège de toutes les passions dont les mouvements sont les plus difficiles à dissimuler, qui transpercent le plus facilement la cloison bénéfique et accèdent à la parole, ainsi qu'à la colère, à la haine, à l'envie, à l'orgueil. Il est aussi tout particulièrement actif dans la folie issue du domaine des passions s'exprimant tantôt matériellement, tantôt spirituellement — que l'on me permette provisoirement cette distinction — et, pour cette raison, la balançoire s'avère aussi particulièrement bénéfique dans le traitement de la folie, de l'épilepsie et d'autres maladies [20]. Toute la région du système ganglionnaire en rapport avec le foie se trouve, par le nerf vocal dont l'influence sur cet organe est prédominante, en liaison étroite avec le cerveau et la conscience, tandis que, dans le nœud cœliaque et dans l'estomac, les nerfs du véritable système ganglionnaire occupent une place beaucoup plus importante.

Dans le sommeil, toute modification de position entraînant un déplacement du foie par rapport à la position qui lui convient le mieux semble avoir une influence sur la nature et la vivacité de nos rêves. Au réveil, après des rêves particulièrement pénibles et agités, une sensation singulière et désagréable dans la région du foie nous indique la source de ce phénomène ; une digestion facile amène un sommeil sain et paisible, tandis que des ennuis digestifs ont ordinairement pour conséquence un sommeil interrompu d'images oniriques.

Nous avons d'ailleurs discerné dans les fonctions du système ganglionnaire une activité spirituelle enfermée (travestie) dans la vie végétative. De même que l'acide, qui a ordinairement un violent effet de brûlure sur les organes du goût et du toucher, semble, quand on le mélange à du gypse pour obtenir du plâtre, avoir subitement perdu toutes ses qualités, réapparaissant dès que l'on sépare l'acide de son matériau, de même cette activité spirituelle, cette âme agissante réapparaît aussitôt sous son aspect originel dès qu'elle est gênée dans sa fonction végétative habituelle sous laquelle se dissimule sa véritable nature. Le meurtrier qu'une sentence clémente enchaîne à une brouette ne semble pas, tant qu'il passe toute la journée à travailler et la nuit dort d'un sommeil profond, être ce qu'il est, sa nature sanguinaire se cachant derrière cette tâche imposée ; mais dès qu'un Don Quichotte ou qu'un pieux Gilpin le libère de ses chaînes, il se montre à nouveau sous son véritable aspect, comme le débauché affamé qui redevient lui-même dès qu'il subit un meilleur traitement.

Une gêne dans la digestion n'est pas le seul phénomène à produire dans le sommeil des rêves agités et riches en images ; il est bien connu qu'un arrêt rapide de la sécrétion lactée, une hydropisie cessant brusquement, une éruption stoppée au mauvais moment sont souvent générateurs de folie, de même qu'inversement, la folie peut être guérie par des abcès causés artificiellement et par d'autres activités visant à occuper la pulsion végétative inhérente à l'organisme. Combien de fois une profonde mélancolie est-elle issue d'une répression ou d'une absence trop prolongée des menstrues, une profonde tendance au suicide d'un dérèglement de la vie végétative par l'onanisme et autres excès ou bien également d'autres affections corporelles, une hypocondrie frisant la folie de difficultés et d'ennuis digestifs ! C'est ici que la camisole de force des théories psychologiques communes devient un peu trop étroite, et le matérialisme le plus grossier des médecins serre souvent la réalité de beaucoup plus près ! Ceux-ci nous enseignent au moins l'utilisation d'un vomitif, d'un peu d'arsenic, d'une grave blessure, à la guérison de laquelle l'âme agissante doit à nouveau consacrer toutes ses forces, de pustules naturelles, d'éruptions ou bien d'abcès provoqués artificiellement, de la balançoire, voire même d'une alimentation meilleure, plus tonifiante et accaparant l'activité de l'estomac, d'une plaie rouverte, des menstrues ou de la sécrétion lactée [21], souvent d'un unique geste hypnotique vers le bas du visage [22] qui rétablissent presque sur-le-champ la raison perdue, ou encore de sangsues qui guérissent les visions. Mais, comme inversement, le changement de nourriture ou même du temps modifie le caractère des individus, un petit morceau de cuir avalé par erreur et surchargeant l'estomac, l'absorption de vin mélangé à du gros sel [23], quelques graines de datura ou des substances analogues, chez beaucoup de personnes le simple éloignement de la lumière, ou bien une maladie oculaire, chez d'autres le fait de quitter leur entourage [24], transforment la réflexion la plus sereine en folie. Une vieille dame de 70 ans qui souffrait d'une constipation ne pouvant être supprimée que le sixième jour du fait de certaines circonstances était, dans les premiers jours suivant cette évacuation, chaque fois parfaitement sensée, pleinement consciente d'elle-même, puis venait une période où elle ne se souvenait que de l'époque la plus heureuse de sa vie, à savoir des années de son premier amour entre vingt et trente ans ; enfin ses souvenirs disparaissaient, elle se trouvait alors dans un état d'hébétude profonde où elle n'était même plus consciente d'elle-même ; elle posait parfois des questions au sujet des personnes qui l'avaient élevée et de ses parents disparus [25]. Même dans les crises de la terrible maladie qui pousse à tuer et qui, bien que liée à la conscience, n'en appartient pas moins aux variantes de la folie commune, le malade ressent avant la crise une brûlure dans la région des ganglions abdominaux, puis un violent afflux de sang à la tête ; il n'a alors guère le temps d'inviter les personnes familières qui l'entourent à s'enfuir le plus rapidement possible afin d'échapper par là aux excès de sa folie meurtrière [26].

En fait, ce n'est point la partie la plus brillante et la meilleure de nous-mêmes qui est attelée à notre char sous forme d'âme végétative, mais bien la partie honteuse de notre pauvre être en lambeaux. Nous ne la découvrons que trop clairement lorsque, même pour de brefs instants, elle se libère de ses chaînes [27]. Je suis terrifié, lorsque parfois j'aperçois en rêve ce côté nocturne de moi-même sous son véritable aspect. Dans l'état de simple somnambulisme, des êtres ordinairement calmes s'avèrent enclins à perpétrer des meurtres et des crimes et doivent donc être soigneusement surveillés [28]. Un garçon ordinairement calme, que je devais, dans les premiers mois où j'exerçais mon métier de médecin, guérir d'une sorte de danse de Saint-Guy, était, dès que la crise apparaissait, comme possédé par un démon malicieux. Son regard était alors sauvage et sournois, ce faisant il riait d'une manière épouvantablement détendue, comme s'il se sentait parfaitement à l'aise en exécutant ses mouvements déréglés. Tous les couteaux et autres ustensiles devaient alors être éloignés de lui, car il cherchait à blesser de la manière la plus perfide les gens qui l'entouraient et, lorsqu'il ne disposait de rien d'autre, il dissimulait sous une fleur une aiguille à l'aide de laquelle il piquait sournoisement son petit frère en prétendant vouloir lui faire sentir la fleur. Dans la plupart des cas, on trouve allié à la folie, quand celle-ci n'est pas trop proche d'une morne stupidité ou d'une niaiserie fade et insipide, un penchant suprenant à la destruction, au meurtre et au mensonge [29]. Même des idiots à l'aspect inoffensif aiment à allumer un feu et à l'attiser malicieusement [30]. On ne peut pas se fier un seul instant à des aliénés d'un degré supérieur, car ils savent souvent cacher leur penchant au meurtre sous une gentillesse et une amabilité simulées, et on a surtout constaté cette tendance bestiale à tuer, travestie en tendre sympathie, chez ceux dont la raison avait été détruite par une sensualité épouvantablement bestiale [31], tant il est vrai qu'à l'état normal la sensualité n'est qu'un masque sous lequel se cache le penchant au meurtre et à la destruction. Chez des malades mentaux apparemment guéris, on constate également avec l'écho de la folie, le retour de ce penchant meurtrier qui la caractérise et, trop souvent, des aliénés libérés trop tôt deviennent de cette manière des parricides ou des matricides [32].

Lorsque cette folie meurtrière est privée de victime, elle a coutume de s'exercer sur l'aliéné lui-même et, souvent, des fous se sont amputé ou coupé des membres, ou bien parfois se sont mordu la chair des mains et des doigts avec une cruauté vraiment recherchée [33]. On a constaté, dans les degrés les plus graves de l'idiotie, une obscure cruauté du malade envers son propre corps [34].

La ruse et la finesse, avec lesquelles des aliénés au dernier degré savent se rendre méconnaissables et raconter une histoire inventée de toutes pièces et parfaitement cohérente comme étant la leur, sont souvent remarquables. Cet aliéné de Gregory sut gagner la bienveillance de ses amis et de quelques conseillers par une histoire entièrement inventée, à tel point qu'ils décidèrent aussitôt de le libérer de sa camisole de force et laissèrent à peine autant de temps au médecin présent pour s'enfuir. Ceux-ci eurent bien assez tôt l'occasion de regretter leur hâte, car le fou les mit tous en danger de mort. Les assaillants de la Bastille se laissèrent également séduire par les mensonges amers et apparemment raisonnables d'un aliéné du même genre, mais regrettèrent aussitôt leur erreur lorsque celui-ci, dès qu'il eut été libéré de ses chaînes, s'empara d'une arme et mit ses libérateurs en grand danger. Les malades mentaux qui ont pris une biographie complètement mensongère pour la leur ne sont pas rares dans l'historique de cette maladie [35] et les productions du système ganglionnaire dans le rêve sont partiellement fondées sur la tromperie et le mensonge.

Nous avons déjà mentionné plus haut un genre de folie furieuse, où l'on trouve la folie destructrice et meurtrière associée à une conscience en apparence parfaitement saine. Ici se rejoignent le degré le plus élevé de passion sauvage et la véritable folie. Ce paysan qui parlait à l'ordinaire tout à fait raisonnablement et ne trahissait aucune trace de folie, s'échappa de l'asile d'aliénés, revint dans son village comme quelqu'un de tout à fait guéri et raisonnable, mais tua le soir même avec beaucoup de préméditation sa femme et ses enfants après s'être échauffé l'esprit au jeu de cartes [36]. Cet irrésistible penchant au meurtre était petit à petit réapparu en lui sous l'influence d'une tendance à l'irascibilité qui n'avait jamais été réprimée par de bonnes intentions. Par contre, une certaine dame, à présent décédée, dont je connais bien l'histoire, avait fait partie, tant qu'elle était célibataire, des gens sensibles de son époque, et néanmoins, par un contresens incroyable, elle vouait à son premier fils une haine telle que, plus d'une fois, elle voulut le tuer avec une froide préméditation, jusqu'à ce qu'enfin on l'arrachât violemment à la cruauté quotidienne de sa mère et qu'on le confiât à d'autres personnes. Le prétexte à cette haine contre nature était que l'enfant ressemblait à son pire ennemi et nous ne chercherons pas à savoir de quelle autre passion illégitime celle-ci était la conséquence. Les médecins nous ont rapporté beaucoup d'histoires semblables [37].

Cette nature caractéristique du galérien enchaîné à notre être peut être reconnue surtout à la manière dont la folie est produite. Cet état consiste généralement dans le renversement du rapport naturel, par lequel l'activité créatrice de l'âme, en se détournant de sa fonction habituelle, s'exprime de manière psychique et dans lequel toute la vigueur de l'organisme spirituel se concentre sur cette fonction contre nature où l'activité du système cérébral est obscurcie. La prédominance de l'activité végétative de l'âme par rapport à ses facultés supérieures se manifeste parfois de manière négative par le fait que l'organe supérieur, pressé par la maladie ou par une erreur de sa part, perd sa souveraineté naturelle, mais plus souvent de manière positive soit parce que l'activité de l'âme, enfermée dans la fonction végétative et gênée dans sa fonction habituelle, se libère de ses liens et, en tant que partie supérieure chez la majorité des gens, se pose en souverain, soit aussi parce que l'âme endormie est éveillée et nourrie par des influences apparentées et favorables.

Dans un instrument à cordes, un son que l'on en tire éveille ordinairement la résonance des cordes à l'unisson. Les passions et l'ensemble de nos penchants et de nos antipathies, de notre désir et de notre haine, toute la région des sentiments, ont leur sphère d'influence et leur origine dans le système ganglionnaire et agissent de manière stimulatrice ou destructrice sur celui-ci. De même que chez les fous guéris, la folie réapparaît à la vision de la démence d'autrui et que cette disposition en sommeil est réveillée par la manifestation d'une capacité apparentée à elle, de même cette activité subordonnée de l'âme s'éveille et quitte son cercle habituel dès qu'elle perçoit les accents de la passion apparentée à sa propre nature. La plupart des fous perdirent l'usage de leur raison à cause des passions. Irascibilité, haine, avarice démesurée, dissipation excessive, concupiscence sauvage et violente sympathie, toute fixation de l'âme sur un objet impropre à ses véritables besoins, parmi toutes les passions, surtout l'orgueil et une volonté peut-être jamais brisée au cours d'une mauvaise éducation [38], suscitent la folie. Si l'on étudie les cas, connus avec précision, de ce que l'on appelle la folie ou la mélancolie religieuses, on s'aperçoit la plupart du temps que cet état fut précédé de l'orgueil et de l'élévation de soi-même au-dessus des autres. Des confessions nous enseignent que ces malheureux se prenaient, avant que leur mal ne se déclarât, souvent pour les personnes les plus saintes et les meilleures parmi toutes celles qui les entouraient et qu'ils sombrèrent bien souvent dans la damnation de la folie [39]. Même le malade mental, dont l'histoire est la dix-neuvième chez Cox, semble avoir cherché dans son obscure probité religieuse l'auto-sanctification dans l'application stricte de lois extérieures. Un esprit orgueilleux et méditatif se crut appelé à scruter les secrets religieux et y trouva sa ruine. Cependant, on ne peut méconnaître, chez certains de ces malheureux, la source physique et fortuite de leur souffrance. Au milieu de leur folie, il ne reste à ces aliénés que ces mots de Cox qui sont une exception à la règle énoncée plus haut : « un profond sentiment de l'honneur et une crainte sacrée de la vérité », comme le prouve le premier cas qu'il relate.

Si le ton de base de cette activité subalterne facilement éveillée par les passions et consacrée à la vie végétative est l'orgueil, on pourrait, avec une vieille expression théosophique, faire dériver ce naufrage d'une activité qui, en soi, est de nature supérieure et spirituelle, de l'orgueil vers une création matérielle inconsciente et considérer ce prisonnier comme un criminel qui a fait fausse route par orgueil et qui, à présent, expie son crime dès qu'il le souhaite d'une manière qui lui est hautement bénéfique. Privé de ses forces originelles ou tout au moins incapable de s'en servir, il apprend ici, subordonné à la région de la connaissance sensible et à sa volonté, à obéir, et si, dans sa situation actuelle, ses chaînes lui devenaient trop légères, si son orgueil venait à se manifester, celui-ci serait étouffé par la vieille sentence : « Tu gagneras ton pain à la sueur de ton front. »

Puisque précisément cette disposition propre à l'homme primordial et destinée à l'obéissance en devant être l'organe par lequel le Verbe de la région supérieure parviendrait à l'homme, fut pervertie par l'orgueil, le rapport originel, justement dans cette fonction vile qui remplaça la disposition primitive, est très facilement rétabli ; la matière et l'obscure région du monde physique deviennent une maison de correction dont chacun, s'il utilise quelque peu les moyens qui y sont proposés, sortira guéri avec certitude. Mais ces moyens sont mal accueillis par les restes de l'ancien orgueil demeuré en nous qui pressent en eux, à juste titre, sa propre mort ; le malade parfaitement à l'aise dans le sentiment de sa folie n'utilise les dernières traces de sa raison que pour rendre vains tous les efforts déployés dans le but de le guérir [40]. Le voile derrière lequel se cache l'abîme, le feuillage vert qui ne fut pas effleuré par un innocent zéphyr, comme le croyait une opinion superficielle, mais fut secoué par le serpent qui se cachait sous lui et qui rendait inoffensif le couvert le surmontant, est brusquement déchiré ; le meurtrier en nous, ces Furies dont Bedlam ne nous fait entendre que de loin les hurlements au milieu du cliquetis des chaînes de ses aliénés, se dressent là, libérées et avivées par nos soins, et pointent leurs armes contre celui qui les protégea et les éleva. Un sermon de carême issu de l'asile d'aliénés !

O Toi que je connais si mal et que j'aime pourtant de tout mon cœur ! Ne libère pas le meurtrier enchaîné à moi-même avant que, par Toi, il ne soit devenu meilleur !

Nous étudierons plus en détail les principes de cette divine maison de correction dans le chapitre suivant. Une analyse plus serrée des propriétés physiques du système ganglionnaire va nous y ouvrir la voie.

Le système ganglionnaire assume dans l'organisme vivant les fonctions végétatives. Son rôle est de détruire la matière en présence (d'où, dans le langage et le mythe, l'association de faim et mort dans un seul mot) et d'en extraire les principes constitutifs. Assurément, cet alchimiste helmontiste, l'âme-estomac, est aveugle, il ne sait rien de la recherche de la pierre philosophale. Il entre dans cette prison souterraine plus de lumière d'en haut qu'elle n'en a besoin pour assurer sa fonction, mais la cloison nous empêche de percevoir ces rayons.

Le monde animal dont nous avons supposé dans un chapitre précédent qu'il était apparu avant l'humanité, le monde des mollusques, est dépourvu de système cérébral véritable, il vit uniquement par le système ganglionnaire. Il manque à ces animaux tous les organes des sens, ils ne sont constitués que d'un tronc et pourtant ils reconnaissent tout ce qui est en rapport avec le champ de leurs besoins vitaux, ils sont même capables d'émettre certaines ruses et d'avoir une certaine habileté, de la même manière que le somnambule voit malgré ses yeux convulsivement fermés et entend sans faire usage de son ouïe, car un sens tout à fait nouveau s'est fait jour dans son système ganglionnaire. Dans le monde animal dont nous avons reconnu plus haut qu'il était le plus récent, dans le monde des insectes, nous constatons également la présence d'un simple système ganglionnaire, mais qui se rapproche tout à fait du système cérébral. Ces animaux sont aussi, au moins pendant leur stade larvaire, comme dépourvus d'organes des sens, mais manifestent néanmoins une sensibilité exceptionnellement aiguë au monde extérieur. Chez eux, l'activité végétative se présente surtout sous la forme d'un instinct de création se manifestant dans ces œuvres d'art qui, en dehors du corps lui-même, sont produites pour le couvrir ou le conserver et qui, sur le plan physiologique, concernent les besoins de celui-ci et en font partie au même titre que, par exemple, les poils et la peau que produit l'organisme de l'animal plus évolué sur sa périphérie. L'habile abeille des murs fait la même chose, lorsqu'elle construit le nid de sa future progéniture, que l'instinct végétatif dans le ventre maternel de l'animal plus évolué, quand celui-ci agence les tissus qui enveloppent le fœtus et les organes qui ont pour tâche de le nourrir. Néanmoins, les manifestations du monde des insectes, mais plus encore certains phénomènes issus de la région supérieure, entre autres ceux du magnétisme animal, démontrent que cette force végétative n'était pas limitée à l'origine au domaine étroit de l'organisme matériel mais était capable d'agir bien au-delà de celui-ci.

Le système ganglionnaire est également le siège de toutes les sympathies et des activités pour ainsi dire magiques de la nature qui ne se laissent expliquer par aucune loi relevant des simples contacts mécaniques. Certaines activités et manifestations de la nature habituellement considérée comme subordonnée, peuvent être communiquées et même en quelque sorte inoculées à la nature humaine par le biais du système ganglionnaire. Lorsque la morsure d'un chien enragé suscite cet état effroyable dans lequel le malade, par ailleurs encore parfaitement conscient, ressent l'instinct irrésistible de la nature canine qui le pousse à mordre, et prie avec angoisse ses amis présents de l'attacher afin qu'il ne puisse pas les mordre, le système ganglionnaire se démontre capable de s'être véritablement inoculé la nature canine. Le fils du Grand Condé fit l'expérience de cette inoculation d'une manière très frappante. Il croyait à certains moments être transformé en chien et ressentait un besoin irrépressible d'aboyer. Même la présence du monarque ne pouvait l'empêcher, lorsque la crise apparaissait, d'exécuter, au moins à la fenêtre, la pantomime muette de l'aboiement. Citons aussi le cas de ces nonnes qui avaient coutume, victimes d'une telle métamorphose, de miauler une heure chaque jour comme des chattes [41] ; on a répertorié beaucoup de cas similaires. Ceux que l'on appelle les démoniaques ne font pas seulement entendre dans leur folie les voix des bêtes féroces les plus diverses (mugissement de l'ours, hurlement du loup et cri du chat), mais savent aussi imiter à s'y méprendre la nature de ces bêtes d'une manière terrifiante [42]. Ici, les enseignements de l'ancien système de la métempsycose n'apparaissent pas tout à fait absurdes et l'on sait que l'orgueilleux Nabuchodonosor descendit de son trône et se transforma en animal.

D'une manière différente, plus matérielle, cette réceptivité féminine et cette capacité de reproduction du système ganglionnaire apparaissent dans l'histoire des substances contagieuses. Tant que celui-ci reste cantonné dans son domaine habituel, il est susceptible d'être touché par diverses maladies, mais cette éventualité disparaît lorsqu'il abandonne le champ de ses fonctions végétatives et se met à agir psychiquement ; c'est pourquoi les aliénés ne sont exposés à aucune contagion et restent à l'abri, même au milieu des pestiférés et de malades ayant la fièvre et exhalant des germes pathogènes.

Le champ de cette réceptivité s'élargit encore dans ce que l'on appelle le magnétisme animal. Les états de magnétisme sont, en règle générale, facilement déclenchés lorsqu'un magnétiseur vigoureux effleure le corps des malades de la tête vers les parties inférieures ; mais ils peuvent également être provoqués par un geste inverse, par le simple fait de souffler sur le malade, par l'attouchement des mains ou simplement du pouce, voire même par l'action de la volonté à distance. Ces états peuvent également être suscités sans l'intervention d'un magnétiseur, après des changements d'humeur et toutes les influences qui excitent l'activité du système ganglionnaire. De même que les impressions que nous transmettent nos sens à l'état éveillé se rassemblent en un point commun (le cerveau), aussi bien les sensations visuelles qu'auditives ou tactiles, de même toutes les influences vitales qui agissent sur notre vie végétative, soit en l'amplifiant, soit en la diminuant, ont leur point de convergence dans la partie médiane du système ganglionnaire et peuvent agir sur la partie ou la direction de leur choix. De cette manière, un état semblable à une crise peut être provoqué par diverses causes, par exemple par l'absence d'écoulement menstruel, voire même, d'après des expériences isolées, par le galvanisme [43] ; chez certaines natures très sensibles, la proximité d'un chat ou d'autres animaux prédateurs, de même que celle de serpents venimeux qui se sont cachés dans la chambre à coucher, suffisent à provoquer des phénomènes convulsifs ressemblant à ceux que l'on observe dans les crises de folie. *[N]*

Enfin, cette propriété du système ganglionnaire se manifeste surtout dans le processus de génération et dans la grossesse, et, chez la femme, c'est une transformation intérieure de ce qui, à l'origine, devait être, non pas l'œuvre d'un instinct végétatif inconscient, mais celle du Verbe de la Connaissance. Si, jadis, la nature sensible fut le matériau et l'organe propre de cette faculté créatrice au même titre que le sont aujourd'hui les parties du corps, par contre, dans notre état actuel, cette faculté se voit limitée à l'étroit système ganglionnaire.

En fait, ce système, par l'activité duquel nous sommes liés et unis à la matière, a coutume de laisser, même dans notre état actuel, un sens à notre disposition, lequel, par-delà les limitations spatiales et ignorant les obstacles de la pesanteur et de la corporéité, nous met en contact avec les influences vivantes d'un univers lointain et proche, spirituel et matériel. Dans le cercle de nos besoins quotidiens, la sensation de chaleur et de froid semble surtout appartenir au système ganglionnaire, ainsi que les phénomènes de ce que l'on appelle le sixième sens, par exemple le fait de sentir dans l'obscurité la présence d'un objet proche ou celui d'avoir pendant le sommeil des frissons à l'approche de la main de quelqu'un, ou encore les phénomènes de sympathie et d'antipathie [44]. Dans certains états corporels, la sphère d'action de ce sens particulier apparaît si étendue chez l'homme qu'il est possible de percevoir des changements imminents de temps, des métaux ou des masses liquides assez éloignés, des incendies et des événements de ce genre se passant à une distance assez grande [45]. Cette voyance à distance, dépendant non pas du système cérébral, mais exclusivement du système ganglionnaire, se manifeste d'une manière encore plus frappante que n'importe où dans l'état de voyance magnétique. Dans cet état, les barrières que dresse la corporéité entre deux individus sont abolies, l'âme de la personne qui s'ouvre intimement devient une avec celle du magnétiseur, et non seulement cette personne connaît toutes les pensées de celui-ci, lit dans son âme tout ce qui le préoccupe et le réjouit, mais également elle participe involontairement à toutes les sensations physiques et aux sentiments que celui-ci, qui pourtant lui est étranger, éprouve ; elle exprime des souffrances localisées dans la partie même où le magnétiseur est soudain blessé, elle ressent un goût tantôt répugnant, tantôt agréable, lorsque celui-ci porte à sa bouche des choses désagréables ou savoureuses [46], elle connaît chaque mouvement qu'exécute le magnétiseur se tenant derrière elle à quelque distance, et elle participe à l'état maladif de celui-ci. Mise en relation avec une troisième personne par la volonté du magnétiseur ou par contact direct, la somnambule est au courant de tout ce qui concerne celle-ci, même si elle est très éloignée ; le magnétiseur peut même, par la seule concentration de sa volonté, agir sur la somnambule en étroite relation avec lui et la faire entrer en crise, à une distance très grande (plusieurs lieues) [47]. Dans l'état de voyance, ces malades savent aussi ce qui se passe au même moment, à une grande distance, dans leur pays et, d'une manière générale, dès que ce sens interne apparaît, le monde extérieur tout entier, proche ou lointain, se présente clairement à eux. Non seulement le voyant est capable de lire un livre tout à fait inconnu de lui, dont les pages ont été mises en rapport avec lui-même par divers éléments intermédiaires, de deviner l'heure indiquée par une pendule dont le cadran est absent de son champ de vision et de percevoir de loin l'approche de personnes connues dont la présence ne peut pas être remarquée par des moyens habituels, mais le somnambule peut aussi se voir transporté, par l'apparition de ce sens interne, dans une région où il n'est jamais allé et qu'il ne connaît que de nom, où il voit ce qu'il avait instamment cherché et désiré [48]. Une personne de ce genre eut une vision extraordinairement nette de ce qui se passait, pendant son sommeil, loin de sa chambre, dans la maison de ses parents, et les faits montrèrent qu'elle ne s'était point trompée car elle avait véritablement pressenti le déroulement d'un vol [49].

Ces phénomènes de voyance à distance, de pressentiment propres au système ganglionnaire sont également le fait du ravissement, du rêve, de l'inconscience, de la mort apparente et d'autres états dans lesquels toute possibilité d'agir sur le monde extérieur est éliminée de manière encore plus radicale. Des cas — où un ami très éloigné crut voir apparaître devant lui un être cher dont l'âme était, à l'instant de sa mort ou dans d'autres moments importants, vivement occupée par l'image de celui-ci, et entendre la voix de cette personne au moment de sa mort ou à une autre occasion, bien qu'à cet instant précis il pensât à quelque chose de tout à fait différent et ignorât tout de la maladie de cette personne chère — furent évoqués par des observateurs bien trop objectifs pour qu'on pût les nier totalement [50]. Un homme respectable qui m'est apparenté d'assez près et dont la gravité empreinte de piété ne laissait place à aucune chimère, a vécu une expérience similaire au moment de la mort de sa mère demeurant très loin de lui. Nous sommes évidemment rarement capables de nous souvenir, à l'issue de ces rêves profonds et de ces états d'inconscience, de ce qui, pendant ce laps de temps, a ému notre sens intérieur. Mais il est curieux que, dans l'état de voyance, des somnambules sachent avec précision tout ce qui s'est passé autour d'eux et ce qu'ils ont fait pendant leur inconscience ou leur catalepsie [51]. Ces phénomènes nous rappellent que l'homme dispose d'un don supérieur et, aussi étranges puissent-ils sembler, ils ne sont pourtant que l'ombre de ce que ce sens supérieur embrasse et est susceptible de faire lorsqu'il s'éveille de manière saine et naturelle dans les limites de l'existence actuelle [52]. De même, lorsque le scalpel et la loupe font apparaître artificiellement dans le bulbe ouvert le lis futur, celui-ci n'est qu'une ombre minuscule de ce qu'il serait devenu l'été suivant s'il avait pu se développer normalement.

Ainsi, les organes qui nous enchaînent à la matière sont eux-mêmes susceptibles de nous faire dépasser les limites matérielles et cette possibilité qu'ils nous offrent concerne également le temps. En effet, toute périodicité, toute division chronologique pénètre dans la vie animale par le système ganglionnaire. Les simples mouvements des organes du système ganglionnaire n'arrivent pas, comme ceux des organes soumis à la volonté, à n'importe quel moment et au gré du hasard, mais dans une succession rythmique et périodique de contractions et d'élongations, en quelque sorte par saccades, et ce mouvement saccadé se retrouve dans ces maladies des organes dont le mouvement est soumis à la volonté, maladies provenant du système ganglionnaire, par exemple l'épilepsie. Les phénomènes, liés à des moments précis comme le sommeil, la veille, la digestion, la croissance et le développement, les menstrues, les périodes critiques de la fièvre sont tous issus du champ du système ganglionnaire. D'une manière générale, la vie végétative du corps dans ses manifestations les plus importantes est liée à des moments très précis. La capacité de reproduction de l'animal s'éveille à l'état naturel lors d'une certaine position des astres et ces variations et nuances de forme et de couleur que l'on constate fréquemment chez les animaux domestiques proviennent seulement du fait que l'homme a modifié les époques de l'accouplement par une nourriture fréquente et variée ; les disparités innombrables, la diversité des caractères individuels et des particularités du genre humain proviennent seulement de ce que cette capacité de reproduction n'est pas liée à des époques précises.

Néanmoins, cette dépendance vis-à-vis du temps réapparaît chez l'être humain en maintes occasions et si, chez la femme, la nature psychique (hostile, destructrice) du système ganglionnaire peut se libérer beaucoup plus facilement que chez l'homme, la nature sait empêcher cela par les menstrues dont l'arrêt reconduit par trop facilement cet éveil psychique destructeur. Ce phénomène corporel rappelle certains faits psychiques que le chercheur ne manquera pas de remarquer dans l'histoire des oracles et des sacrifices humains, et dans l'association des deux. Les phénomènes de l'exaltation pythique sont fondés pour une bonne part, tout comme la folie, sur l'éveil des capacités psychiques inhibées du système ganglionnaire dont le caractère essentiel est la folie de destruction, et cette fureur intérieure qui ne peut s'apaiser que dans le sang. On sait que le culte cruel des anciens habitants du Mexique participait d'une connaissance divinatoire des prêtres. Dans la région supérieure et pure, quelque chose de semblable se manifeste, quoique dans un but meilleur puisque divin et, là aussi, une connaissance largement déviée de sa destination première doit trouver sa réconciliation par le sang [53].

Ce caractère, selon lequel il y a des journées et des périodes critiques, n'a cours en fait que pour les maladies qui ont leur siège dans la région du système ganglionnaire [54] et sa présence est plus discrète dans les états courants de malaise où le système cérébral est davantage affecté. On reconnaît à l'avance le type d'une crise qui se passera un jour décisif évidemment par rapport à la crise d'un moment critique du passé et ces moments, souvent séparés par de larges coupures, ont entre eux les mêmes rapports d'exactitude que les crises de somnambulisme ; cependant, la disposition prophétique du système ganglionnaire qui annonce longtemps à l'avance des événements pouvant paraître souvent tout à fait fortuits n'a pas trouvé, dans ce qui précède, une explication suffisante. A la vérité, cette vision prophétique est fondée sur une voyance dans le temps, alors que les phénomènes mentionnés plus haut sont le fait d'une voyance dans l'espace. Les divers états que doit traverser notre être à différents moments, apparemment selon un ordre fortuit, mais, en fait, d'après une loi parfaitement rigoureuse, font partie de notre nature actuelle d'une manière aussi nécessaire que ces changements et ces événements qui concernent une personne chère se trouvant loin de nous et dont le destin nous intéresse au même titre que le nôtre. Le lointain être cher et nous-mêmes, notre présent et notre avenir, sommes réunis dans une troisième entité dont le rayonnement effleure notre sens intérieur dans ces moments prophétiques de connaissance, et, dans l'histoire du développement de notre être éternel, il n'y a absolument aucun hasard, car notre être se choisit l'amour, et celui-ci, à travers des événements qui se succèdent selon un ordre immuable, l'élève soit dans le ravissement d'une paix éternelle, soit dans celui d'un tourment éternel.

Nous allons encore nous attarder quelque peu dans l'étroit domaine des phénomènes de voyance. Les personnes qui se trouvent dans cet état d'ouverture intime prédisent avec précision non seulement le temps que va durer cet état lorsqu'il va réapparaître et les futures crises[55], mais elles savent également à l'avance des choses qui ne dépendent pas d'elles-mêmes. Trois personnes magnétisées par Wienholt prédirent un incident, au cours duquel elles se démirent le pied[56]. Une autre apprit, dans l'état de voyance, qu'un certain jour elle irait à la campagne et qu'elle y succomberait à la tentation de monter à cheval, ce qui lui occasionnerait un grand malheur par une chute, et elle pria instamment pour détourner d'elle cet accident. D'une manière absolument imprévisible, ce pressentiment se révéla exact. De même, la somnambule sait à l'avance, de manière précise, à quel moment une idée se fera complètement jour en elle, et quand elle sera à même de répondre à certaines questions. Mais cette capacité de pressentiment ne se limite pas à la personne du somnambule, celui-ci possède également une aptitude semblable en rapport avec d'autres personnes mises en relation avec lui, à qui il prédit des événements futurs et la fin proche de leurs souffrances.

Le somnambulisme présente fréquemment une aptitude prophétique très nettement développée concernant non seulement l'avenir, mais également le passé[57]. Les somnambules se souviennent avec une netteté admirable de tous ces petits événements et de ces péripéties qu'ils ont oubliés depuis longtemps et qui se sont produits de nombreuses années auparavant[58] et, de même, dans le rêve, des événements oubliés depuis longtemps et faisant partie de notre prime enfance se présentent souvent à notre esprit. Ici aussi, cette connaissance prophétique peut être transposée sur des personnes étrangères liées au somnambule, et celui-ci, dans certains cas, connaît avec précision tous les événements en rapport avec leur maladie actuelle et qui, bien souvent, ne sont plus présents à la mémoire des personnes souffrantes[59].

En général, presque tous ces phénomènes de mémoire inhabituelle et d'imagination reproduisant ces souvenirs se trouvent être en rapport étroit avec le système ganglionnaire. Lorsque nous tentons de retrouver les impressions que nous ont transmises nos sens et ces activités liées à notre sens intérieur, afin de reproduire ces sensations, une grande partie des impressions et des émotions passées qui avaient pour centre le système ganglionnaire est nécessairement perdue pour la mémoire, parce que notre volonté n'est pas à même, à cause de la cloison que nous avons mentionnée plus haut, de reproduire à dessein les émotions liées à ce système. Pendant la jeunesse, alors que la vitalité des fonctions végétatives est à son apogée, la nature sensible réussit à effectuer la jonction entre ces deux systèmes et à éliminer rapidement cette cloison isolante ; par contre, pendant le vieillissement, la frontière qui isole le système cérébral semble se resserrer toujours plus jusqu'à couper à la volonté l'accès à la région des sensations. Des vieillards obtus ne savent plus rien de tous les événements riches en conséquences, gais ou tristes, qu'ils ont vécus, et ont oublié toutes les connaissances, dont l'étendue et la profondeur les avaient jadis conduits à exécuter de grandes et importantes tâches ; ainsi, Newton et Kant ne comprennent-ils plus leurs propres œuvres, de grands philologues grisonnants trébuchent sur des règles linguistiques élémentaires ; tous, même ceux qui ont accompli les efforts les plus importants afin d'atteindre l'accomplissement spirituel et la vertu, semblent avoir perdu et oublié tout ce qui avait été gagné grâce à eux, et le vieillard pieux et inspiré ne conserve de toutes ses connaissances religieuses péniblement acquises guère plus qu'une mince prière de jeunesse [60]. Cependant, nous n'oublions pas ce patrimoine de souvenirs que nous avons acquis pendant notre enfance, pas plus que les connaissances et les sentiments liés à ceux-ci. De multiples expériences ont montré que, bien souvent, à l'heure de la mort, en rêve ou dans des états semblables [61] et même, dans une moindre mesure, dans l'ivresse joyeuse, tous ces souvenirs et ces sentiments effacés reparaissaient, que, brusquement, le vieillard qui était encore quelques jours auparavant obtus et à peine conscient de lui-même, devenait capable d'évoquer tout son passé avec clarté et lucidité, disposait à nouveau de toutes les connaissances qu'il avait perdues et démontrait à leur égard une maîtrise qu'il n'avait jamais eue auparavant en perfectionnant à la fois son langage et son expression. La raison perdue revient à beaucoup de gens peu avant la mort, conjointement au souvenir des véritables données personnelles et de tous les événements qui ont marqué leur vie. La folie disparaît comme un cauchemar pénible dont le contenu demeure évidemment présent à la mémoire [62]. Il est d'ailleurs bien connu que les fous ont, dès qu'ils dorment, des rêves sensés et parfaitement cohérents, et la série des états éveillés semble se poursuivre par l'intermédiaire du rêve [63]. Il semble même que soient possibles, dans certains cas, par le biais de la folie et au beau milieu de celle-ci, une certaine évolution et un développement des forces psychiques supérieures, et non seulement l'état de mélancolie est suivi d'une utilisation plus libre de ces forces psychiques, mais on a également parfois constaté, chez des aliénés guéris, une modification bénéfique et une amélioration notoire de leurs facultés morales et intellectuelles [64]. A cet égard, l'histoire de cette femme dont la folie dura vingt années et qui mourut en novembre 1781 dans une petite ville de l'Uckermark à l'âge de 47 ans, est particulièrement remarquable. On avait constaté chez celle-ci, dans ses rares moments de lucidité, une soumission docile à la volonté supérieure et une piété sereine. Quatre semaines avant sa mort, elle s'éveilla au terme de ce rêve pénible qui avait duré vingt ans. Mais ceux qui l'avaient connue avant sa folie la reconnurent à peine dans cet état consécutif à une ultime métamorphose, tant les facultés et les perceptions de son être spirituel s'étaient élevées, élargies et sublimées, et tant son expression était noble. A ce moment de sa vie, elle s'exprimait avec une clarté et une lucidité intérieure que l'être humain, dans son état actuel, ne peut connaître que rarement et superficiellement. Son histoire fit sensation ; des savants et des ignorants, des gens cultivés et d'autres moins se pressèrent au chevet de cette étrange malade. Tous furent obligés de constater que, bien que la patiente ait joui, pendant toute la durée de sa folie, de la fréquentation et de l'enseignement des hommes les plus savants et les plus éclairés de son époque, son esprit n'aurait pas pu être plus cultivé, ses connaissances plus vastes et plus profondes qu'à ce moment précis, où elle semblait s'éveiller d'un long et profond engourdissement de ses facultés mentales [65]. Ainsi, les errances de notre esprit à travers l'étroitesse puérile de la vieillesse ou même à travers des états plus obscurs et plus troubles ne sont pas ce que le matérialisme semble affirmer, et rien ne peut nous démunir du patrimoine éternel de notre esprit.

Mais où se cache donc cette connaissance apparemment perdue, où se cachent tous ces souvenirs apparemment effacés pendant ces états de torpeur et d'inconscience qui, dans certains cas, ne ressemblent qu'au sommeil dont nous nous réveillons avec un souvenir clair de la veille et revigorés ? Pour répondre à cette question, nous devons nous reporter à ce qui fut dit plus haut. En outre, les faits et les changements qui agissent sur nous et en nous ne se gravent dans notre mémoire que dans la mesure où ils nous intéressent, c'est-à-dire sont en rapport avec l'amour, cette tendance fondamentale de notre être, ou bien dans la mesure où ils influent sur le champ de nos sentiments de manière bienfaisante ou douloureuse. De même, la mémorisation de réflexes tout à fait mécaniques et sans vie, par exemple de mots étrangers dont le sens nous est totalement inconnu, ne peut se faire que si nous mettons ce que nous devons apprendre en rapport, si mince soit-il, avec le champ de nos sentiments et de notre tendance fondamentale, et ces réflexes disparaissent d'autant plus tôt que ce rapport aura été plus mince et plus infime. Les choses qui n'influent pas du tout sur ce domaine vivant se trouvent généralement tout à fait en dehors de notre sphère de connaissance : nous ne connaissons, à la lumière de notre amour, que ce qui est profitable ou nuisible à celui-ci, nous ne pouvons connaître que ce qui est susceptible de devenir l'objet de notre sympathie ou de notre antipathie. C'est pourquoi notre connaissance, eu égard à son étendue, est en rapport étroit avec les proportions de notre amour, une connaissance plus haute allant de pair avec un amour plus élevé, et une connaissance plus modeste avec un amour plus limité. Le champ de celle-ci est étroit dans la nature animale, qui n'a connaissance que de ce qui est en relation avec ses besoins et pour laquelle le monde des objets tout entier n'existe pas ; ce domaine n'est guère plus vaste dans le côté animal de la nature humaine alors qu'il serait, dans un amour dont le seul et sublime objet serait l'essence de toutes choses, aussi incommensurable que cet objet lui-même.

D'après ce qui précède, le système ganglionnaire est la source et le centre unificateur des sentiments et des tendances de notre être. Les fonctions sensitives dépendant du système cérébral, la vue et l'ouïe, nous laissent en fait indifférents et fonctionnent sans aucune sensation de plaisir ou de douleur ; mais lorsque, à la vue d'une nature splendide, à l'écoute d'un tintement de cloches ou d'autres sons harmonieux, notre poitrine s'enfle, notre sentiment s'élève, nous sentons que cette émotion n'est pas prisonnière du champ, somme toute assez restreint, de nos sens, mais provient de cette région des sentiments que nous appelons communément le cœur. Par contre, les fonctions du système ganglionnaire apparaissent, même dans le monde animal, liées à une sensation de plaisir ou de douleur, et les fonctions d'alimentation, d'accouplement et autres ont toujours coutume d'exciter violemment la bestialité. Nous jouissons particulièrement du sentiment sublime de bien-être physique et de paix intérieure lorsque la cloison qui sépare les systèmes cérébral et ganglionnaire s'estompe et que le cercle étroit qui entoure le premier, siège de la conscience, s'élargit de plus en plus. Quand, dans le sommeil, l'inconscience, la mort apparente et d'autres états analogues, cette barrière disparaît et que les deux systèmes ne faisant qu'un assurent les fonctions (à présent dominantes) du système ganglionnaire, un sentiment de bien-être intérieur et de béatitude — d'après l'expression de ceux qui ont connu l'inconscience et la mort apparente — se fait jour [66]. De même, l'état de folie et de frénésie, et particulièrement ce dernier dans lequel ces barrières sont également abolies, sont ordinairement liés à un sentiment tout particulier de ravissement [67]. Chez des aliénés affligés, on constate la plupart du temps une destruction organique des parties du corps par l'intérieur, c'est pourquoi il est beaucoup plus rare et plus difficile de les guérir que les aliénés joyeux, et la frénésie est souvent un signe favorable de proche guérison. « J'attendais, disait un aliéné soigné par Willis [68], mes crises avec impatience, car je jouissais durant celles-ci d'une sorte de félicité. Tout me semblait facile, aucun obstacle ne me gênait, ni en pensées, ni en actes. Ma mémoire se voyait dotée d'une complexité toute particulière, je me souvenais par exemple de longs passages d'auteurs latins. Ecrire occasionnellement des vers me causait beaucoup de peine dans la vie quotidienne, alors que, pendant ma maladie, j'écrivais aussi couramment en vers qu'en prose. J'étais rusé, voire malicieux et fertile en ressources de toutes sortes [69]. » On remarque également ce sentiment de ravissement chez les somnambules chez qui s'effectuent pendant la crise un tel recul de leurs étroites limites et une semblable disparition de cette barrière, mais avec la différence que, chez ceux-là, le cerveau ne se comporte pas de manière négative comme dans la folie et le sommeil, mais de manière positive ; ce sentiment de ravissement est particulièrement aigu au degré suprême dans l'état de veille.

Cette disparition des barrières habituelles et cette association des deux systèmes s'effectuent généralement par une activité tout particulièrement intense de l'un des deux et, dans l'ivresse, dans le somnambulisme, dans l'état de joie suprême, etc., par un élargissement de l'activité du système ganglionnaire, dans l'état de connaissance profonde par une élévation de notre pouvoir psychique. Mais, dans les deux cas, c'est à partir du système ganglionnaire et grâce à lui que ce sentiment intensifié passe dans notre âme. Celui-ci est d'ailleurs, comme nous l'avons déjà dit, l'organe de la Connaissance, et ce dans le double sens mentionné plus haut, à savoir l'organe de la connaissance et de la procréation physiques, et celui de la connaissance spirituelle. Nos facultés de connaissance se trouvent intensifiées dans le somnambulisme, voire même dans l'ivresse, et c'est le matin à jeun, alors que la faculté de connaissance psychique du système ganglionnaire n'est pas encore éteinte au profit des fonctions de digestion que notre capacité de connaissance spirituelle s'exprime le plus librement, le plus amplement et de la manière la plus parfaite ; au contraire, elle se trouve extrêmement limitée et amoindrie lorsque notre corps connaît des états opposés. La différence entre un grand talent et un autre beaucoup plus limité ne semble tenir qu'au fait suivant : chez le premier, la volonté a plus de pouvoir sur la sphère du système ganglionnaire et celui-ci exerce en retour une influence plus faible sur le cerveau, alors que, chez le second, cette interaction est plus malaisée. C'est pourquoi on remédie si souvent à l'imbécillité par des mouvements à l'air libre, par des blessures, particulièrement à la tête, et par d'autres influences qui facilitent cette interaction *[O]*. Les somnambules déclarent presque unanimement qu'ils reçoivent les hautes connaissances citées plus haut, la compréhension de pensées d'autrui, les vues prophétiques dans le lointain, dans leur propre passé et leur propre avenir ou dans ceux d'autrui, la vision claire d'un univers corporel proche ou éloigné et l'intuition des forces intimes qui le gouvernent, au moyen du creux épigastrique, c'est-à-dire par l'intermédiaire du système ganglionnaire et non par la voie habituelle de la connaissance sensible. Ce système est d'ailleurs le seul organe nous permettant d'appréhender toutes les connaissances qui dépassent les limites étroites du monde sensible [70] et quand, dans certains états, l'homme réussit, même pendant sa vie présente, à percevoir les contrées d'une région spirituelle supérieure ou bien à percer le plus intime et le plus secret mystère d'une âme étrangère, ou encore à deviner et à connaître clairement les pensées et les opinions d'autrui [71], ceci n'est possible que parce que l'âme dispose à nouveau de l'organe d'une Connaissance supérieure et spirituelle qui, dans notre existence actuelle, est le plus souvent accaparé par les fonctions inférieures ; ces possibilités sont représentatives d'un bonheur qui, bien qu'il soit rare, est considéré par certains comme le produit constant de nos aspirations les plus pures et les plus hautes [72].

Si, d'après ce que nous venons de voir, toutes nos connaissances et tous nos souvenirs ont leur siège dans le système ganglionnaire, on comprendra facilement ce phénomène d'apparente disparition totale et de brusque retour de nos connaissances et de nos souvenirs, phénomène que l'on constate chez les vieillards et chez beaucoup de névropathes. D'ailleurs, tout souvenir n'est rien d'autre qu'un renouvellement plus ou moins arbitraire d'émotions ou de sensations déjà éprouvées. Si, avec l'âge croissant et à cause d'autres facteurs, cette cloison entourant le système cérébral va en se rétrécissant, si le siège des sensations, c'est-à-dire le système ganglionnaire — qui, pendant l'époque, riche en sentiments et en sensations, de la jeunesse, était encore tout à fait inaccessible à celui-ci —, se ferme de plus en plus aux influences de la volonté, les émotions éprouvées par le sens interne ne peuvent plus être renouvelées, nos souvenirs et connaissances ne sont certes pas perdus mais nous sont inaccessibles et fermés. Mais il suffit d'un rêve, d'une joie subite et plus encore de l'état qui précède souvent la mort, pour que la relation interrompue soit brusquement rétablie. Du reste, ce rétrécissement et cette limitation du champ de la Connaissance allant souvent jusqu'au plus haut degré nous apprennent ce que cette région du sentiment et de la matérialité grossière, méprisée à l'excès par beaucoup, représente pour nous : la terre nourricière ou le ventre maternel auquel nous confions le fruit de nos efforts et de nos recherches, de nos luttes et de nos renoncements volontaires, ainsi que toutes nos capacités acquises dans le Bien comme dans le Mal, voire la plupart des germes d'une existence nouvelle et supérieure. La larve de beaucoup d'insectes a coutume, lorsqu'elle s'apprête dans son étroit cocon à se transformer en un être supérieur, de se retourner d'une manière étonnante, ce qui était en bas devenant le haut ; d'après une vieille légende, le nouveau Phénix naît d'un ver, et dans le corps maternel la vie nouvelle prend forme, entre la pourriture et la mort. D'après une autre légende diversement modifiée, la formation de la nouvelle nature céleste et la résurrection du corps se produisent à partir de l'osselet Lus qui, dans son état précédent, était négligeable et insignifiant [73].

Nous reprenons ici le fil de notre propos initial dont la cohérence aura peut-être été éclairée par ces quelques remarques d'ordre physiologique. Le nerf vocal, et toute la sphère des organes vocaux qui y sont reliés, fait partie d'un système de notre corps dont les fonctions sont celles du Verbe créateur, à savoir de créer tout un univers à petite échelle qui lui soit subordonné. Même si cette sphère est très limitée, certains phénomènes, entre autres cette puissance psychique que le magnétiseur exerce sur la personne, tout à fait distincte de lui, de la somnambule, mais plus encore celle dont use l'homme dans certains cas sur toute la nature qui l'environne, montrent de toute évidence que le système ganglionnaire, qui est encore à l'heure actuelle le sens sur lequel s'exercent toutes les influences émanant d'une région spirituelle supérieure, fut, à l'origine, l'organe par lequel l'homme, en créant et en modifiant, pouvait agir sur la nature. Dès que, dans divers états mêlant corps et esprit, la véritable nature du système ganglionnaire commence à se faire jour, nous la voyons, même si ce n'est que de manière atténuée et assombrie, se consacrer à son ancienne et initiale occupation. Le rêve, le somnambulisme, l'exaltation et tous les états éminents que connaît notre nature végétative, nous conduisent dans des contrées magnifiques et inconnues, dans une nature nouvelle, riche et sublime, créée d'elle-même, dans un univers plein d'images et de formes [74]. Mais ces productions ne sont qu'un faible écho de nos capacités originelles. Un grand artiste, à présent enchaîné et enfermé dans un cachot étroit, est privé des instruments nécessaires à son art qu'il avait autrefois exercé avec renom ; chez lui, l'intime aspiration vers une occupation qui lui convienne et le désir enraciné en lui de faire œuvre d'art se trahissent par le fait qu'il modèle avec de la mie de pain des formes qui se brisent l'instant d'après, qu'il trace dans la poussière avec sa chaîne (à la place de son pinceau) des dessins effacés le matin suivant. De toutes ces facultés que possédait le système ganglionnaire ou plutôt l'âme agissant en lui, de ce langage divin dont les mots furent les objets de la nature sensible et dont le contenu éternel fut Dieu et l'amour du cœur humain pour celui-ci, il ne nous est resté qu'un son dépourvu d'être et de corps, un mot qui n'est plus dynamique et créateur mais impuissant et ténu, notre voix et notre vulgaire langage de mots. Cet écho trompeur qui, sous forme d'une nymphe, s'enflamma contre Narcisse prisonnier de son propre amour, se consume lui-même au terme de sa passion malheureuse et devient une voix désincarnée, un écho affaibli.

Si, dans des états de Connaissance supérieure, des hommes isolés et inspirés allèrent jusqu'à lire dans l'âme d'autrui, à pouvoir répondre à des pensées encore informulées, et à « savoir ce qui était en l'homme », comme Celui qui leur avait donné cette faculté [75], on peut dès lors attendre dans un état futur et supérieur un langage des âmes où elles se communiqueront pensées et sensations d'une manière différente et plus efficace que par des mots. Bien qu'il ne nous reste, de cette immense sphère d'influences spirituelles recelant en elle tout un univers, qu'une petite parcelle, celle-ci n'en est pas moins le cadre dans lequel s'épanouissent aujourd'hui encore les suprêmes miracles de notre nature. Nous allons lui donner un autre nom, son véritable nom : ce Phosphorus, que la chute a emprisonné dans la matière, n'est rien d'autre que la capacité d'aimer propre à notre être. La région spirituelle supérieure ne se révèle qu'à l'Amour car lui seul est capable de connaître, lorsqu'il quitte l'objet indigne de lui et s'élève vers un autre plus haut et plus digne, ce qui se trouve au-delà du cercle étroit de notre existence quotidienne. Seul nous accompagne dans l'Au-delà notre Amour et ce qu'il reçoit de son environnement tantôt plus vaste, tantôt plus étroit.

Le langage de l'Amour éternel et divin et la capacité d'amour en l'homme sont, d'après ce qui précède, le Verbe révélé, c'est-à-dire la nature sensible. Et ce Verbe, dans le langage fait d'images et de sentiments propre au rêve, à l'exaltation et à la bénédiction prophétique, est encore à présent le langage de l'Amour supérieur et de notre âme aimante, qui produit tout un univers de formes vivantes et de sentiments pour exprimer son aspiration.

Mais la capacité d'amour en l'homme s'est détournée de son

objet originel et a dirigé son aspiration éternelle vers une cause éphémère. De la même manière que le sommeil naturel, cette préfiguration de la mort, naît de ce que l'activité ganglionnaire accaparée par les fonctions végétatives (Phosphorus endormi) transpose périodiquement cette fonction et cette paralysie qui lui sont propres sur le système cérébral, Phosphorus lui-même a été contaminé, à cause de la matière à laquelle il s'est uni, par ce sommeil dans lequel elle se trouvait prise. En effet, d'après un vieil adage, l'élément connaissant devient un seul corps et un seul être avec l'élément dont il acquiert la connaissance. La matière — à laquelle s'est lié cet amour — étant elle-même aveugle et inconsciente, et ne devenant importante que par sa signification pour notre sens supérieur, a transmis à Phosphorus qui, plein d'amour, s'était uni à elle, sa propre cécité.

C'est cette partie de notre être, capable ni d'amour ni de haine, mais servant notre conscience paisible de nous-même, qui a le moins souffert pendant l'antique et navrante catastrophe, et le système cérébral, bien que privé de son organe originel, est encore, dans notre état actuel, fidèle à sa vocation spirituelle primitive. Mais, de la même manière qu'une personne guérie d'une grave maladie nerveuse, dont les forces sont à présent tendues vers le rétablissement, ne conserve du champ étendu de ses connaissances et de ses capacités de naguère qu'une mince parcelle d'une conscience obscure et incertaine, l'état actuel de notre être, dont les meilleures facultés (son amour) sont accaparées par les fonctions végétatives, n'est que l'ombre de notre état de jadis. Cette personne recouvre, à la guérison, sa pleine conscience et tout l'usage de ses facultés intellectuelles, et l'homme, dans les limites de son existence actuelle, est capable de retrouver une grande partie de ses facultés perdues. Dans certains cas, les limites mêmes qu'impose un grand âge sont le signe que toutes les dispositions de notre être sont devenues amour, se sont transformées en amour et qu'à présent le véhicule, qui n'est plus retenu dans le cercle limité de notre volonté arbitraire, commence à s'alléger. De même que l'âme du foetus dans le ventre maternel, totalement accaparé par la formation de son organe, sommeille inconsciemment, de même l'âme du vieillard est en sommeil quand commence à se former en elle le fœtus de la vie supérieure.

Dès que, dans le système cérébral resté fidèle à son originelle vocation spirituelle et ne se mêlant à la matière que dans le sommeil, s'éveille la conscience de cette vocation, il se voit en constante contradiction avec sa véritable nature. Une partie de son être parle une langue (celle du besoin matériel et aveugle) que ne comprend pas l'organe spirituel et, à l'inverse, celui-ci ne comprend pas le langage du sens spirituel. Par cette confusion babylonienne des langues, les deux parties du même ensemble sont incompréhensibles l'une pour l'autre, aucune ne percevant l'autre ; voilà la raison qui explique l'isolement que nous avons mentionné plus haut.

En général, nous ne comprenons, comme nous l'avons déjà dit, que ce qui concerne le domaine de nos penchants, de notre amour, et deux êtres aux tendances tout à fait différentes ne peuvent pas se comprendre et ne se remarquent même pas l'un l'autre. L'aiguille magnétique est fortement attirée par tout aimant ou tout morceau de fer que l'on approche d'elle, mais elle est à peine sensible à un corps électrique, et un rayon de lumière tombant brusquement sur elle, ainsi qu'un son proche qui pourtant fait frémir sensiblement les cordes de l'instrument, semblent n'avoir aucune influence directe sur elle ; de même, dans l'organisme, le sens de la vue ne perçoit pas les sons, l'ouïe, les couleurs ; voilà un parallèle tout simple que les physiciens ont partiellement omis de reconnaître. Même des êtres appartenant à la même espèce ou à des espèces voisines et possédant des dispositions semblables ne se comprennent pas ; par exemple, la poule couveuse ne comprend pas pourquoi un caneton se trouvant parmi ses poussins est attiré par l'eau, le sens vulgaire et cupide ne comprend pas l'esprit poétique, l'homme bon l'homme méchant. En d'autres termes, seuls les êtres que leurs penchants rapprochent sont susceptibles de s'influencer mutuellement, et quand, dans une quelconque partie du corps habituellement subordonnée au système cérébral et que la volonté suffit à mouvoir, l'activité végétative du système ganglionnaire devient prépondérante à cause d'un facteur quelconque, cette partie s'immobilise arbitrairement et paraît paralysée. Ainsi, le système ganglionnaire assurant les fonctions végétatives et le cerveau à l'activité psychique sont incompréhensibles l'un pour l'autre et se trouvent isolés l'un de l'autre.

Si nous considérons l'organisme uniquement dans les limites de l'animalité, le cerveau et les sens apparaissent comme la partie qui ne participe pas directement au processus de vie végétative auquel se ramène toute activité chez l'animal. L'alimentation, le développement et la croissance dépendent seulement des organes végétatifs (intestins, vaisseaux, etc.) et les organes cérébraux n'y participent pas. C'est pourquoi le système cérébral représente cette partie de la nature animale qui n'est pas encore, comme l'instinct végétatif, accaparé par des fonctions matérielles, qui n'est pas saturé et demeure pleinement réceptif à tout objet apparenté au penchant particulier de l'être, comme lors d'un mélange non entièrement saturé d'acide et de potasse, où la part d'acide reste insaturée.

Chez l'animal, dont la tendance fondamentale a pour unique objet la matière, cette réceptivité encore spontanée qui a son siège dans le système cérébral ne dépasse pas le champ des besoins matériels, alors que chez l'homme, dont le penchant est à l'origine de nature supérieure, demeure vivante une réceptivité pour les choses sublimes que ne peuvent satisfaire toutes les activités et les jouissances purement matérielles. En ce sens, la raison humaine représente la perception du langage d'un ordre supérieur — perception de la voix émanant d'une cause supérieure de toute vie — et l'esprit, resté libre au milieu de l'océan des plaisirs matériels, s'élève, en tant que conscience de lui-même, au-dessus de la singularité. Si, d'après ce qui précède, la folie consiste en un arrêt cataleptique de toute activité psychique, en une fixation sur un problème mental particulier [76], si elle est par contre le plus souvent le signe avant-coureur d'une guérison prochaine, si la fixation que l'âme subit pour une idée particulière se déplace sur d'autres objets, cette maladie psychique n'est à imputer qu'à un arrêt de la réceptivité spirituelle que nous venons de mentionner et qui, dans ce cas, est enfermée dans le cercle des activités et des penchants matériels et y trouve satisfaction. C'est cette partie réceptive de notre être qui, n'étant pas enfermée dans la sphère des penchants matériels, est accessible et ouverte uniquement à un amour supérieur à l'amour matériel. Mais plus cette partie se tourne vers une activité spirituelle bonne ou mauvaise, plus elle se coupe du système ganglionnaire et de son activité exclusivement matérielle. C'est pourquoi la séparation des deux systèmes s'amplifie par la culture de l'esprit jusqu'à une certaine limite, et l'homme sauvage, et plus encore l'animal, est encore plus ouvert aux manifestations du système ganglionnaire et aux rayons de sa lumière naturelle (instinct, pressentiments, voyance à distance) que l'Européen civilisé. Eu égard à leurs penchants et à leur activité, les deux systèmes sont, chez le premier, plus proches l'un de l'autre et se comprennent mieux. Chez celui-ci, la région du système ganglionnaire reste plus accessible à la volonté et, inversement, les émotions émanant de la sphère des sentiments s'accordent mieux avec les tendances du système cérébral et se rattachent plus étroitement au champ de la conscience de soi ; c'est pourquoi les Indiens sauvages d'Amérique ne sont jamais exposés à la folie.

Mais bien que, d'un côté, l'isolement qui sépare les deux systèmes augmente, par la culture de la conscience de soi, jusqu'à une certaine limite, il tend par contre à disparaître complètement au-delà de cette même limite. En effet, lorsque la sphère de nos penchants jusque-là sensuels et matériels se trouve totalement emplie d'un Amour supérieur et spirituel, lorsque l'étroitesse matérielle que se crée l'instinct égoïste se trouve éliminée par une tendance tout à fait opposée à l'égoïsme, le domaine du système ganglionnaire qui, au vu de cette tendance, se trouve spiritualisé et sublimé, redevient alors semblable à la région supérieure, la frontière entre les deux disparaît, l'isolement cesse d'exister, et la volonté retrouve l'usage de ses facultés qui, jusque-là, étaient inutilisables et pour ainsi dire perdues. Quand cette réunification de notre nature actuellement séparée réussit à s'effectuer dans notre existence présente par ces moyens, cet effort suprême que réalise notre être portera, dans une existence future, ses fruits les plus magnifiques. Car c'est en effet la plus grande, la plus importante partie des facultés de notre nature spirituelle qui est habituellement liée, enchaînée à la matière, et dès qu'elle en est libérée par des états pathologiques comme celui de la folie, nous constatons qu'elle retrouve sa constante psychique et que, grâce à la loi de similitude, elle est capable d'exercer une influence plus grande sur le système cérébral et de le transporter irrésistiblement dans le monde de ses aspirations.

Au-delà des limites de ce que l'on appelle habituellement la civilisation, commence une authentique civilisation, supérieure, morale, directement accessible à l'homme naturel, et qui est la préoccupation la plus importante dans notre existence actuelle. Là, toute la sphère des sentiments, du langage onirique et de la nature nous apparaît sous un aspect nouveau et supérieur, un aspect que le prochain chapitre va nous faire connaître.

NOTES

1. *Cf.* Sömmering, *Vom Bau des menschlichen Körpers,* [De la structure du corps humain] Francfort, 1794-1801, 6 vol., V, 1, p. 322.

2. On a parfois trouvé chez des adultes le cerveau totalement ou presque entièrement détruit par suppuration, sans constater, pendant toute la durée de ce processus de destruction déjà assez avancé, une diminution de l'influx nerveux et cérébral. Dans un cas particulièrement curieux, toute la masse du cerveau d'un jeune homme s'était progressivement écoulée par suppuration à travers un abcès sanguinolent, sans qu'une modification de ses facultés intellectuelles ne se fût manifestée. Il ne perdit l'usage de la parole que quatre jours avant sa mort. Après dissection, on trouva le cerveau complètement détruit et réduit à quelques taches putrides au fond du crâne. *Cf.* Voigtel, *Pathologische Anatomie* [Anatomie et pathologie], I, p. 600.

3. *Archiv für Physiologie* [*Archives de physiologie,* périodique publié à Halle de 1795 à 1815 en 12 volumes], VII, n° 2, p. 189.

4. *Cf.* Reil, *op. cit.,* p. 229.

5. *Cf.* Reil, *op. cit.*

6. *Cf.* nos *Ahndungen...,* op. cit., II, 1, I.

7. Pour tous les phénomènes de somnambulisme évoqués dans ce cha-

pitre, on se référera à l'ouvrage de Kluge, *Versuch einer Darstellung des animalischen Magnetismus als Heilmittel* qui, parmi tous ceux parus à ce jour, traite ce domaine de la physiologie de la manière la plus exhaustive et la plus sérieuse.

8. Kluge rapporte ce cas observé par le brave et sincère Wienholt ; *op. cit.*, p. 215.

9. *Cf.* Kluge, *op. cit.*, pp. 131, 150, 204, 213 et suivantes.

10. *Cf.* Kluge, *op. cit.*, p. 197.

11. *Ibid.*, p. 213.

12. On trouvera un remarquable exemple de ce genre chez Kluge, *op. cit.*, p. 220.

13. *Cf.* Kluge, *op. cit.*, pp. 109, 186, 244.

14. *Cf.* Zoonomie, II, et Reil, *Rhapsodien über die Anwendung der psychischen Kurmethode auf Geisteszerrüttungen* [Pensées détachées sur l'application de la méthode psychique au traitement des aliénés], Halle, 1803, p. 81.

15. *Cf. Materialien für die Anthropologie* [Eléments d'anthropologie], I, et Kluge, *op. cit.*

16. *Cf.* Reil, *Rhapsodien..., op. cit.*

17. *Cf.* Kluge, *op. cit.*, p. 187.

18. *Cf.* nos *Ahndungen..., op. cit.*, p. 253.

19. Smyths cite 14 cas où la phtisie fut guérie par l'usage prolongé de la balançoire. *Cf.* Cox, *Praktische Bemerkungen über Geisteszerrüttungen* [Remarques d'ordre pratique sur les troubles mentaux], traduction, p. 180.

20. *Cf.* Cox, *op. cit.*, pp. 158 sq.

21. *Cf.* Cox, *op. cit.*, pp. 108, 113, 115, 119, 154, 157, 158, 209, 210, 211.

22. *Cf.* Reil, *op. cit.*, p. 141.

23. *Ibid.*, p. 380.

24. *Cf.* Cox, *op. cit.*, p. 124, note.

25. *Cf.* Reil, *op. cit.*, p. 96.

26. *Ibid.*, pp. 391 et 392.

27. Elle est moins bridée par la matière chez la bête féroce que chez le grand herbivore, de même chez le colérique que chez le flegmatique, sans que le premier soit préférable au second.

28. *Cf.* Rudow, *Theorie des Schlafes* [Théorie du sommeil].

29. *Cf.* Reil, *Rhapsodien... op. cit.*, pp. 300-359, 372-376.

30. Cette manie d'allumer un feu se retrouve surtout là où idiotie et crétinisme se conjuguent à la folie. *Cf. ibid.*, p. 425.

31. *Cf.* Spiess, *Biographie der Wahnsinnigen* [Biographie des aliénés], 1795, 4 vol., III, surtout « L'asile d'aliénés de P. » et « L'histoire des déments perfides ».

32. *Cf.* Reil, *Rhapsodien... op. cit.*, p. 374.

33. *Ibid.*, p. 35.

34. *Ibid.*, p. 407.

35. *Cf.* Spiess, *op. cit.* ; plusieurs cas, parmi lesquels Esther L. dans le 2e tome. On trouvera d'autres exemples chez Reil et Cox, *op. cit.*, entre autres le cas cité plus haut. *Cf.* Cox, *op. cit.*, p. 222.

36. *Cf.* Reil, *Rhapsodien..., op. cit.*, p. 393.

37. Dans les états de somnambulisme, on constate souvent que les malades expriment une vive antipathie précisément contre les personnes qui, habituellement, leur sont les plus proches et les plus chères. Dans la mélancolie et la folie, ce contresens est justement très fréquent. L'histoire du meurtre mûrement réfléchi que commit une femme enceinte, par ailleurs apparemment raisonnable, sur son mari pour la chair duquel elle eut un appétit irrésistible, se trouve chez Reil, *op. cit.*, p. 394. La malheureuse sala même la chair de celui-ci pour en avoir en provision pendant longtemps. Ces constatations nous rappellent la phrase de Swedenborg qui dit qu'en ce monde l'amour sensuel se change en désir de se tuer mutuellement, ainsi que la parenté, depuis longtemps reconnue, entre la sensualité (en tant que désir de la chair) et l'envie de tuer.

38. *Cf.* Reil, *op. cit.*, p. 390.

39. *Cf.* Cox, *op. cit.*, p. 78. De même, la mélancolie religieuse habituelle est généralement précédée par un état où les patients se prennent pour des êtres meilleurs que les autres, et le désespoir succède à l'orgueil. *Cf.* Arnold, *Leben der Gläubigen*, p. 842 [Vie des croyants].

40. *Cf.* Reil, *op. cit.*, en différents endroits de l'œuvre.

41. *Cf.* Reil, *op. cit.*, pp. 296 et 339. Cas de fous qui se croyaient changés en chiens et en loups et qui hurlaient comme tels, p. 336.

42. *Cf.* Reiz, *Histoire der Wiedergeborenen*, II, p. 56.

43. *Cf.* Les travaux de Hagenbusch et Gruber *in :* Kluge, *op. cit.*, p. 173.

44. On trouvera un exemple très curieux de sympathie *in :* Kluge, *op. cit.*, p. 304, ainsi que d'autres cas semblables.

45. *Cf.* l'exceptionnelle voyance à distance d'une sourde-muette (d'après Rahn) *in :* Kluge, *op. cit.*, p. 295.

46. *Cf.* Kluge, *op. cit.*, p. 201.

47. *Ibid.*, pp. 216, 231, 233, 235.

48. *Ibid.*, pp. 117, 122, 135, 130, 139, 138, 214.

49. *Ibid.*, d'après Wienholt, p. 219.

50. Sur ce sujet, on trouvera une bibliographie *in :* Kluge, *op. cit.*, p. 372.

51. *Cf.* Kluge, *op. cit.*, p. 206.

52. *Cf.* l'histoire de Johannes Knox et particulièrement celle de Thomas Bromley *in : Geschichte der Wiedergeborenen* de Reiz, II et VI.

53. Il existe cependant à ce sujet une autre opinion, peut-être supérieure, qui ne concerne pas beaucoup notre propos. La crédulité et l'athéisme relatent tous deux des phénomènes extraordinaires (présages, etc.) qui, à ce qu'il paraît, se sont passés à proximité d'un lit de mort ou, d'une manière générale, avant la mort d'un individu. Tous deux effleurent, sans le savoir, le mystère grâce auquel le mourant constitue, entre son entourage encore vivant et l'autre monde (des esprits), un maillon intermédiaire, une échelle par laquelle les forces et les phénomènes de l'autre monde descendent dans notre univers sensible et y apparaissent parfois. Les fantasmes des mourants se sont déjà souvent communiqués aux personnes vivantes qui les entouraient ; ce que ceux-ci entendaient, les autres croyaient le percevoir aussi.

54. Les crises de folie sont souvent périodiques et apparaissent dans certains cas un jour sur deux, dans d'autres quinze jours dans l'année, tandis que certaines reviennent tous les deux ans pendant six mois (donc un quart du temps). *Cf.* Reil, *op. cit.*, p. 440.

55. *Cf.* Kluge, *op. cit.*, pp. 105 et 199.

56. *Ibid.*, pp. 200 à 204, 205, 218.

57. La fameuse somnambule de Hufeland confondait presque toujours aujourd'hui et hier, et relatait des choses futures qu'elle prévoyait de manière prophétique, comme si elles s'étaient produites la veille. *Cf.* son ouvrage *Über Sympathie* [De la sympathie, Weimar, 1811], p. 189.

58. *Ibid.*, pp. 213 sq.

59. *Ibid.*, p. 217.

60. Un exemple de cet ordre nous est fourni par le père, alors âgé, de Jung-Stilling. *Cf.* le dernier tome de sa *Biographie*.

61. Un malade, guéri avec succès de la folie dans laquelle il avait subitement sombré en revoyant, après une séparation de plusieurs années, sa femme, qu'il croyait fidèle, mariée à un autre et allaitant un enfant, et qui, après sa guérison, avait oublié tout ce qui avait trait à son précédent amour, se souvint de tout en voyant une femme allaitant. *Cf.* Spiess, *op. cit.*

62. *Cf.* Spiess, *op. cit.*

63. *Cf.* Spiess, *op. cit.*, vol. I, histoires de Katharina P., de Friedrich M. qui reconnaissait les siens chaque fois qu'il se réveillait.

64. *Cf.* Cox, *op. cit.*, p. 115.

65. *Cf. Basler Sammlungen*, Année 1786, p. 116.

66. *Cf.* nos *Ahndungen..., op. cit.*

67. *Cf.* Cox, *op. cit.*, 7e cas.

68. *Cf.* Reil, *Rhapsodien..., op. cit.*, p. 304. C'est pourquoi des aliénés proches de la guérison considèrent souvent avec hostilité le médecin qui cherche à les arracher à leur cauchemar. *Cf.* Spiess, *op. cit.*, au sujet de l'hôpital des aliénés de P.

69. On remarquera au passage la nature pour ainsi dire divine mais également très suspecte de ce sentiment de ravissement, fait que nous avons mentionné dans nos *Ahndungen..., op. cit.*

70. Mentionnons ici tout particulièrement l'histoire de l'aliéné Jacob W., racontée par Spiess dans le premier volume, *op. cit.* Celui-ci, non seulement savait avec une clairvoyance toute parti-

culière et sans quitter sa chambre tout ce qui se passait dans les champs et parmi les troupeaux éloignés de sa propriété, mais aussi devinait et reconnaissait de toute évidence les pensées et les opinions d'autrui.

71. *Cf.* Tersteegen, *op. cit.*, I, pp. 61 sqq., et Reiz, *op. cit.*, IV, p. 19.

72. *Cf.* Thomas Bromley, *Über die Offenbarungen, welche man ausserordentliche zu nennen pflegt* [Des manifestations que l'on a coutume de qualifier d'extraordinaires], traduction.

73. *Cf.* Kanne, *Älteste Urkunde*.

74. *Cf.* Kluge, *op. cit.* La deuxième somnambule dont parle Hufeland se voyait, dans l'état de clairvoyance, transportée dès le début dans un jardin magnifique. *Cf.* Hufeland, *Uber Sympathie*, p. 179. Ceux qui connurent une mort apparente rapportent les mêmes faits ainsi que ceux que l'on appelle les ravis.

75. *Cf.* entre autres le cas de Gregorius Lopez, *in :* Tersteegen, *op. cit.*

76. Déjà mentionné chez Helmont. Dans maints états de démence, le malade répète pendant des journées entières invariablement le même mot ou la même action. *Cf.* Reil, *op. cit.*, pp. 126, 127. *Cf.* Spiess, « L'hospice d'aliénés de P. », *op. cit.*

[1] En français dans le texte.

Chapitre 7

LE *DEUS EX MACHINA*

Nous avons admis dans les pages précédentes que la sphère de nos sentiments avait une double nature et que, précisément dans le bonheur que nous donnent les jouissances les plus spirituelles et les plus élevées, des émotions de nature tout à fait opposée pouvaient s'emparer de nous le plus aisément du monde. A l'époque de notre jeunesse, où nous éprouvons les sentiments les plus vifs, l'attirance des sexes revêt bien trop souvent le masque de l'enthousiasme religieux ; une âme naïve considère ainsi son aspiration inassouvie pour un amour de nature supérieure et divine, et cette illusion disparaît dès que cette aspiration se voit comblée par la personne depuis longtemps aimée [1]. C'est pourquoi ces soi-disant vocations religieuses qui se manifestent à l'époque agitée de la jeunesse sont rarement de longue durée, et plus le phénomène qui les engendre est violent, plus elles sont brèves [2]. Au cours de celles-ci, le sens des réalités supérieures ne semble pas s'être véritablement éveillé, mais avoir seulement parlé en rêve, et l'état de sommeil paisible est définitivement rétabli dès que s'achève cette période de la vie où les penchants et les sensations sont les plus vifs. Les âmes pieuses qui se trouvèrent transportées dans les profondeurs de l'exaltation religieuse par la ferveur toute particulière animant leur âme furent aussi, comme nous l'avons déjà signalé, le plus souvent exposées aux tourments que constituent les tentations sensuelles les plus violentes [3] ou bien, à cette exaltation, succédaient une sécheresse allant jusqu'à l'abattement le plus profond et l'absence de tout sentiment supérieur [4].

D'un autre côté, il est également certain que, bien trop souvent, l'abus fréquent des plaisirs même les plus spirituels et les plus élevés constitue la matière la plus propice au développement de l'orgueil le plus pernicieux, celui-ci se considérant comme plus conforme à la sainteté et meilleur que tout autre et prenant sa voie pour la seule bonne, alors qu'il condamne toutes les autres ; telle est l'une des sources du fanatisme qui a sacrifié des milliers d'innocents et de saints [5] !

C'est pourquoi la voie de l'accomplissement moral passant constamment par l'expérience de sentiments impétueux et pas particulièrement tendres, est considérée par la plupart des gens comme dangereuse et incertaine ; un grand homme, dont la biographie abonde en transitions rapides, en évolutions violentes et en conduites étonnantes, opéra certes chez ses élèves des transformations considérables et des changements d'opinion rapides et apparemment profonds, mais il dut en même temps constater que tous, sauf un, dont la robuste nature était apte à suivre cette voie violente, rétrogradèrent de la manière la plus épouvantable et se détournèrent du but suprême pour se livrer aux méfaits les plus vils : vol, mensonge, suicide, etc. [6]. C'est la raison pour laquelle certaines personnes sérieuses considèrent à juste titre que cette voie, passant aussi par la pauvreté spirituelle et le dénuement silencieux, cette Voie royale de la Croix comme certains l'appellent [7], est plus sûre que celle de la jouissance spirituelle, et un certain homme de grande sainteté s'éleva avec gravité et résolution contre les larmes, les soupirs et contre tous les mouvements, même les plus imperceptibles, qui trahissent un sentiment d'abandon total en Dieu et d'inconscience de celui-ci [8].

Cependant, dans ce qui précède, la sphère de nos sentiments nous est apparue comme le ventre maternel protecteur qui reçoit le fœtus d'une existence nouvelle et supérieure se développant dans la joie et la douleur. En fait, les tentatives toujours vaines et inutiles de nos moralistes démontrent bien que l'homme ne peut être ni éduqué ni rendu meilleur par leur verbiage froid et abstrait ; si la bonne volonté d'une âme simple à la recherche de la Vérité n'était pas à même de purifier et d'améliorer ce dernier, on pourrait alors reconnaître qu'il serait plus profitable de recevoir la morale venant de la scène que celle émanant de la chaire. D'ailleurs, seules les impressions agissant sur la sphère de nos penchants et de nos sentiments restent fidèles au souvenir, celle-ci étant la source de toutes nos décisions et de toutes nos actions ainsi que le sol où s'enracinent nos opinions ; c'est dans cette sphère et à partir de celle-ci que se forment, non seulement le corps humain tout entier, mais aussi la spiritualité de l'individu. Le puissant n'est vaincu que par un plus puissant, la plus faible de nos tendances sensuelles est plus forte que le raisonnement abstrait le plus cohérent, lequel n'agit que sur l'oreille intérieure et non pas sur le cœur, et l'homme ne peut être rendu meilleur que par un amour supérieur qui prend possession de ses penchants et supplante l'amour inférieur et vil, et par l'éclat d'un soleil supérieur qui éteint la lueur de nos étincelles terrestres.

Dans nos pièces de théâtre, nous apprenons bien souvent dans le dernier acte qu'un fils qui a mal tourné, un époux dépravé sont subitement rendus meilleurs, qu'un vieux pécheur est converti à la vertu et, bien que nous doutions souvent de la rapidité de telles métamorphoses comme si nous pouvions regarder derrière le rideau et assister aux sixième et septième actes, il n'en est pas moins certain que l'histoire morale de l'être humain est riche en exemples d'une résipiscence presque subite et dont les effets durent invariablement toute la vie et au-delà. De même, un amour sincère entre deux personnes assorties voit souvent le jour à l'instant même du premier regard et suscite, en un moment unique et déterminant, un bouleversement total de notre vision des choses car tous les sentiments de naguère sont adaptés ou refoulés par celui-ci qui est infiniment plus fort. Ou bien encore, un amour longtemps intériorisé et demeuré insoupçonné finit un beau jour par éclater brusquement et irrésistiblement, prend possession de toutes nos facultés et commence aussitôt à influer sur celles-ci de manière créatrice [9]. Ainsi cet amour supérieur — dont l'objet est tel qu'une aspiration impérissable y trouve toujours un nouvel assouvissement et que même une jouissance éternelle de ses bienfaits ne réussit pas à en épuiser l'abondance infinie — peut voir brusquement le jour à un moment précis et s'enraciner définitivement dans notre âme ; ou bien, un instant précis peut suffire à réveiller de sa torpeur et à fortifier pour toujours notre tendance jusque-là faible et inapte à combattre la sensualité. Mais cet amour, qui ne s'éveille qu'une seule fois, ne tarde pas à influer de manière créatrice et purificatrice sur l'être humain tout entier et, si l'on prétend à juste titre que l'amour commun réussit parfois à transformer un adolescent en homme mûr, on ne s'étonnera pas que cet amour à la puissance inégalable puisse mûrir l'homme en le transformant en un être infiniment supérieur.

N'appartiennent pas à cette catégorie les phénomènes que l'on nomme habituellement résipiscence et transformation du caractère, qui ont des causes purement physiologiques et accidentelles, comme par exemple ce cas où un aliéné, après une chute lui ayant occasionné une fracture de la jambe et une blessure à la tête, non seulement recouvra ses facultés mentales, mais sembla guéri de ses manies et de ses penchants pervers [10] ; voilà un cas que le contenu du chapitre précédent nous permettra de comprendre et de voir sous son véritable jour. L'âme sensible, tantôt enfermée dans des fonctions végétatives et tantôt affranchie de ses limites par un événement extérieur fortuit, peut donner à une même nature indifférente une apparence morale tantôt favorable, tantôt défavorable ; les mauvais penchants suscités par une humeur chagrine sont souvent réprimés par un peu de vin ou par des mouvements en plein air, et l'appartenance, d'après leur tendance fondamentale, de la masse des individus au côté des bons ou à celui des méchants ne sera probablement décidée que dans l'autre monde, lorsque seront abolies les barrières grâce auxquelles la nature sensible jette un pont au-dessus d'un abîme profond. Les résipiscences qui en résultent alors ne consistent qu'en une dissimulation momentanée de la véritable tendance fondamentale de l'être, en une rétraction des griffes qui sont susceptibles de réapparaître dès que l'occasion se présente. Un lien matériel les a immobilisées pour quelques instants et, dès que celui-ci a disparu, elles se montrent à nouveau. Ces individus, moralement transformés, pour ainsi dire par un coup dans les côtes, restèrent d'ailleurs, même après cette métamorphose, eu égard à leur volonté, ce qu'ils avaient été auparavant, c'est-à-dire des natures indifférentes qui, en soi, n'étaient ni bonnes ni méchantes et qui avaient cessé leurs activités perverses parce qu'elles en avaient perdu l'envie ou la capacité. D'une manière analogue, des vauriens chez lesquels la corruption et la perversion intérieures n'étaient pas seulement une soif de jouissance, furent brusquement tout à fait guéris de leur mal par castration ; des ivrognes furent apparemment sauvés de leur vice par un vomitif habilement mélangé à leur boisson, et les meurtriers les plus tenaces qui, à l'approche de la mort, méprisaient et tournaient en dérision les soins bien intentionnés d'un prêtre devinrent dociles et repentants après une saignée prolongée.

Cependant, si Tissot parvint à guérir de ses crises un jeune homme enclin à de violents accès de colère en modifiant son régime alimentaire, par exemple en remplaçant la viande par des végétaux, régime que le patient suivit avec application, il ne faut pas méconnaître le rôle que jouèrent dans cette cure le sérieux et la bonne volonté dont il fit preuve chaque jour dans ce renoncement volontaire. Du reste, il ne fait aucun doute que le médecin lui-même est souvent en mesure de faciliter l'épineuse lutte morale contre notre propre tendance perverse et que, d'une manière générale, le philosophe soucieux d'obtenir des résultats concrets doit, à plus d'un titre, disposer aussi des connaissances du médecin. Nous ne parlons pas ici de ces prétendues guérisons, obtenues avec des moyens simples, où la tournure d'esprit reste en fait la même et où seuls les objets d'un penchant mauvais perdent leur intérêt habituel, tandis que l'esprit perverti trouve aussitôt une autre voie tout aussi dangereuse ; nous ne parlerons pas davantage de ces accalmies et de ces rares instants que la nature la plus perverse peut parfois connaître du fait d'une insensibilité et d'un dégoût envers l'aiguillon habituel du Mal, ou parce que les forces nécessaires à de nouveaux excès sont épuisées ; personne de sérieux ne considérera comme de la vertu ce vague flegme qui est si souvent la conséquence de cet épuisement où le malade est devenu aussi indifférent au Mal qu'il l'a été pendant longtemps au Bien. Il est ici bien plutôt question de cette métamorphose totale de l'être intérieur, qui dure invariablement toute la vie et grâce à laquelle toutes les tendances de l'homme prennent tout d'un coup une nouvelle direction, une voie plus noble. Tous ces penchants, naguère sensuels, se trouvent à présent refoulés par un amour nouveau et supérieur dont l'objet est spirituel et divin, et même chez les êtres qui étaient précédemment tout à fait esclaves de leur sensualité, la bonne volonté parvient instantanément à obtenir une profonde maîtrise de soi. Une telle âme ne trouve de satisfaction dans aucune autre possession que celle de son amour et, forte de celui-ci, elle demeure indifférente à tout changement intérieur ou extérieur, parvient, comme ce roi en guenilles pareil à un mendiant, à louer Dieu, même si elle a froid ou faim [11], et c'est avec joie qu'elle reçoit de son amour les choses même les plus amères. De même qu'un individu mû par un amour sensuel embrasse avec celui-ci tout ce qui est en rapport avec l'objet de son amour et tout ce que ce dernier recèle, de même, sur un plan bien supérieur, l'amour envers un être qui renferme en lui-même l'univers tout entier ouvre notre cœur à un amour fraternel et pur s'adressant même à celui dont on se sait haï.

Mais cet amour supérieur est aussi un miroir dans lequel l'âme se contemple chaque jour et apprend à connaître ce qu'elle était et ce qu'elle représente sans cet amour. C'est seulement par ce biais que l'homme parvient à une abnégation grâce à laquelle il peut estimer ses semblables encore plus que lui-même. Bref, grâce à cet amour, l'homme peut tout obtenir, même l'impossible ou ce qui paraît l'être, et dans le rayonnement de celui-ci, il apprend à connaître tout ce qui lui était autrefois obscur. En fait, la métamorphose qui s'opère, sous l'influence de cet amour, avec les facultés de connaissance de la nature humaine, nous met dans l'étonnement, car ici nous sommes en mesure de percevoir davantage de choses que ne peuvent nous en montrer le somnambulisme et les phénomènes qui lui sont apparentés. Dans ces circonstances, le laïc le plus ignorant se sent souvent pousser des yeux et une bouche qui lui permettront de connaître et d'exprimer avec clarté des choses dont la profondeur ne peut guère être sondée par l'entendement le plus avisé. Un paysan devenu ermite [12], vivant initialement dans son village paisible et isolé, puis dans une forêt déserte, n'avait jamais eu l'occasion de s'éduquer par des fréquentations et ne savait même pas lire ; il avait bien entendu conservé, même par la suite, tant qu'il n'était question que des objets de la vie courante, une grande maladresse et une pauvreté extrême de l'expression, mais dès qu'il parlait de religion, cette maladresse disparaissait, son expression devenait brusquement élevée et noble, il parlait en vers, sans jamais le savoir lui-même. Ce faisant, sa fréquentation trahissait un amour, une délicatesse de sentiment témoignant d'une éducation supérieure à celle que l'on prétend donner dans la société. Les phénomènes analogues que nous constatons à propos de l'état de somnambulisme nous surprendraient moins après ce que nous venons de voir. Et encore, ce ne sont pas les phénomènes les plus éminents que nous offre cette région, loin s'en faut !

Mais de quelle manière et par quels moyens cette mutation s'effectue-t-elle ? En fait, la région des sentiments et de la sensualité nous apparaît ici sous un rapport nouveau et supérieur, et cette soudaine transformation débute assurément par des influences qui agitent profondément le monde obscur et suspect des sentiments. Même si la libération d'une faculté très ambiguë quant à sa nature et retrouvant brusquement son influence sur la conscience et sur la volonté [13], n'est pas sans danger, celui-ci est malgré tout diminué et finalement tout à fait supprimé car cette tendance, précédemment vouée et enchaînée à des choses sensibles, se voit à présent envahie par un objet supérieur qui, à son tour, s'empare petit à petit d'elle et l'assimile à sa nature propre. Le vulgaire amour sensuel lui-même commence habituellement par le sentiment d'un ravissement ardent qui transporte irrésistiblement le cœur dans sa sphère magique. L'amour d'essence supérieure débute lui aussi le plus souvent par un ravissement jamais encore ressenti et dont la cause nous est souvent complètement obscure. C'est ainsi qu'un adolescent plein de vie et respirant la joie [14] alla un jour se promener à la campagne avec ses camarades également pleins d'entrain, lorsque, brusquement, il fut saisi par le ravissement de cet amour céleste, de sorte qu'il s'arrêta, comme figé, ne perçut plus les railleries de ses compagnons et reçut à partir de cet instant la force de vivre pleinement son amour, de tout lui sacrifier, sa fortune, son rang, ses amis, afin de supporter, pour celui-ci, la faim, le dénuement et les brutalités.

Un autre fut brusquement saisi par un tel ravissement pendant la lecture, puis pendant la prière [15]. Un jeune homme dans sa dix-huitième année fut, à la vue d'un arbre dénudé, empli d'une clarté si intense qu'il changea totalement de vie à partir de ce jour et que sa nouvelle conception des choses dura jusqu'à la fin de sa vie [16] ; dans d'autres cas, la vue d'un sauvage en prière ou même la répétition, sans le comprendre, du mot : éternité, par une âme enfantine et pure, produisirent le même effet [17]. Cette sensation impérissable fut un jour suscitée par les paroles très significatives d'un enfant [18], dans d'autres cas par le sauvetage d'un individu en danger de mort [19], au cours de la Cène [20], lors de l'exécution d'un acte religieux peut-être inhabituel [21]. Curieusement, il n'est pas rare que le sens intérieur, fermé à l'état de veille à toute autre voix, s'éveille par des rêves significatifs souvent répétés laissant au réveil un ravissement jamais éprouvé [22], ou bien cette curieuse mutation psychique peut se produire tout d'un coup au réveil [23]. Dans un cas bien connu, une toute nouvelle faculté de vision intérieure vit le jour à la vue subite de récipients en étain récemment astiqués, et ce nouveau sens pouvait sonder avec beaucoup de netteté les choses divines et terrestres [24]. Un changement de confession religieuse, quand il est la conséquence d'une volonté sérieuse et sage, véritablement soucieuse d'obtenir une amélioration notable et prête à sacrifier tous les avantages extérieurs en dédaignant la dérision du monde afin d'atteindre le but suprême, a souvent amené une heureuse métamorphose intérieure de ce type. Du reste, aucune confession n'a fait, dans ce cas, l'objet d'une préférence ; en effet, jusqu'à une époque très récente, les cas de résipiscence totale et de métamorphose intérieure vers un état supérieur sont aussi fréquents pour le passage de la foi catholique à la foi protestante que pour l'inverse [25]. Un tel sacrifice, conséquence d'une volonté pure et louable, ne saurait rester sans éminente récompense, et la gravité empreinte de piété qui permit, par un amour sincère de Dieu, de renoncer à la fortune, au rang et même à ce qui nous était le plus cher au monde [26], ne sera pas inutile pour mener d'autres luttes encore plus âpres. D'ailleurs, d'un point de vue plus élevé, les limites humaines disparaissent ordinairement [27], et la puissance divine et pénétrante du christianisme renouvelant l'aspiration intime de l'homme vers un modèle divin n'est liée, sans considération de la personne, à aucune confession.

Dans beaucoup de cas, cet amour supérieur et spirituel n'est venu à éclosion que lorsque l'âme, habituée à un amour terrestre, s'est vue dépourvue de l'objet de son inclination précédente, ou lorsque, au cours de souffrances de nature différente, elle prit conscience que, parmi toutes les mutations intérieures et extérieures, il ne nous restait qu'une seule consolation, qu'un seul bien. Il n'est donc pas rare que cette aspiration qui est le meilleur de nous-même soit éveillée par la mort de personnes chères, de ses propres enfants ou de son conjoint [28], et un individu animé par une grande joie de vivre fut ainsi brusquement et pour toujours métamorphosé par la vue du cadavre de sa bien-aimée[29]. La détresse[30] et le dénuement dans lequel l'âme comprend qu'il subsiste encore un unique secours même si tous les autres semblent perdus, une accusation erronée dont la cause n'est connue que de Dieu seul[31], des souffrances morales ont souvent éveillé le germe d'un amour divin encore en sommeil et l'ont fait éclore[32]. Dans un cas précis, la lutte intérieure fut déclenchée par la terreur subite qui s'empara d'un dormeur après un rêve significatif dont le contenu véritable avait été oublié par celui-ci, mais qui l'avait profondément ému ; cet effet fut souvent constaté chez des personnes se réveillant d'une mort apparente[33].

Puisque cette profonde résipiscence ne peut jamais s'enraciner dans une âme trop consciente de sa propre valeur, mais au contraire suppose avant tout le besoin aigu d'un secours supérieur et la conscience de sa propre insuffisance, le sentiment que laisse une injustice ou un faux pas malencontreux doit d'abord éveiller le sens supérieur de la léthargie dans lequel il se trouve. L'âme, par elle-même délaissée et consciente de ses propres limites, apprend seulement à ce moment précis à chercher et à trouver la source d'une vitalité nouvelle et supérieure. Ainsi, une résipiscence longtemps retardée ne put se produire chez une personne bien intentionnée que lorsque celle-ci se vit prise dans un faux pas redouté depuis longtemps[34]. Un tendre sentiment a quelquefois conduit une personne repentante d'un unique mensonge ou d'un seul mot amer à une meilleure connaissance de soi[35]. Dans un cas assez curieux, une personne, considérée naguère par les gens comme une bonne âme, fut amenée à de telles extrémités par les tourments d'un mariage tout à fait manqué qu'elle ne connaissait presque aucun autre sentiment que celui d'une haine amère envers l'instigateur de sa situation désespérée. Un jour, au cours d'un rêve agité où elle se vit exécutant le meurtre de son époux qu'elle haïssait, elle prit tout à coup conscience de l'abîme au bord duquel elle se trouvait et adopta pour toujours l'amour divin[36].

Nous avons déjà mentionné dans le premier chapitre le contraste que constitue souvent le sens véritable de nos sentiments et de nos sensations avec les phénomènes extérieurs les accompagnant, et nous le retrouvons ici. Il n'est pas rare qu'une âme réceptive soit saisie, précisément au cours de réjouissances ou au beau milieu du vertige que donnent les plaisirs sensuels les plus vifs, par un profond sentiment de la vanité et de la précarité des choses terrestres et par une aspiration vers un amour supérieur et éternel[37].

S'il y avait lieu, nous pourrions citer encore un grand nombre de cas singuliers où une résipiscence complète et durable fut tout à coup suscitée par une cause agissant profondément sur les sentiments [38] ; c'est intentionnellement que nous nous garderons de citer ici tous ces curieux exemples qui touchent trop au merveilleux [39], comme ceux où la métamorphose spirituelle s'opéra trop près de la mort, quoique une volonté sérieuse se faisant jour aux limites de notre existence présente soit infailliblement capable de rester fidèle à elle-même au-delà de ces limites, car l'être humain, d'après l'expression d'un grand homme, peut à tout instant, à condition qu'il le veuille sérieusement, se libérer de son imperfection présente et devenir meilleur.

D'une manière plus fréquente et plus sûre, cet amour supérieur a coutume de ne s'emparer que progressivement d'une âme réceptive et de façonner celle-ci d'après sa nature divine par des transitions imperceptibles. Cette voie est la plus aisée et la plus douce tandis que l'autre, dans laquelle les mutations sont plus brutales et plus soudaines, n'est pas dénuée de luttes violentes. En effet, plus puissant que tout autre, cet amour suprême ébranle ordinairement tous nos sentiments jusqu'en leurs racines. Si l'objet qui les suscita leur est alors retiré pour quelques instants et abandonne, pour ainsi dire à elle-même, la volonté non encore mise à l'épreuve, nos sentiments se manifestent sous forme d'une inclination sensuelle, conformément à leur nature. Cela s'opère avec la violence éveillée par ce désir suprême, à l'image d'une flamme alimentée une seule fois avec de grosses bûches qui, lorsque le bois d'en haut qui l'avait puissamment avivée est épuisé, se tourne avec toute sa véhémence vers les objets vils qui l'entourent et les dévore. Cela donne naissance à une souffrance intérieure susceptible de s'exprimer de deux manières. Soit la région du sentiment retrouvant les limites de sa nature inférieure cesse, à cause de la différence de langage mentionnée dans le chapitre précédent, de percevoir et de comprendre la région supérieure, et la cloison séparatrice citée plus haut s'intercale entre elles deux ; la région du sentiment, ayant été entièrement sollicitée par cet amour supérieur, est à présent séparée de la volonté et de la conscience et revient à ses limites initiales. Dans ce cas se fait jour ce sentiment de sécheresse et d'absence et de toute impression spirituelle que ne peuvent décrire de manière suffisamment douloureuse ceux qui connaissent cette situation. Soit la conscience et la volonté, après que cette cloison a été supprimée par un puissant ébranlement, sont contraintes de supporter les tourments infligés par la flamme des tendances et des passions viles qui ravage nos entrailles. Dans cette situation, une partie de notre être reste cependant intacte ; celle qui, comme nous l'avons déjà mentionné, est capable d'aimer ou de haïr, et se distingue absolument, en tant que simple organe d'une connaissance spirituelle, de la région des sentiments passionnés. Cette partie reste, malgré les tempêtes, fidèle à son étoile divine qui la guide, et une volonté sérieuse et droite s'oppose toujours fermement à toutes les tendances susceptibles de lui barrer la route.

C'est ici que le germe d'une vie nouvelle et supérieure placé dans notre âme commence à éclore et à croître. Une âme sainte, très au fait de ces voies et dont les sentiments étaient par nature particulièrement véhéments et ardents, exprime tout cela de très belle manière. Nous citons Angèle de Foligno : « Parfois, dit-elle, une passion que je n'avais jamais éprouvée, et qui ne me vient qu'avec l'accord divin, m'assaille. Cette tentation est plus affreuse que toutes les autres. Mais aussitôt Dieu me donne la force divine ou la vertu radicalement opposée à ce vice et qui me permet de me libérer de la tentation. Cette vertu divine est si grande que si je n'avais pas foi en Dieu, je serais convertie sur-le-champ. Puis cette force se manifeste de manière durable et la tentation diminue. Je m'aperçois ensuite que ce n'est plus elle qui m'empêche de succomber à la tentation, car elle a une puissance telle qu'elle me rend tout à fait vertueuse et je prends conscience que Dieu est présent en elle. Grâce à elle, je suis si éclairée et rendue forte que tous les bienfaits et toutes les souffrances de ce monde ne sauraient me conduire à commettre le moindre péché car cette force me permet de conserver foi en Dieu. Mais le vice est si abominable que je ne puis le nommer, et si violent que, si cette force divine m'abandonnait, rien au monde, ni honte, ni souffrance, ne pourrait m'empêcher de succomber à ce péché. » Ces souffrances morales semblent, plus ou moins suivant les cas, accompagner obligatoirement la naissance nouvelle. Chez certains enfants religieux et chez certaines âmes puériles, comme Marguerite de Beaune qui était totalement abîmée dans la contemplation de l'enfance de Jésus et vivait ce qu'elle apprenait, cette métamorphose passe pour être presque intégralement douce et dénuée de toutes les souffrances que nous venons d'évoquer. Mais, de tout temps, une âme vigilante et fidèle à elle-même peut échapper à de telles tentations et être soutenue ou rendue meilleure, puis nous voyons le germe de l'homme nouveau éclore puissamment comme la fleur au printemps sous les secousses électriques de l'orage.

Cette même âme pieuse dont nous venons de citer les paroles dit ailleurs la chose suivante : « L'homme est puni par le vice même par lequel il a offensé Dieu. L'orgueil est donc bien en tout premier lieu la source de tout notre mal. L'âme qui doit sa renaissance à Dieu devient humble et souhaite de tout cœur être privée d'orgueil. Néanmoins, ce dernier pénètre dans l'âme contre la volonté de celle-ci. Mais il n'appartient qu'à elle de s'opposer à cet orgueil et, par là, de s'ancrer toujours plus dans la possession de la Vérité. Mais ayant précédemment entretenu ce vide avec sa volonté, celui-ci se retourne à présent contre cette dernière. » Tous ceux qui connaissent de telles contrées souffrent de vivre de tels sursauts d'égoïsme, cette source de tous nos maux. Dans ce qui précède, nous avons vu que la tendance fondamentale de notre moi sensible était l'orgueil et que seules les fonctions physiologiques, auxquelles cette partie de notre nature spirituelle est enchaînée, étaient susceptibles d'empêcher les excès apparaissant lorsque celle-ci est libérée de ses entraves matérielles par une exploitation démesurée de toute sa violence (ce qui peut survenir aussi bien à cause de passions viles que par l'intermédiaire des sentiments violents inspirés par notre amour suprême) ou bien lorsque disparaît le voile derrière lequel elle se dissimulait. Toute la sphère sensible qui nous entoure nous apparaît en conséquence comme suscitée et façonnée par un acte d'orgueil. Mais c'est précisément cet égoïsme qui doit être détruit, et l'organe corrompu doit être ramené à sa destination initiale. Il nous reste essentiellement à considérer ce processus de régénération sous un autre aspect.

Si différentes que puissent être les voies empruntées par les âmes, que leur métamorphose s'opère soudainement, en un moment unique et décisif, ou bien par des mutations insensibles, nous remarquons toujours (comme c'était d'ailleurs à prévoir d'après le contenu du chapitre précédent) que les circonstances dans lesquelles le germe de la vie nouvelle s'éveille et se développe sont dominées par une puissante agitation de la sphère de nos sentiments [40]. Dans les exemples que nous venons d'évoquer, l'état d'âme nouveau se manifeste toujours au début par des sentiments éminemment vifs, ou bien est soudainement suscité par une cause extérieure qui ébranle très profondément l'être humain et toutes ses sensations. De même, sur un plan moins élevé, un amour fervent, une région dont la vue exalte l'âme, un chant pénétrant profondément le cœur, un état de choses redoutable où l'important est de vouloir et d'agir avec résolution, où l'individu, comme des nations tout entières, prend brusquement conscience de forces nouvelles en lui-même jusque-là insoupçonnées laissent, comme nous l'avons déjà signalé, une impression profonde toute la vie durant. A cet égard, des confessions et des introspections plus pénétrantes nous apprennent à connaître la sphère de la sensualité et du sentiment dans un rapport plus élevé avec l'histoire du développement de notre nature spirituelle. C'est ici que « le Dieu caché dans la machine et agissant de l'intérieur de celle-ci » se manifeste clairement et nous prenons conscience que le monde sensible qui nous entoure et la sphère de nos sentiments n'est qu'un langage, une Parole de la région supérieure et spirituelle adressée à l'homme, une chaîne conductrice et fermée par laquelle l'influence divine se transmet à l'âme humaine. Mais cette chaîne ne fut pas toujours ce qu'elle est à présent ; ce fil conducteur était autrefois interrompu et sa continuité ne put être rétablie que par une nouvelle création d'ordre spirituel. Nous touchons ici avec quelques paroles timides au mystère suprême du monde spirituel.

Le modèle de la nature qui nous environne encore aujourd'hui et n'est que l'ombre de la nature originelle fut, d'après ce que nous venons de voir, l'organe médiateur entre Dieu et les hommes, le langage par lequel s'est exprimé activement l'Amour divin pour ces derniers et l'amour de l'âme humaine pour Dieu, la matière nourricière où cet amour put s'épanouir. En ce temps-là, l'homme était le maître de la nature, et ce dans un sens différent d'aujourd'hui, bien que, à notre époque encore, certains indices isolés et néanmoins significatifs nous permettent de savoir de quelle manière il le fut. La partie de sa nature par laquelle il pouvait agir avec une force supérieure à la nôtre sur le monde environnant était celle qui, aujourd'hui encore, se manifeste comme une authentique faculté créatrice : c'est la fonction végétative ; la sphère de ses sentiments était constituée par le système ganglionnaire, lequel, dans notre état actuel, est le plus souvent fermé aux influences de la volonté. Ce rapport était réciproque ; l'un des deux pôles pouvait être présent lorsque l'autre l'était aussi, et le monde sensible ne put redevenir l'organe permettant à l'homme de percevoir les influences divines que lorsque celui-ci, redevenu maître de sa sphère sensible, refit de lui l'organe le reliant à Dieu. Mais l'homme ne put retrouver sa position initiale vis-à-vis de la nature que lorsque cette partie très importante de son être qui, dans son état actuel, est séparée de lui et pourtant recèle la clef lui permettant de trouver la signification du monde sensible, lui fut redonnée et fut rétablie dans son état originel. Nous avons également vu dans ce qui précède que l'orgueil était la dominante de notre monde matériel et que la sphère sensible de notre nature humaine existait et se renouvelait aujourd'hui encore par un acte continuel d'égoïsme qui détruit les éléments avoisinants afin de s'emparer de leurs principes vitaux et n'est donc qu'une folie destructrice. L'enveloppe matérielle, dont cette partie de notre nature assure les fonctions de formation et d'entretien, lui sert en même temps de couverture sous laquelle il dissimule son véritable aspect, et de prison qui retient captive cette force bestiale et destructrice et permet à l'étincelle divine présente dans notre âme de la maîtriser. Mais cette enveloppe matérielle est en même temps l'obstacle qui empêche l'homme de retrouver sa relation originelle avec la sphère supérieure, qui le gêne dans toutes ses aspirations spirituelles et sur lequel butent et se brisent continuellement les rayons émis par sa faculté d'élévation.

Nous avons d'autre part reconnu dans ce qui précède que précisément la partie de notre être qui, dans notre état actuel, est spontanément accaparée par les fonctions végétatives et représente le siège de l'égoïsme inhérent à notre nature, dut être à l'origine l'opposé de tout cela, c'est-à-dire l'organe réceptif aux influences supérieures et conducteur de celles-ci. La relation originelle qu'entretenait l'homme avec Dieu et avec l'univers ne pourra être rétablie que lorsque cet organe sera à nouveau entièrement voué à l'amour spirituel. Mais afin de pouvoir redevenir ce qu'il était, *l'homme doit volontairement rompre les barrières sensibles engendrées par un acte d'orgueil, en accomplissant un acte opposé de totale abnégation, d'humilité et de soumission à une volonté supérieure* [1]. Mais comment la machine sombrée dans l'immobilité pouvait-elle se remettre en marche d'elle-même et avec ses propres forces ? Le Maître lui-même dut s'introduire dans son ventre, et le dynamisme qui engendra jadis sa construction dut à nouveau jaillir de ses entrailles.

Ce Verbe, qui se concrétisa jadis dans la nature primitive sous forme d'Amour éternel, était redevenu chair. Dès lors, le Dieu fait homme accomplit, contrairement à l'homme dont le premier acte volontaire le précipita dans son état actuel, un acte de sacrifice et de soumission à la volonté supérieure qui le conduisit jusqu'à l'immolation librement consentie. Ce que cette Parole avait jadis représenté pour l'homme sous la forme de la Nature originelle, elle le redevenait en tant que partie de la nature humaine, à savoir l'organe médiateur entre l'homme et Dieu, et un langage d'amour. Mais la Parole devenue chair avait, par cet acte, rétabli la relation originelle de l'être humain avec le monde sensible, elle avait à nouveau rendu ce dernier à ce qu'il était autrefois en le dégageant, avec une puissance extraordinaire, de l'emprise de la nature humaine qui se trouvait guérie et libérée de ses limites ; le monde sensible se trouve à présent purifié et, ici aussi, nous constatons que la chaîne reliant Dieu à l'homme n'est plus interrompue comme autrefois, mais fermée, dès que ce dernier sait faire usage de son organe intérieur.

Si nous considérons l'époque qui précéda l'ère chrétienne, nous constatons presque unanimement que l'homme se trouvait, avec la nature et sa propre sphère sensible, dans un rapport qui était très différent du nôtre. Le sanglant office rendu à la nature, la redoutable perversion qui voulait faire de toutes les horreurs du plaisir bestial le plus ignominieux un office divin, la cruauté qui, semblable à une folie, n'épargnait ni ses propres enfants ni son propre corps, ne peuvent effectivement pas être considérés comme l'œuvre d'une nature humaine restée dans les limites du Bien et c'est à juste titre que la légende antique faisait de la nature tout entière un refuge de démons et leur organe médiateur. Ce n'est pas sans raison profonde que le peuple élu considérait, par une interdiction formelle d'inspiration supérieure, une grande partie de la nature sensible comme inaccessible et fermée et, par conséquent, ne pouvait accomplir ses sacrifices ni sur les collines et dans les bosquets, ni dans un autre lieu que dans un temple construit selon des directives d'ordre supérieur ; c'est aussi la raison pour laquelle une grande partie de la nature sensible était, selon lui, impure. Simultanément avec l'apparition du christianisme, cette restriction cessa d'exister, la nature tout entière fut considérée comme purifiée par Dieu et mise à la disposition de l'homme. D'un autre côté, parmi toutes les religions, seul le christianisme exige de nous des choses qui vont vraiment à l'encontre de la nature sensible et qui supposent une abnégation énorme, par exemple le fait de devoir aimer son ennemi ; le christianisme est aussi la seule religion à donner (grâce à l'organe interne que nous venons de mentionner) les forces nécessaires à l'accomplissement de cette exigence, et l'histoire de ses fidèles nous fournit des milliers d'exemples d'une soumission à la volonté supérieure, fidèle et totale jusqu'à la mort.

Depuis que fut rétabli en nous-même l'ancien accès à la région supérieure, depuis que le Dieu présent dans la machine et en dehors de celle-ci peut à nouveau être actif, même extérieurement, et transmettre son influence supérieure à l'âme humaine, la lutte que mène notre nature supérieure avec sa sphère sensible a été beaucoup adoucie. Le Dieu fait chair a de nouveau soumis l'univers sensible, devenu renégat, à la nature humaine, il a écrasé la tête du serpent qui s'était agressivement dressée et, depuis lors, l'être humain le plus commun peut aisément vaincre à son tour l'adversaire déjà vaincu une fois pour toutes, à condition de savoir se garder ouvert l'accès à la région supérieure et bien utiliser l'organe médiateur entre lui-même et la sphère spirituelle.

Car cette victoire, cette abnégation et ce sacrifice de sa propre volonté sont exigés de tous ceux qui veulent se conformer à un modèle de nature humaine ayant retrouvé sa sainteté. La barrière sensible, dont la source et la dominante sont l'orgueil, doit être à nouveau brisée, chez chacun de ceux qui ont emprunté cette voie, par son contraire, l'abnégation ; par ce biais, la tendance fondamentale de notre nature doit être à nouveau sanctifiée et retrouver ainsi son objet originel. C'est pourquoi cette voie passe invariablement par une abnégation totale et, à travers celle-ci, le christianisme se différencie nettement de toutes les religions et de tous les systèmes moraux, aussi parfaits puissent-ils sembler. Dans ceux-là en effet, l'homme est amené à sacrifier à l'Amour supérieur tout au plus quelques éléments, mais jamais son être tout entier. Ici, il ne s'agit pas de faire de demi-mesure, mais de tout donner et de tout faire afin d'extirper de notre cœur la racine du Mal. Bien sûr, on parle souvent d'une voie de l'accomplissement spirituel et moral qui serait possible en dehors du christianisme, et sans celui-ci, voire même sans religion aucune. « Cher ami, je souhaite ne connaître ces êtres exceptionnels que de loin ; je ne les louerai pas, tant que je ne pourrai pas voir ce qui se passe après le cinquième acte. Et si le meurtrier n'existait pas ? Ce bon Sénèque a tenté avec Néron une expérience de précepteur dont j'aurais aimé, par respect de la moralité, qu'elle réussît mieux. Et, cher ami, qui sait ce que toi ou moi serions devenus à la place de Néron ? Qu'advint-il récemment d'un peuple très raffiné et à l'aspect inoffensif lorsque la révolution brisa brusquement toutes les barrières extérieures qui avaient coutume de contenir la pression sauvage des passions ? En fait, cher ami, je n'aurais pas aimé être avec ces individus dénués de religion lorsque tout d'un coup ces barrières tombèrent, et particulièrement la dernière, la fleur sous laquelle se tapissait le serpent, la passerelle au-dessus de l'abîme ! »

En fait, aucune autre religion que le christianisme ne prépare l'homme à une existence nouvelle et supérieure de manière aussi exclusive, lui seul recèle l'élément spécifique susceptible de redonner à notre nature ses facultés perdues, tandis que d'autres voies assurant l'éducation spirituelle de l'homme le font accéder de manière tout à fait incertaine à l'au-delà, où la lutte pourra bien être encore plus âpre qu'ici-bas. Ce n'est que grâce à une soumission constante et spontanée à une volonté supérieure, enseignée par le christianisme, que le meurtrier caché en nous et emprisonné dans la matière peut redevenir ce qu'il a été, à savoir l'organe de l'Amour supérieur ; il est possible qu'ensuite les liens qui l'enchaînaient encore disparaissent dans la mort sous nos yeux ravis. Il n'est pas rare que ces liens soient rompus même pendant notre existence actuelle, et l'ange, autrefois meurtrier et enchaîné, rayonne à nouveau de toute sa puissance divine dans le monde qui l'environne et nous montre ce qu'était autrefois l'homme et ce qu'il doit être à nouveau par rapport à l'univers, tant supérieur qu'inférieur, dans lequel il se trouve. Le passé et l'avenir, les hauteurs et les profondeurs s'ouvrent de nouveau à l'âme qui retrouve son sens purifié en lui permettant de franchir la cloison écroulée et de plonger ses regards dans une région spirituelle et supérieure.

Nous pourrions, si le lieu s'y prêtait, citer une foule de faits, issus des époques les plus récentes [41], qui nous montrent ce que l'homme, une fois redevenu l'organe de l'Amour supérieur, est capable de faire, concernant ses propres tendances et une volonté étrangère ou bien son organisme ou celui d'autrui, et même la nature sensible tout entière, avec une puissance divine et magique ; ces exemples suffiraient à démontrer sa capacité à dépasser de ses regards ou par son action les limites de l'espace et du temps.

Ce n'est pas non plus le lieu ici de décrire avec précision cette voie et les différents itinéraires qu'elle emprunte. De fait, elle n'a extérieurement rien de très séduisant et paraît pourvue de beaucoup d'éléments qui, de tout temps, ont fourni des motifs de la méconnaître et de la dénigrer. Comme l'étincelle de cet Amour divin et supérieur enflamme et met la région ambiguë du sentiment en émoi mais, avant de la modifier, la libère tout d'abord de ses entraves (comme le fait, sur un plan inférieur, toute passion violente), les individus qui empruntent cette voie apparaissent souvent comme plus faibles, plus misérables que les autres et tout à fait privés du manteau que ceux-là portent ordinairement.

Mais, comme le Bien est susceptible de choir profondément et de la manière la plus dangereuse qui soit (à l'instar de ce qui se passe dans la nature matérielle et spirituelle où les organes et les facultés les plus parfaits — eu égard à leurs dispositions et à leur vocation — qui, lorsqu'ils se mettent à dégénérer, sombrent dans la plus effroyable corruption), cette voie n'est pas dénuée des dangers représentés par ces redoutables égarements que sont le fanatisme, l'orgueil et l'hypocrisie. Néanmoins, un esprit avisé ayant fait l'expérience, ne serait-ce qu'une fois, de ce dont est capable ce remède spirituel, ne se laissera dissuader par aucun faux-semblant de poursuivre dans la voie qui est la seule dans laquelle il ait tout à gagner. Et cette expérience spirituelle est si facile à faire pour tout esprit avisé et sérieux ! Cette voie, chacun de nous la connaît si bien !

Ainsi se dévoile à nous dans le langage onirique, inné et semblable chez tous les hommes, une richesse particulière de notre nature qui, au cours de toute notre existence actuelle, reste ordinairement dans l'ombre à cause des contrées immenses qu'elle recèle. Cette richesse, c'est la capacité d'aimer, inhérente à notre nature, par laquelle celle-ci peut ne faire qu'un avec un autre élément supérieur ou inférieur, et devenir l'organe de ce dernier. Ce côté initialement négatif de notre nature ne devient donc ce qu'il doit être que par rapport à l'objet de son amour ; sans celui-ci, il n'a pas de sens, d'aspect lumineux, il reste obscur et inconscient. Lorsque, dans le somnambulisme, cette obscurité devient d'elle-même luminosité et clarté, ceci est dû, entre autres, à ce que la voyante a trouvé ce centre dans le magnétiseur qui ne fait plus qu'un avec elle ; dans un état de folie que nous avons évoqué plus haut, l'âme du malade était capable de se fondre avec celle d'autrui, de connaître les pensées et les opinions des autres, et celui-ci avait également coutume de savoir, comme à l'aide d'un miroir, tout ce que pouvaient voir d'autres personnes éloignées. Cependant, seule une petite partie de cette faculté obscure est visible dans des phénomènes de ce genre. Par contre, si la capacité d'amour inhérente à l'homme se tourne de nouveau, dans l'état infiniment supérieur de voyance prophétique, vers son centre initial et s'applique à l'objet d'essence supérieure, elle se voit à nouveau dotée pleinement de sa lumière originelle. De même que la somnambule participe aux connaissances et aux pensées du magnétiseur, de même l'âme aimante participe, dans cet état supérieur, à la lumière de la Connaissance suprême dans laquelle se reflètent, comme dans la source universelle de toute existence, le passé, le présent et l'avenir, les contrées lointaines et proches.

Dès que l'amour, pour une raison quelconque, jette bas le masque matériel derrière lequel il se cache actuellement et commence à se manifester de façon spirituelle, dès qu'il retrouve, même pour quelques instants, sa forme spirituelle initiale, il exerce, en nous et dans la région supérieure, une attraction, tantôt plus forte, tantôt plus faible, fondée sur des affinités remontant aux origines. C'est pourquoi, ne serait-ce que dans l'état de somnambulisme, notre capacité d'aimer se trouve à nouveau en contact avec la région supérieure et reçoit d'elle une lumière dans laquelle l'homme saisit le sens, au-delà des limites spatiales et temporelles, de l'univers tout entier — dont la configuration est adaptée à l'intensité de ce sentiment —, bien que cette capacité ne prenne véritablement conscience de sa propre existence que dans le magnétiseur lui-même et non dans cet état supérieur qu'est le somnambulisme. C'est la raison pour laquelle le somnambulisme, le rêve et même la folie nous permettent, dans une certaine mesure, d'atteindre une connaissance prophétique, et cette capacité inhérente à notre nature, en tant que don d'une vision nouvelle et supérieure nous permettant de dépasser les limites de notre être, représente quelque chose d'important. De plus important même que l'organe dans lequel s'enracinent les affinités entre notre être et la région supérieure et spirituelle, entre notre amour et l'Amour divin.

Chaque fois que la région spirituelle entra en communication avec l'organe de l'amour, ceci se fit dans la langue métaphorique — empruntant ses images à la nature — propre à cet organe. Le modèle de ce langage imagé se trouvait dans la nature sensible qui est, bien entendu, actuellement très éloignée de son état originel. Jadis, la relation que l'homme entretenait avec celle-ci était infiniment plus active que maintenant, et comme la nature était un langage, un acte d'amour du divin envers l'homme, celui-ci, à son tour, était capable de créer le langage lui permettant d'exprimer son amour, à partir de la nature, d'en extraire les mots et de les ordonner à sa guise ou suivant l'intensité de son sentiment. Aujourd'hui encore, cette capacité psychique de connaissance toujours en éveil démontre sa puissance créatrice, ne serait-ce que dans l'ombre, par l'univers métaphorique du rêve qu'elle est capable de susciter et d'exprimer, dans certains cas de manière infiniment plus importante et supérieure. Mais son efficacité en matière de connaissance et de création matérielles est ordinairement limitée, et ce aux dimensions de son organisme physique, alors que, dans le monde animal, par exemple chez les insectes pourvus d'instincts de constructeurs, et bien entendu d'une manière très imparfaite, l'activité ne se limite pas à leur propre corps, mais dépasse largement celui-ci.

Cette limitation est née de ce que l'amour de l'être humain a abandonné son objet originel pour un autre qui ne suffit pas à satisfaire son aspiration, c'est-à-dire pour un être particulier, pour sa propre personne. C'est à cause de cela que l'activité de cette faculté primordiale et créatrice est devenue un processus continuel de destruction qui réduit à néant tout ce qui est à sa portée afin de s'emparer de ses principes vitaux. En vain ! Une voie aussi peu naturelle ne saurait être durable et cet instinct destructeur et créateur, après avoir brisé tout ce qui était à la mesure de son amour meurtrier, se tournera finalement contre lui-même et détruira sa propre œuvre, de sorte que, là aussi, faim et mort apparaîtront comme des synonymes.

Tandis que cette faculté de perception demeure localisée dans la zone externe du cerveau et que l'intelligence, même dans notre état actuel, reste fidèle à la nature spirituelle primordiale, cette autre partie de notre être spirituel s'est donc assoupie dans le mécanisme et est devenue méconnaissable. Entre ces deux parties, l'égalité et l'unité originelles se trouvent également éliminées, toutes deux ne se perçoivent pas réciproquement et sont séparées l'une de l'autre. Dès qu'elle se trouve spirituellement libérée, cette faculté, créatrice sur le plan organique, se manifeste par un caractère égoïste et destructeur et, tout au long de la vie, comme une voix opposée à la raison et à la volonté la plus louable, comme un deuxième langage, distinct de la raison. Comme des phénomènes de l'existence actuelle nous l'enseignent, dès qu'elle est quelque peu maîtresse d'elle-même, elle entraîne avec elle, étant la partie de notre nature de loin la plus puissante, la moitié la plus faible, de manière irrésistible, bien qu'elle ne puisse jamais, à cause des barrières matérielles, atteindre le plein usage de sa force et cerner sa propre étendue. Mais l'homme est capable d'échapper aux dangers que suscite une telle situation et, depuis que l'union primordiale de celui-ci et de l'objet initial de son amour fut retrouvée, depuis que la nature sensible devint la chaîne conductrice par laquelle lui parvient l'influence supérieure — le Dieu qui agit sur lui au moyen de la machine —, il est capable de refaire de cet organe, devenu un repaire de brigands, un temple de pureté dont les fondations pénètrent profondément notre cœur et dont l'édification est entourée de souffrances et de joies.

L'obscurité magique de nos rêves devient à nouveau une vive clarté venant d'en haut, les deux parties de notre nature, autrefois en discorde, se réconcilient, le joyau perdu est à nouveau en nos mains. L'aspiration craintive de notre cœur a retrouvé l'objet qui lui convient et, avec celui-ci, la satisfaction, la paix, la joie !

NOTES

1. *Cf.* Jung-Stilling, *Theobald oder die Schwärmer* [Théobald ou les enthousiastes]. Leipzig, I, p. 113 ; II, pp. 15, 18, 20, 82, etc.

2. *Cf.* Semler, *Selbstbiographie* [Autobiographie], Nuremberg, 1799, I, surtout « Pèlerinage à l'eau et à la terre », remarquable à maints égards.

3. *Cf.* Tersteegen, *op. cit.*, surtout II.

4. *Cf.* Semler, *op. cit.*

5. Il est presque incroyable de constater quelles sources impures et absurdes peuvent avoir ces exaltations religieuses dont certains sont si fiers. Elles furent suscitées, dans les années trente du siècle passé, par une société de fanatiques qui, par une sorte de magnétisme, conduisait ses adeptes à se pincer et à se frotter le corps en permanence. Et ces exaltés furent considérés comme des ressuscités ! *Cf.* Jung Stilling, *Theobald..., op. cit.*, I, p. 244.

6. Il s'agit de Gichtel, le seul de ses trente élèves qui lui resta fidèle fut Überfeld.

7. *Cf.* Thomas A. Kempis, II, 2. [Il s'agit certainement de *L'Imitation de Jésus-Christ*, qui lui est généralement attribuée].

8. *Cf.* Tersteegen, *op. cit.*, I, p. 93 : « Vie de Gregorius Lopez ».

9. *Cf.* Ewald, *Handbuch für erwachsene Töchter* [Manuel à l'usage des jeunes filles], I, p. 229.

10. *Cf.* Cox, *op. cit.*, p. 115. Un autre fou fut guéri de sa démence par un simple vomitif, p. 123.

11. *Cf.* Tauler, *Medulla animae*, chapitre 66.

12. *Cf.* Reiz, *op. cit.*, IV, pp. 165, 80 ; V, p. 169. *Cf.* aussi la vie de Jacob Böhme.

13. En rétablissant, comme nous l'avons démontré dans le chapitre précédent, les affinités entre les deux moitiés.

14. *Cf.* la vie de saint François d'Assise.

15. *Cf.* Reiz, *op. cit.*, II, p. 30 : « Théodore à Brakel ».

16. *Cf.* Lorenz, *Von der Auferstehung* [De la résurrection] et Tersteegen, *op. cit.*, II.

17. *Cf.* Les écrits de Gichtel et de sainte Thérèse d'Avila.

18. *Cf.* Reiz, *op. cit.*, I, p. 1.

19. *Ibid.*, p. 127, et IV, pp. 45 sqq.

20. *Cf.* la vie de F. Schulze, le missionnaire juif bien connu.

21. *Cf.* la vie de Catherine de Gênes.

22. *Cf.* Reiz, *op. cit.*, I, p. 105 et surtout p. 143.

23. *Ibid.*, pp. 132 et 175.

24. *Cf.* la vie de Jacob Böhme. Sur un plan inférieur, le simple fait de plonger son regard dans un miroir constitué par une surface métallique polie suscite ordinairement chez les personnes sensibles un état semblable à celui de clairvoyance magnétique.

25. *Cf.* Reiz, *op. cit.*, II, p. 37 ; VI, pp. 192 *sq.*

26. *Ibid.*, II, p. 45.

27. *Cf.* Semler, *op. cit.*

28. *Cf.* Reiz, *op. cit.*, I, pp. 6, 9, 19 ; II, pp. 91 *sq.*

29. Ce fut le cas du fondateur de l'ordre de la Trappe.

30. *Ibid.*, p. 24, etc.

31. *Ibid.*, biographie de Johann Dod.

32. *Ibid.*, pp. 76, 102 ; III, p. 185, etc.

33. *Ibid.*, biographie de Hans Engelbrecht, de Lambert von Avre, etc.

34. *Ibid.*, I, p. 45.

35. *Ibid.*, pp. 18 et 64.

36. *Ibid.*, p. 111.

37. *Ibid.*, p. 122. *Cf.* Semler, *op. cit.*, p. 15, et Arnold, *op. cit.*, surtout la biographie de Bunyan.

38. Les ouvrages de Reiz, Tersteegen, Arnold, ainsi que les *Basler Sammlungen*, en contiennent un grand nombre.

39. *Cf.* saint Augustin, *Confessions*.

40. C'est d'ailleurs pourquoi cette profonde agitation n'est pas nécessairement violente et dévastatrice. Il existe un amour paisible, calme, grandissant peu à peu, et celui-ci est ordinairement le plus durable, le plus solide et le plus profond qui soit. Aussi le degré de sensibilité de cet amour est-il très variable chez des êtres différents, suivant que la région des sentiments est plus ou moins accessible à la volonté.

41. Nous nous bornerons ici à citer quelques-uns de ces cas particuliers.
1. Cas où des malades incurables furent guéris presque sur-le-champ par leur foi en Dieu : *Anekdoten für Christen* [Anecdotes pour chrétiens], I, pp. 13, 70, 106, 107 ; V, p. 52. Hillmer, *Christliche Zeitschrift* [Revue chrétienne], 2e année, pp. 312, 530 ; 3e année, p. 175. *Basler Sammlungen auf 1806*, p. 256 ; *auf 1807*, p. 96 ; *auf 1808*, p. 122 ; *auf 1809*, p. 347.
2. Cas où des gens furent guéris par la foi inébranlable d'autres personnes et où celle-ci était curieusement active à distance : *Anekdoten für Christen*, I, p. 8 ; II, pp. 56 et 66. *Cf.* Tersteegen, *op. cit.*, surtout l'histoire des Margraves de Renty, p. 78, et celle de sainte Thérèse, p. 68. *Basler Sammlungen auf 1799*, pp. 71, 407 et 409 ; *auf 1800*, p. 110 ; *auf 1801*, pp. 161, 352.
3. Cas où l'âme humaine produit un certain effet sur la nature sensible : *Anekdoten für Christen*, I, p. 52. *Cf.* Tersteegen, *op. cit.*, biographie d'Anna Garcias, p. 48. *Cf.* Hillmer, *op. cit.*, 1re année, p. 366.
4. Influence magique d'une âme pieuse sur les opinions d'autres personnes qui furent immédiatement guéries : *Cf.* Jung-Stilling. *Taschenkalender auf 1814*, p. 137. *Cf. Anekdoten für Christen*, I, p. 39 ; II, p. 182 ; III, p. 217 ; IV, pp. 168, 171. *Cf.* Hillmer, *op. cit.*, 1re année, p. 471 ; 2e année, pp. 100, 101, 104, 735, 739, 746 ; 3e année, pp. 318, 356, 561, 562. *Basler Sammlungen auf* 1799, pp. 206, 207 ; *auf 1800*, p. 140 ; *auf 1801*, p. 27 ; *auf 1804*, p. 29 ; *auf 1805*, pp. 139, 284 ; *auf 1806*, p. 382 ; *auf 1807*, pp. 218, 380 ; *auf 1808*, p. 190.

5. Influence d'une volonté pieuse sur ses propres passions. *Cf. Anekdoten für Christen*, V, pp. 111, 306 ; II, pp. 3, 5, 7, 101, 124, 209. *Cf.* Hillmer, *op. cit.*, *1re année*, p. 710. *Basler Sammlungen auf 1808*, p. 184. *Cf.* Tersteegen, *op. cit.*, p. 7 : biographie de Gregorius Lopez.

6. Les cas d'*Harmonia praestabilita* de haut niveau sont particulièrement courants, où la foi d'un nécessiteux influa sur la volonté d'autres personnes, de sorte que celles-ci, sans rien savoir de sa misère, purent lui venir en aide au bon moment. Il va naturellement de soi que, dans le cas présent, un lien d'origine supérieure enserrant le monde spirituel tout entier intervint. Pour ne citer que quelques exemples analogues. *Cf. Anekdoten für Christen*, I, pp. 53, 54 ; II, p. 54 ; IV, p. 117. *Cf.* Hillmer, *op. cit.*, *2e année*, pp. 99, 102 ; *1re année*, pp. 706, 748 ; *3e année*, pp. 175, 548, 551. *Basler Sammlungen auf 1799*, p. 410 ; *auf 1800*, pp. 78, 311, 312, 382, 418, 420 ; *auf 1807*, pp. 95, 154 ; *auf 1808*, pp. 28, 86, 88, 214, 307 ; *auf 1809*, pp. 54, 55 ; *auf 1810*, pp. 146, 182, 275 ; *auf 1811*, pp. 68, 132, 164, 166, 344, 345 ; *auf 1812*, pp. 35, 69, 85. Une telle « Harmonia praestabilita » se trouve aussi chez Jung-Stilling, *Taschenkalender auf 1814*, p. 136 ; chez Hillmer, *op. cit.*, *1re année*, p. 690 ; *2e année*, p. 524 ; *3e année*, p. 555. *Cf.* aussi *Basler Sammlungen auf 1801*, pp. 57, 59 ; *auf 1805*, p. 311 ; *auf 1806*, p. 94 ; *auf 1807*, p. 349. *Cf.* Pfenninger. *Magazin* [Magazine].

[1] C'est Schubert qui souligne.

ADDENDA

Il s'agit des diverses modifications ponctuelles *(Addenda [A] à [O])* ou plus importantes *(Nouveau chapitre 1, Fragment sur le langage de l'état de veille)*, apportées par Schubert lors des 2e et 3e éditions de la *Symbolique*. Nous avons jugé utile de les faire figurer, car elles illustrent le changement d'optique intervenu chez l'auteur à partir de 1814.

Le Nouveau Chapitre 1 tend à imprimer à l'œuvre une tournure différente de l'édition originale et le Fragment de 1840 illustre d'autres aspects de cette évolution.

Chaque texte de *[A]* à *[O]* est suivi de la date d'édition correspondant à l'addendum.

N.D.T.

Edition de 1821

LA SYMBOLIQUE DU RÊVE

par G.H. Schubert

2ᵉ édition, corrigée et augmentée.
Bamberg, C.F. Kunz, 1821.

L'auteur dédie ce livre à ses amis Johann Matthias Burger de Nuremberg, Matthias Conrads de Brinke en Westphalie et Johann Wilhelm Pfaff d'Erlangen.

... A l'occasion du remaniement de cette *Symbolique,* l'auteur n'a rien d'autre à ajouter, sinon que les annexes indiquées par le sous-titre et devant initialement constituer un *addendum* portant un titre particulier, sont regroupées, pour l'essentiel, des pages 45 à 79 et 149 à 178. Les quelques autres modifications et remarques ajoutées çà et là sont de moindre importance et se signalent, pour la plupart, d'elles-mêmes.

Erlangen, le 23 janvier 1821.
L'auteur

Edition de 1840

LA SYMBOLIQUE DU RÊVE

par Gotthilf Heinrich von Schubert
Conseiller aulique et professeur à Munich

3ᵉ édition, corrigée et augmentée.
Leipzig, F.A. Brockhaus, 1840.
Avec, en annexe, un extrait des *Œuvres posthumes* de J.F. Oberlin, pasteur au Ban-de-la-Roche [1] et un *Fragment sur le langage de l'état de veille.*

---

[1] Johann Friedrich Oberlin (1740-1826) déploya une activité immense en faveur de l'éducation et du développement économique de sa paroisse alsacienne. Il fut aussi un théosophe visionnaire dans la lignée de Swedenborg et prétendait communiquer avec des êtres disparus.
Schubert, dans cet *addendum* intitulé *Récits d'un visionnaire sur la situation des âmes après la mort,* reprend certains passages de son ouvrage biographique *Züge aus Johann Friedrich Oberlins Leben (Pages extraites de la vie de J.F. Oberlin.* Nuremberg, Raw, 1828). Il évoque tout d'abord la fameuse carte du ciel établie par le théosophe alsacien et la compare à la vision de l'au-delà de Thomas Bromley. Oberlin, qui montrait souvent cette carte à ses visiteurs, y détermine sept demeures : la Nouvelle Jérusalem, la Montagne de Sion (ou Royaume de Dieu), le Paradis (ou la Vie), la Mer (ou le Sommeil), la Mort, l'Enfer, le Lac de Feu. Dans une seconde partie, Schubert relate certains cas, consignés par le pasteur dans son journal intime, de communications entre des êtres vivants et des personnes décédées. Puis il évoque les apparitions de la femme défunte d'Oberlin et ses visions de l'au-delà. Enfin, il rappelle que pour celui-ci les souffrances physiques et morales ont une vertu purificatrice.

Nouveau chapitre 1

UN VOYAGE EN MER

On a déjà souvent comparé la vie à un voyage en bateau ; mais, aussi vieille et usée que puisse être cette comparaison, elle n'en est pas moins soutenable et apte à nous fournir une passerelle nous permettant d'atteindre l'îlot situé au milieu de l'étang de notre jardin, c'est-à-dire l'objet de notre recherche actuelle.

La conscience s'éveille ; devant nous s'étale la mer immense ; le voyage commence. Quelle est l'activité de l'âme au cours de celui-ci ? Est-elle bien la créatrice des montagnes et des paysages que nous offre la côte, donne-t-elle vraiment naissance aux cités florissantes et aux misérables cabanes de pêcheurs que côtoie notre petite embarcation au cours de ce périple ? Est-ce bien elle qui suscite, sous l'effet de sa volonté, les événements que la vie place sur notre chemin au fil des jours et des années ? — Nullement. Les montagnes comme les vallées, les palais et les chaumières sont l'œuvre d'une autre puissance ; la seule tâche que peut se fixer le timonier consiste tout au plus à éviter les récifs menaçants et à acheminer son navire vers tel ou tel port et non à anéantir les rochers dangereux ou à construire au préalable le port à atteindre.

Ou bien l'âme peut-elle, sous l'effet de sa seule volonté et sa propre puissance, faire avancer le navire et le conduire au but du voyage ? Le marin peut certes hisser la voile afin qu'elle prenne le vent favorisant la navigation, mais il n'a pas la possibilité d'appeler celui-ci ou de le faire cesser ; il se voit obligé d'assister, impuissant, à une longue accalmie immobilisant le navire au milieu du voyage sur une mer indifférente ou encore aux sévices infligés par un vent contraire qui l'éloigne du port déjà proche et l'oblige à louvoyer entre de lugubres récifs. Le vieil adage « Dans ta lumière nous voyons la lumière » est valable universellement et dans toutes les manifestations de notre vie. En effet, de même que notre œil — bien qu'il soit par sa configuration même de nature solaire — ne pourrait rien voir sans le flux de la lumière extérieure, de même que la relation s'établissant entre la faim et la nourriture et unissant le besoin avec sa satisfaction ne serait pas effective sans l'existence souveraine d'une relation universelle et magnétique rapprochant l'un de l'autre les pôles isolés, de même toute émotion ressentie par l'âme participe à une émotion universelle, toute activité de celle-ci est commune à une activité extérieure, plus puissante. Ce qui vaut pour le cheminement de notre existence dans le monde et les événements extérieurs trouve son équivalent, bien qu'à un degré moindre, dans l'itinéraire de l'âme dans l'univers intérieur des souvenirs. Cette seconde création [1] n'est pas pour l'âme un produit de son activité mais une donnée conforme à ses fondements ; bien que l'autorité du timonier sur les événements soit ici, comme dans son paisible port d'attache, plus grande et plus libre, nous apprenons cependant, ne serait-ce que dans l'involontaire association d'idées, que des facultés autres que la volonté individuelle gouvernent l'âme.

Mais, s'il en est ainsi, si le navire a besoin pour avancer de l'aide des éléments, des vents et des courants, l'activité de l'âme consciente d'elle-même — la tâche du timonier — reste tout de même très importante. Le marin peut en effet descendre les voiles et ralentir la navigation, même si le vent est favorable ; il peut avancer contre un vent défavorable ; il peut, grâce au gouvernail, s'approcher, tantôt d'une rive, tantôt de l'autre, ou s'éloigner d'elle, jeter l'ancre ou la lever.

Mais le marin vigoureux ne parvient à exécuter tout cela que pendant le temps où il a le gouvernail et les cordages des voiles bien en main, c'est-à-dire pendant l'état de veille ; l'activité de l'âme est tout autre pendant le sommeil. Dans cet état, la tempête et les éléments extérieurs déchaînés ne se calment pas ; ils deviennent, au contraire, plus véhéments et il semble que l'âme, à l'instar des navigateurs côtiers de la dangereuse mer Rouge, cherche, le soir venu, une rade paisible où jeter l'ancre pour se soustraire à la violence des éléments. Le navire est à présent solidement amarré aux rochers par des câbles, une chaîne le maintient à l'ancre ; le vent et le ressac lui impriment un mouvement de balancement et de rotation, mais le timonier a abandonné son poste de conduite ; il contemple en se reposant les objets de la rive dont il aperçoit, suivant les mouvements du navire, tantôt les uns, tantôt les autres, si bien qu'ils semblent danser et voltiger autour de lui. C'est précisément cette danse, cette ronde semblable à celle d'un carrousel qui, bien que semblant se déplacer, n'avance pas d'un pouce et constitue l'état de rêve habituel de l'âme. Certes, le havre paisible du sommeil est relativement fermé aux influences de la nature extérieure violemment agitée : l'âme est abandonnée à sa création intérieure, à son univers de souvenirs, mais elle a totalement cessé de se mouvoir ; ce que nous avons appris aujourd'hui ou depuis longtemps, les choses que nous avons faites ou désirées, les personnes décédées, ainsi que le souffle des sympathies et des antipathies ou le flot des désirs voltigent et effleurent l'âme, de sorte qu'une émotion se fait jour en elle, à l'intensité de laquelle la volonté consciente ne participe pratiquement jamais.

Mais, hormis cet état commun et habituel, une autre émotion — qui ne tourne pas en rond en revenant en arrière, mais est véritablement orientée vers l'avant et vers l'avenir — se manifeste dans le rêve et les états qui lui sont apparentés. Nous allons nous entretenir au tout premier chef de celle-ci.

L'itinéraire de la vie psychique va du présent vers l'avenir, du temps vers l'éternité. Pareils aux rochers magnétiques de la fable antique qui attiraient irrésistiblement les navires sur leurs écueils, pareils à la masse planétaire qui, sous l'effet de la puissante pesanteur, précipite tous les corps terrestres vers les profondeurs, l'avenir et l'éternité acheminent l'essence de l'âme vers son infinité. L'éternité était avant le temps ; tout instant se dissout dans l'éternité, dans laquelle tout se diffuse, comme le grain de sel cristallin et solidifié dans la vaste mer. L'eau provenant du glacier, le torrent issu des eaux de pluie tombées sur le sommet de la montagne ont leur voie tracée, pas à pas, pouce à pouce, de la cime jusqu'à la vallée ; cette voie est la plus directe car elle procède de la loi de la chute des corps, et c'est elle qui nous achemine vers les profondeurs avec le plus d'aisance et de rapidité. Lorsque, parfois, à l'époque de la fonte des neiges, une avalanche vient gêner l'écoulement du ruisseau qui se jette dans le lac, un petit filet d'eau perce très vite ce barrage et poursuit son cheminement dans le lit de la ravine que le torrent décuplé vient bientôt remplir de ses eaux et de cailloux entraînés. De même, dans les états analogues au rêve, l'essence plus facilement émotionnable de l'âme est entraînée plus tôt que l'être humain terrestre et mortel vers les profondeurs, sur la voie invariablement prescrite qui, du présent en passant par l'avenir, mène à l'éternité. Lorsque, dans ces instants où l'âme, plus qu'à l'ordinaire, est libérée du corps et rendue à elle-même, cette attirance de l'avenir s'empare d'elle et un type de rêve — dont les pages suivantes vont traiter en tout premier lieu — se fait jour. *[Édition de 1840.]*

NOTE

1. *Cf.* la conclusion de la 14e leçon de la nouvelle (4e) édition de nos *Ansichten von der Nachtseite der Naturwissenchaft* [Vues sur les aspects nocturnes des sciences naturelles], Dresde, 1808, 4e édition, 1839.

[A]

Ainsi, dans un cas singulier et fort connu, extrait du *Magazin zur Erfahrungsseelenkunde* [1] de Moritz (vol. V, chap. 1, p. 55), un brave homme se vit présenter, dans un rêve nocturne qu'il a souvent relaté et a même transcrit, toutes les péripéties de sa vie antérieure dans une série d'images se succédant rapidement. Il y vit, reconnut et ressentit tout ce qu'il avait vécu et même des choses dont il était à peine conscient à l'état éveillé, de la manière la plus vive et la plus nette comme s'il regardait dans un miroir ; après avoir vu ainsi, en quelques instants, une répétition et un véritable nouveau déroulement de toute sa vie, il s'éveilla à cause de la grande vivacité avec laquelle le spectacle de sa vie écoulée s'était emparé de lui. Il se rendormit, et là lui fut présentée par des images aisément et parfaitement compréhensibles à son âme, la destinée d'un grand nombre de personnes encore vivantes ou déjà décédées, dont il n'avait jamais fait la connaissance. Il s'éveilla de nouveau après avoir vécu et appris tout cela en rêve, sans doute dans l'espace de quelques minutes, se leva au comble de l'agitation et ne put retrouver le calme et s'étendre que vers trois heures du matin. Il se rendormit et fit un autre rêve au cours duquel, non seulement il revit le rêve précédent, mais également composa un poème sur la vision nocturne qu'il venait d'avoir et le mit aussitôt en musique. Ce travail qui, à l'état de veille, lui aurait sans doute demandé toute une journée, fut exécuté là aussi en quelques instants dans un rêve vécu si intensément qu'il fut en mesure, une fois éveillé, de recopier sans nulle peine le poème ainsi que la musique.

De cette manière, le célèbre Cardan revit, d'après son propre récit, le déroulement d'années entières de sa vie souvent dans une seule image au cours d'un rêve nocturne. Beaucoup d'individus ont trouvé ou accompli, dans une vision onirique unique et agencée avec bonheur, des choses qui leur auraient coûté, dans l'état habituel de veille, des journées entières et peut-être aussi des efforts nombreux et vains. Le rêve est non seulement capable de révéler — en une image unique et souvent avec la rapidité de l'éclair — grâce à sa langue métaphorique dont la compréhension est immédiate, des faits de la vie éveillée constitués par des circonstances et des relations variées et isolées et ayant duré des mois ou des années — choses qui dans notre langage fait de mots, ne peuvent être représentées et expliquées que par une suite très structurée d'idées et de pensées —, mais son don magique de représentation semble, dans certains cas, s'étendre également à l'au-delà ; c'est ainsi, par exemple, qu'un rêve prédit au très pieux Dietrich von Werthern, dont parle Erasmus Franzisci, sa fin prochaine d'une manière qui permettait de conclure à ce qui l'attendait dans l'au-delà. *[Édition de 1821.]*

[B]

Ainsi, pour ne donner ici que quelques exemples de rêves prophétiques, l'étudiant dont il est question dans le *Magazin*[1] de Moritz vit en rêve non seulement le lieu où, mais aussi la personne qui, quelques jours plus tard, devait le mettre en danger de mort, bien que, dans le rêve, ce danger lui fût apparu dans des circonstances quelque peu différentes. Dans ses années d'adolescence, Erasmus Franzisci fit un songe de cet ordre ; un homme qui lui apparut en rêve sous un prénom qu'il connaissait, voulait le tuer et il fut sauvé par sa tante qui détourna l'arme. Le midi suivant, il raconta en plaisantant son rêve à sa tante chez laquelle il habitait. Mais celle-ci, prenant la chose avec plus de sérieux, lui demanda de ne pas sortir ce jour-là, d'autant plus que, peu de temps auparavant, un enfant avait été tué par un chasseur imprudent. Pour inciter plus efficacement le jeune homme à rester à la maison, elle lui tendit la clé de la pièce où l'on entreposait les fruits, se trouvant au-dessus de la chambre de celui-ci. Ce dernier, après avoir parlé avec le serviteur de sa tante, lequel se tenait dans le couloir, juste en face de sa chambre et nettoyait deux armes prêtées et que l'on venait de lui rendre, se rendit dans celle-ci et échappa, ce faisant, au danger par la mise en garde constituée par ce songe, car la personne qui voulait le tuer avait dans son rêve le même prénom que le serviteur. A peine s'était-il assis à son bureau pour lire un livre qui lui apportait ordinairement beaucoup d'agrément qu'au bout d'un court moment il aperçut la clé de sa tante et éprouva le désir irrésistible de s'en saisir et d'abandonner sa lecture pour se rendre dans la remise où l'on entreposait les pommes. Ceci se déroula exactement au bon moment car, à peine avait-il quitté son siège que l'arme du serviteur se déchargea brusquement des deux balles de chasse qu'elle contenait, sans que celui-ci sût comment, et la charge vint s'écraser sur le mur au-dessus de son siège ; si le jeune homme ne s'était pas éloigné, elle lui aurait immanquablement traversé la poitrine. Ainsi, dans ce cas fort singulier, le rêve motiva de manière infaillible l'issue heureuse de cet événement qui aurait pu coûter la vie à un homme qui s'avéra ultérieurement très savant et très utile à la science. On trouve, dans l'œuvre de Moritz que nous avons citée plus haut, une autre histoire de ce genre où deux vies furent sauvées par l'intermédiaire d'un songe prémonitoire. Dans ce cas aussi, une colère violente aurait bien pu conduire un individu à se suicider si un rêve le mettant en garde et lui présentant ce meurtre et toutes ses conséquences n'avait constitué, par anticipation, le contrepoids de l'accès de violence passionnée qui s'était emparé de lui.

Plus nombreux encore sont les rêves prémonitoires annonçant un événement futur, proche ou lointain, sans que celui-ci puisse être évité par l'intermédiaire du rêve. L'empereur Charles IV, alors qu'il était encore en Allemagne à recruter des renforts, fut ainsi averti par une image onirique, dont il comprit immédiatement la véritable signification, de la défaite du Dauphin de France lors de la bataille contre le Duc de Savoie. D'autres personnes ont pressenti en rêve un danger imminent d'incendie ou le meurtre d'une personne aimée, physiquement très éloignée [2]. Cependant, l'âme humaine partage cette faculté de pressentiment et de prémonition du futur — nous allons en donner ici un autre exemple — avec celle de l'animal, à la seule différence que chez l'homme, à cause de sa relation avec la partie supérieure spécifiquement humaine que nous appelons l'esprit, une telle faculté n'apparaît le plus souvent que dans le rêve, alors que chez l'animal elle se manifeste à l'état éveillé. On pourrait en effet justifier par beaucoup d'autres témoignages la remarque de Bartels, dans ses lettres sur la Calabre et la Sicile, d'après laquelle un pressentiment plus ou moins net et généralisé du tremblement de terre de 1783 fut constaté chez les animaux les plus divers, alors que, parmi les humains concernés par ce sinistre, il ne s'était trouvé qu'une septuagénaire à pressentir en rêve la terrible catastrophe qui les menaçait. [*Édition de 1821.*]

[C]

Cette compréhension réciproque des âmes dans le rêve et les états analogues est également mise en évidence par d'autres perceptions. En effet, les cas ne sont pas rares où des individus ayant dormi dans la même chambre ou dans la même maison, ou ayant été de quelque manière en rapport corporel entre eux, ont fait au même moment un même rêve, voire des rêves se complétant mutuellement. C'est ainsi que l'un de nos psychologues fit, alors qu'il se trouvait encore en tant que précepteur dans la maison d'un fermier, le même songe que l'un des fils aînés de la famille venu leur rendre visite. Celui-ci avait en quelque sorte accompagné par son rêve le jeune philosophe dans toutes les péripéties du sien, il l'avait vu dans toutes les circonstances et les conditions dont celui-ci avait rêvé, et ce songe singulier ne resta pas sans incidence sur la situation extérieure du jeune savant [3]. On connaît beaucoup de cas analogues où le même rêve fut fait au même moment par deux personnes très liées, par exemple par deux époux ou par la mère et l'enfant. *[Édition de 1821.]*

[D]

L'opinion que les images qu'utilise l'âme dans le rêve, pour ainsi dire à la place des mots, aient une signification particulièrement mystérieuse, voire même immuable, est très ancienne et assez répandue parmi les peuples. Dans l'un des plus anciens récits interprétant un rêve que nous connaissons, l'image des vaches, puis celle des épis de blé signifiaient les saisons ; le nombre de jours était, chez chacun des deux rêveurs, représenté par un nombre d'objets ayant trait au travail quotidien de chacun d'eux. Une autre fois, les quatre saisons de l'histoire de l'humanité étaient représentées en rêve par un portrait humain immense constitué de quatre éléments différents, les multiples pouvoirs et règnes séculiers par l'image d'animaux en lutte et par une corne.

Nos Clefs des Songes, dont l'invention et la naissance remontent très loin et qui ne sont habituellement remplies que de niaiseries des plus arbitraires, se fondaient sur une opinion, présente dès l'aube des temps parmi les peuples, qui n'est assurément pas en contradiction avec ce que démontre l'expérience. En effet, pour ne citer que des observations concernant notre propos et qui furent relevées souvent à plusieurs reprises surtout chez des malades, on rapporte le cas d'une jeune vierge très attachée à la vérité — vivant encore aujourd'hui — qui fut traitée par un brave médecin de Francfort-sur-le-Main ; chaque fois qu'elle sentait venir une nouvelle crise de convulsions très douloureuses, elle rêvait auparavant d'une eau profonde. Elle connaissait même à l'avance avec une certitude approximative l'intensité et la durée de ses crises, d'après le type et la constitution de son rêve, car l'eau, qui lui indiquait toujours les douleurs imminentes, lui apparaissait d'autant plus obscure et profonde que les souffrances physiques devaient être plus grandes. De même, l'épouse du roi de France Henri IV fut avertie des larmes prochaines par des perles, dans un songe dont la signification a toujours été connue, de la nuit des temps jusqu'à l'*Emilia Galotti* de Lessing. Elle rêva en effet, comme nous le relate de Serres dans sa biographie d'Henri IV, quelques jours avant l'assassinat de son époux, que les deux superbes diamants qu'elle avait remis peu avant au joaillier pour orner une nouvelle couronne qui lui était destinée, s'étaient transformés en perles. Peu après, un rêve plus clair lui présenta l'assassinat de son époux par un poignard dans les environs du Louvre. Le margrave Georg Friedrich de Brandebourg fut averti en rêve de sa mort prochaine par une image très expressive et caractéristique à plus d'un égard. Il lui sembla en effet qu'une statue d'ange se trouvant dans la crypte qu'il avait fait creuser dans l'église de Heilbronn était tombée. On pourrait citer ainsi beaucoup de cas analogues, extraits surtout d'ouvrages d'auteurs anciens, semblant témoigner de la signification profonde de la langue onirique. [*Édition de 1821.*]

[E]

Cependant, nous devons dès à présent nous garder de considérer cet organe énigmatique que nous portons en nous et dont l'activité se manifeste particulièrement dans l'état onirique, comme meilleur qu'il n'est en réalité. Certes, cet organe connaît très bien, comme nous le verrons un peu plus loin, ce qui concerne le lendemain et l'avenir d'une manière générale, et l'exprime ouvertement dès que l'esprit en activité lui donne la parole ; mais nous ne devons pas oublier qu'il ne fait qu'un avec le véritable siège de nos penchants et de nos désirs et avec ce que l'*Écriture* appelle le cœur humain. Même dans le rêve, il se montre très souvent sous son véritable aspect et, comme beaucoup de personnes apprennent généralement grâce aux songes à connaître un autre côté de leur nature, moins favorable que celui qu'elles présentent à l'état de veille — le côté façonné par la férule de l'éducation et des circonstances —, comme des individus apparemment doux s'avèrent bouillonnants, coléreux, voire même cruels dans le rêve, notre nature onirique ne paraît pas avoir été, à l'origine, une grande alliée de la Lumière supérieure devant laquelle s'effacent toutes les ombres nocturnes. Ainsi, un marin, dont l'histoire singulière est relatée dans les *Basler Sammlungen,* se vit présenter, dans un rêve prophétique, tous les événements qu'il devait subir, d'une manière tout à fait fidèle à la réalité ; mais la grande mutation de sa vie psychique qui l'attendait lui fut présentée comme un accès de folie.

Il peut cependant arriver — et c'est déjà arrivé souvent — que l'âme qui, d'après sa nature tout entière, a pour unique destination d'être le miroir d'un ordre spirituel supérieur, à la puissance souveraine et la dominant, reçoive dans le rêve des rayons de la Lumière supérieure. Certaines âmes savent parfaitement faire d'elles-mêmes la distinction entre ce que le rêve a reçu du champ étroit et soumis aux illusions de la nature humaine, et ce qu'il reçoit d'en haut. En général, cette partie de nous-mêmes que nous appelons âme pour la distinguer de l'esprit, est de plus en plus prédominante et, à sa manière propre, active dans le rêve, cependant que l'esprit reste plutôt un spectateur plus ou moins passif qui se contente de suivre l'âme mue d'un élan propre dans sa marche aisée et vigoureuse, et ne lui impose pas, comme à l'état de veille, ses lois et son mouvement. C'est pourquoi, s'il arrive qu'une âme assainie et vivifiée par le Soleil supérieur prenne d'elle-même son essor vers les Cieux, elle entraînera l'esprit, dont l'influence éveillée entrave et gêne habituellement les facultés de celle-ci, sur ses ailes libérées ; l'esprit jouira alors d'un avant-goût de cet état futur qui l'attend, où la source de cette lutte continuelle et de cette résistance qu'il mène durant toute son existence contre la nature qui lui est associée sera totalement supprimée et où la force qui l'attirait constamment vers le bas deviendra une aile puissante orientée vers le haut.

C'est intentionnellement que nous n'avons voulu ici qu'effleurer provisoirement quelques aspects du monde onirique et de l'énergie de notre nature à l'œuvre dans celui-ci. Nous aurons certainement l'occasion, dans le reste de ce petit écrit, de considérer ce phénomène singulier et varié sous d'autres faces. *[Édition de 1821.]*

[F]

On peut évidemment trouver, même dans la téléologie commune, un aspect digne de la plus haute considération, à savoir celui fondé sur l'idée d'une bonté éternelle dont l'intérêt est qu'il y ait partout vie et joie. Quoi qu'il en soit, cette opinion s'accorde avec une autre que nous exposerons plus loin, d'après laquelle le monde visible tout entier n'est qu'un reflet de l'ordre invisible et supérieur des choses, c'est-à-dire, à l'origine, du royaume de la Lumière et de la Vie. *[Édition de 1821.]*

[G]

Bien que le Livre de la Nature, comparé au Livre saint de la Révélation, n'apparaisse que comme un obélisque couvert d'hiéroglyphes se dressant au milieu des ruines d'une ville détruite, monument dont le langage métaphorique est devenu partiellement incompréhensible à l'humanité actuelle et en partie amputé et effacé par une main ennemie, on n'en décèle et n'en démontre pas moins à juste titre[4] une concordance du contenu de ce langage métaphorique, qui était également, à l'origine, une révélation de Dieu aux hommes, avec le contenu de l'Écriture sainte.
[Édition de 1821.]

[H]

On peut même dire que la nature témoigne, avec une évidence indéniable, de Lui, « dont sont issues, à travers qui existent, et vers qui s'acheminent toutes choses » et, à notre époque — dont l'absurdité se prête davantage à l'étude et la jouissance des choses de la nature où notre temps croit avoir trouvé la Vie, qu'à l'étude de l'Écriture —, il n'est peut-être pas inutile d'attirer l'attention des hommes sur ce grave témoignage que nous offre la Nature et sur la concordance de son contenu avec celui de l'Écriture. Ce qui va suivre pourrait peut-être rappeler à certains de nos lecteurs ce qui fut dit dans le singulier entretien de Lavater avec Zollikofer[5] sur ce sujet, et servir à confirmer ce qui fut soutenu à propos de la cohésion de la totalité de l'univers visible et de l'invisible avec Celui dont tous deux sont issus. Choisissons d'abord ici un exemple tiré de l'histoire de notre ciel et de la division naturelle des époques.

Dès les premières pages de l'Écriture sainte, nous rencontrons la division de la semaine en six jours auxquels s'ajoute à son sommet le septième ou sabbat, destiné à la louange de Dieu. Et, s'accordant tout à fait à ceci, nous rencontrons dès les premières pages du grand Livre de la Nature la principale division des unités spatiales et temporelles en sept parties dont la septième, en guise de sommet et d'accomplissement, domine les six autres étapes tendues vers une intériorité et une suprématie extrêmes. Ceci est attesté par les rapports naturels des parties du corps humain qui est encore, tel qu'il nous apparaît à l'heure actuelle, l'image d'un modèle infiniment supérieur. Le système de la tête, avec les organes vocaux qui lui sont immédiatement subordonnés et les nerfs s'étendant jusqu'au milieu du cou, représente précisément un septième de la longueur habituelle du corps humain ; alors que les six autres parties sont destinées à exécuter les tâches communes, les mouvements et les besoins de la nature animale vile, cette septième partie, dans sa paisible souveraineté sur les six autres, sert, pareille au sabbat de la semaine, à la contemplation et aux tâches les plus hautes et les plus parfaites de l'âme humaine, à la connaissance et à la pensée, ainsi qu'à la transposition de la pensée en paroles intelligibles. Le monde végétal le plus ancien de notre planète, celui des monocotylédones auquel appartient le lis, nous montre, dans une image significative, cette ancienne division sacrée du temps et de l'espace en sept parties, tandis qu'au milieu des six anthères imparfaites et à la tâche très éphémère, le pistil plus achevé et plus durable nous rappelle par sa position le sabbat du corps humain et de la semaine.

La nature sensible ne parle pas seulement dans ses configurations spatiales en accord avec l'Écriture Sainte, mais aussi directement dans les étapes chronologiques qu'elle nous présente. Nous avons déjà rappelé ailleurs [6] plus en détail le lien fréquent qui unit les changements de temps, les crises de maladie, la mue des insectes et autres phénomènes naturels au septième jour. Aussi souvent qu'à l'unité, on trouve aussi dans la nature cette période de sept jours multipliée par deux, trois, quatre ou plus.

Cette disposition de la semaine de sept jours avec le sabbat à son sommet se retrouve dans l'Écriture Sainte à une échelle un peu plus grande avec la cérémonie du septième mois, celle de la septième année ou année du sabbat, enfin avec le retour sept fois septennal de la grande année jubilaire. Au cours de celle-ci, tout esclave était libéré, chacun retrouvait sa propriété de départ qu'il avait éventuellement perdue au cours de cette période, et c'était une grande fête de la réconciliation et du retour de l'ordre ancien.

Frank, et après lui Gatterer, a montré que cette année jubilaire comportait 49 années solaires ou, ce qui revient au même à un jour près, 50 1/2 années lunaires, c'est-à-dire autant que l'année lunaire a de semaines de sept jours. D'après l'opinion de Frank, le début de la 49e année solaire tombant dans la moitié de la 50e année lunaire, la 7 fois septième année de l'Écriture Sainte est appelée cinquantième. Le dixième jour de la 7 fois septième année solaire où commençait la fête de la grande année jubilaire, exactement 50 années lunaires de 354 jours 3/8 étaient écoulées ; de là jusqu'à la fin de la 49e année solaire s'écoulaient encore 6 mois synodiques, c'est-à-dire une demi-année lunaire, de sorte que les 49 années solaires et les 50 1/2 années lunaires s'équilibraient presque exactement et que, à travers cela, la période jubilaire révélée par Dieu lui-même devait apparaître comme une époque très caractéristique et très importante également pour le Livre de la Nature.

Nous évoquons ici au passage l'importance de la période naturelle de sept ans dans le développement du corps humain, dont l'Antiquité avait déjà remarqué le caractère singulier et que Censorin avait mentionnée. L'être humain change de dents dans la première période de 7 ans ; dans la seconde commence le développement du système corporel extérieur, dans la troisième s'accomplit la croissance ; dans la 7 fois septième année, le sexe qui, d'après une vieille sentence sacrée (I, Moïse 3, verset 16), nous expose ici-bas à un grand nombre de souffrances et de peines physiques, est libéré de celles-ci, ainsi que des douleurs périodiques, et ainsi de suite.

Les périodes montrant un équilibre semblable entre les époques du cours apparent du Soleil et de la Lune, tel que nous le présente le cycle jubilaire, étaient, chez les anciens Chaldéens, de 18 6/10 et de 19 années, auxquelles appartenait le *saros* de 222 révolutions lunaires ou de 222 et de 2 222 années. Nous avons déjà traité dans d'autres écrits [7] de ces périodes en détail ainsi que de la division, profondément fondée dans l'histoire de notre système planétaire, des unités spatiales et temporelles en 432 et 4 320 se retrouvant aussi bien dans l'Écriture Sainte que chez tous les peuples de l'Antiquité qui se livraient à des calculs astronomiques. Nous allons ici considérer seulement en quelques mots la signification symbolique et prophétique du cycle jubilaire dont l'unité est faite d'années lunaires ou synodiques de 354 jours 3/8, dont la durée totale est de 50 1/2 années lunaires ou 7 fois 7 années solaires et dont la septième partie comporte 85 3/4 mois.

Dans l'Ancien Testament, tout converge vers l'époque de l'accomplissement représentée par le Christ ; dans la grande année jubilaire de rémission fêtée au bout de 600 mois ou de 50 années, se trouvait en puissance la grande année de rémission et de réconciliation de l'histoire de l'humanité qui devait arriver avec le christianisme. C'était peut-être sur la connaissance de cette relation que se fondait l'indication que nous trouvons dans le Talmud comme une vieille tradition d'après laquelle l'époque de la Création jusqu'à la venue du Christ durait 85 périodes jubilaires ou devait se réaliser dans la 86ᵉ, par conséquent après autant de cycles jubilaires que le septième d'une révolution lunaire. D'après ce système chronologique des plus ingénieux élaboré par Frank et Gatterer, l'époque de la naissance du Christ (l'année 4181) tombe véritablement dans le 86ᵉ cycle jubilaire depuis la Création. Mais l'époque de l'accomplissement dans laquelle le Christ notre Seigneur erra sur la Terre en tant qu'homme apparaît aussi dans le Livre des Astres de notre système planétaire comme une période indéniablement exceptionnelle. Hormis le fait qu'à cet époque (4191) s'achevait la 4 320ᵉ année lunaire, une grande année religieuse du monde sensible se terminait également, dont chaque jour représente une révolution de Jupiter. Car cette planète, la plus grosse de toutes, réalisait en l'an 4197 depuis la Création sa 354ᵉ révolution, donc avait accompli exactement autant d'années que l'année religieuse des Hébreux comptait de jours pleins. Si nous considérons, après Jupiter, les deux aiguilles les plus importantes de notre gigantesque horloge, c'est-à-dire les deux planètes extrêmes de notre système solaire, Mercure et Uranus, la première avait parcouru en l'an 4182 exactement 17 364 révolutions, soit 7 fois 7 années religieuses, car 4 182 années terrestres représentent 49 fois 354 3/8 années de Mercure. Dans le chœur suprême de ce sublime chant des sphères, Uranus occupe l'octave la plus grave ; car, de même que le cycle jubilaire avec 50 années terrestres, une grande année du système solaire se termina à l'époque de la naissance du Christ : Uranus accomplit en l'an 4187 sa 50ᵉ révolution autour du Soleil. Mais les autres sphères se mirent aussi à l'unisson de cet accord gigantesque. Vénus avait, à l'époque où naquit le Christ, accompli 6 793 2/5, soit autant de révolutions que la période chaldéenne de 18 jours 3/5 en contient, Mars en avait accompli 10 fois 222, soit 2 222, les astéroïdes 50 fois 18 3/5 de leurs années propres, tandis que Saturne se trouvait dans la 144ᵉ (12 fois 12) révolution.

Ainsi, dans la gigantesque horloge de l'édifice universel, dont la destination primitive était de donner des signes pour déterminer des époques, tous les rouages et les mécanismes étaient, dès le début, assemblés et agencés par l'Horloger de façon à indiquer tous ensemble cette grande heure où, au milieu du monde sensible, Il voulut commencer la tâche qu'Il avait prévu d'exécuter et ouvrir la grande fête jubilaire de la réconciliation. Le système solaire tout entier fêta, justement à cette époque, sa première année jubilaire, tandis que d'autres voix lancèrent dans cette harmonie des sphères leurs chants « Gloire à Dieu dans les Cieux ». Le ciel astral témoigne aussi de Son existence, dont il est issu et auquel il retournera.

Mais l'Antiquité avait déjà découvert cet aspect de la symbolique de la Nature. Après l'achèvement de ce cycle de 19 ans, le dieu Apollon devait, d'après les Hyperboréens, revenir sur terre. D'après le système hebdomadaire de 8 jours et le système annuel de 10 mois propre aux anciens Étrusques, le roi, donc le représentant visible du dieu, apparaissait chaque neuvième jour à son peuple ; l'année avait 2 fois 19, c'est-à-dire 38 semaines de 8 jours (304 jours) ; le siècle comportait 110 années solaires. Mais 38 fois 110 années font curieusement 4 181, c'est-à-dire représentent l'espace compris entre la Création et la naissance du Christ. Et, d'une manière tout aussi réelle et significative, la majorité des peuples d'Asie attendait le dieu sauveur vers la fin de la période sacrée de 4 320 années lunaires.

Pour les Anciens, pour qui cette connaissance n'était d'ailleurs pas issue d'un simple calcul ultérieur mais provenait d'une Lumière et d'un Verbe qui leur étaient impartis, les constellations avaient encore leur ancienne fonction consistant à donner les signes des époques. C'est pourquoi, précisément vers l'époque où apparut le Christ incarné, se manifesta d'une manière aussi universelle, aussi certaine et claire dans le cœur de tous les peuples la conviction que le Messie attendu depuis longtemps était proche. Et, en effet, non seulement chez les Juifs — où le jeune Néhémie, un contemporain de Hillen, père de Siméon qui voulut mourir de bonne grâce parce qu'il avait vu de ses yeux le Messie, avait prédit environ 50 ans avant la naissance du Christ que le Messie espéré depuis longtemps n'attendrait pas la fin d'un nouveau cycle jubilaire complet pour se manifester, ainsi que Ridigius à Rome qui, se fondant sur un calcul astronomique égyptien, avait fixé avec quelques années d'avance la naissance du Seigneur —, cet espoir inébranlable s'enracinait partout, de la mer du Nord, de la Suède et de la Norvège jusqu'à l'Inde et la Chine, où Confucius, en mourant, avait annoncé cet âge universel de sainteté tant attendu [8].

Cet exemple emprunté à la voûte céleste et à ses mouvements harmonieux suffira ici à confirmer l'exacte concordance du contenu du Livre de la Nature avec celui de l'Écriture sainte, bien que non seulement la voûte céleste, mais aussi et d'une manière tout aussi nette la nature qui nous environne soit à même de démontrer cette correspondance. Il est donc — pour n'ajouter à ceci que de brèves remarques — parfaitement clair, particulièrement depuis les récentes découvertes effectuées dans le domaine du magnétisme animal, que l'opposition mentionnée par l'Écriture sainte entre les eaux du ciel supérieur et celles du ciel inférieur se reflète et se retrouve dans la nature qui nous environne. C'est pourquoi cette opposition a joué un rôle si important non seulement dans le système de la nature des anciens Chaldéens [9], mais aussi dans les théories de telle école chimique des siècles précédents qui croyait à la possibilité d'une métamorphose et d'une palingénésie des corps. En effet, ce que l'eau représente, en tant que matrice commune, substance rénovatrice et nourriture de tous les corps élémentaires, cet éther l'est pour un ordre de choses supérieur car il est, pour le système nerveux de l'organisme animal qui l'utilise afin de se stimuler et se nourrir en permanence, encore plus indispensable que l'air inspiré par les poumons.

L'Écriture sainte nous parle donc, dès les premières pages et dans son ensemble, d'une grande mutation concernant l'homme et, à travers lui, la nature tout entière, elle nous parle de la mort comme d'un mal apparu dans le monde à la suite de la grande mutation [10], mais elle nous présente en même temps, se profilant à l'horizon, les perspectives réconfortantes d'un salut de toutes les créatures échappant à la captivité qui les afflige actuellement et celles d'un rétablissement de l'état originel qu'elles ont perdu. Le Livre de la Nature nous dit aussi tout cela et dans les mêmes termes dès que nous transposons dans notre habituel langage de mots et de lettres sa langue faite d'hiéroglyphes et ses formes parlant avec une indéniable clarté.

Ainsi, la plupart des plantes de l'époque disparue sous les eaux du Déluge appartenaient, comme nous le montrent leurs restes fossilisés, à la grande famille des monocotylédones, c'est-à-dire à celle des palmiers, des fougères qui leur sont très apparentées et des graminées dont la forme est la plus proche de celles-ci. Les alluvions charriées par les fleuves et les inondations vers l'ancienne mer qui, avant le déluge, occupait une grande partie des terres actuelles se sont entassées à proximité des anciennes côtes en constituant des couches sédimentaires gigantesques ; la grande catastrophe qui vint ensuite bouleverser le monde, accompagnée et suivie du Déluge, recouvrit la surface de la terre de ruines et de masses de sable, engloutissant tout un monde végétal où dominaient d'une manière écrasante des plantes qui, encore aujourd'hui, des lis nains des montagnes nordiques aux immenses palmiers, appartiennent aux plus beaux et aux plus nobles spécimens végétaux de notre globe. Après le Déluge, les autres familles de plantes semblent s'être répandues sur la majeure partie de la surface terrestre à tel point qu'elles sont à présent bien plus nombreuses que les premières [11]. C'est la raison pour laquelle nous pouvons considérer que cette première famille de plantes est la plus ancienne dans l'histoire de notre planète, pour avoir, dès les premiers temps, pris possession de la surface du globe par une extension progressive et généralisée et, surtout, pour lui avoir donné son caractère particulier. Or, toutes les plantes de cette ancienne famille se distinguent presque unanimement par une richesse en substances et vertus nutritives ou utiles à l'homme de quelque manière ; le palmier fournit à l'habitant de la zone chaude non seulement une nourriture tonifiante, mais il lui donne aussi un vin qui réjouit son cœur, les feuilles qui lui servent à construire le toit de sa modeste maison, la matière dont il tresse des paniers et des récipients, et le papier sur lequel il écrit. Il en va de même pour les graminées qui, en d'autres lieux, lui fournissent un aliment indispensable, avec leurs feuilles la litière nécessaire aux animaux domestiques qui l'entourent, avec leur sève le sucre dont il se sert pour adoucir ses aliments. Même les plantes liliacées ou à bulbe qui font partie des monocotylédones du monde végétal actuel et se rattachent à bien des égards aux plus anciennes formes végétales du globe, sont très connues dans les régions dénuées de toute autre nourriture pour les vertus médicinales exceptionnelles de certaines de leurs espèces [12] et pour l'utilisation de certaines autres comme aliment.

Cette famille de plantes, la plus ancienne de la terre, et en tout premier lieu les palmacées et les graminées, ont une autre vertu : elles sont presque dénuées, à l'état normal, de véritables poisons. Les fruits trop mûrs de certaines variétés de palmacées de type *comuti* et *garyota* ont certes une âpreté et une acidité telles qu'elles peuvent susciter sur la peau une brûlure et une démangeaison insupportables ; mais les fruits du premier, qui possèdent au plus haut point cette caractéristique, se prêtent, à condition d'être cueillis avant leur stade de maturité avancée, à la préparation d'un mets sain et succulent ; ceux de l'autre sont consommés sans inconvénient, même dans leur stade d'âpreté extrême, par un mammifère à l'organisation parfaite, la chauve-souris géante de l'Inde orientale ; dans la plupart des cas, l'arbre ne porte ces fruits qu'une seule fois juste avant sa mort, et le premier type, dans son état persistant de vigueur et de jeunesse, offre à l'homme en abondance un vin tout à fait sain et savoureux. De même, les effets attribués avec trop d'exagération à l'ivraie poussant fréquemment lors d'étés très arrosés — c'est le seul exemple parmi toutes les innombrables graminées connues à ce jour — sont souvent à mettre sur le compte des précipitations insalubres qui engendrent aussi les épidémies. D'ailleurs, cette plante ne libère, d'après le jugement des observateurs les plus méticuleux, « que quelque temps certains effets sédatifs ou excitants propres à certains poisons sans être mortels »[13], et on connaît bien l'emploi fréquent et le plus souvent inoffensif de ces graines d'ivraie, dont le caractère nuisible n'apparaît que les années pluvieuses, dans la préparation des boissons les plus courantes [14].

Le corps de l'enfant se distingue de celui de l'homme adulte entre autres par le fait que chez le premier prédominent largement l'élément liquide et une grande souplesse et que les os ne sont encore, pour la plupart, constitués que de cartilage mou et tendre, alors qu'à l'âge adulte la proportion des parties solides augmente toujours plus, le cartilage devenant os et les tendons se durcissant en cartilage ; la physiologie est là pour prouver que ce rapprochement de la terre, ce processus de raidissement, de durcissement et d'insensibilisation du corps humain conduit à la mort ; de la même façon, cette famille de plantes, la plus ancienne de notre planète, ressemble, par le dosage de ses proportions et comparée à celle des dicotylédones chez laquelle le bois et la terre sont plus abondants, à l'état de la prime enfance. En effet, non seulement les plantes de la famille du bananier et des liliacées — chez lesquelles même la tige très épaisse est extrêmement tendre — mais aussi une grande partie des palmacées ont un tronc et des feuilles riches en sève et en moelle, et présentent une prédominance de l'élément liquide sur le solide, de la tendreté sur la dureté.

Dans l'innocent état de l'enfance, l'opposition et les besoins du sexe ne sont encore nullement manifestes et la nature nous indique de multiples façons le rapport existant entre cette manifestation et ce développement, et la manifestation et le développement, dans tout organisme vivant, du germe de la mort. Il n'est donc peut-être pas sans importance que les types végétaux les plus anciens de notre globe (les fougères, dont les empreintes fossilisées, ainsi que celles des palmacées et des grands phragmites, nous apparaissent comme les plus anciennes) ne recèlent aucune différenciation sexuelle, et que le pollen sécrété par leurs feuilles ne nécessite nullement l'intervention d'un organe médiateur afin d'assurer sa formation — le pistil et l'ovaire femelles — mais soit directement semé et produise, dans des conditions d'éclosion favorables, de nouvelles plantes de la même espèce. De même, le bambou à la moelle sucrée très abondante, plante apparentée de près à ces anciennes formes végétales, passe son existence tout entière sans aucune sexualité et totalement dénué de fleurs et de fruits. Ce n'est que lorsqu'il est proche de la mort, quand ses feuilles sont tombées, que se produit dans la plupart des cas sa floraison et, après la disparition de celle-ci, la plante tout entière meurt. La plupart des palmacées demeurent également la majeure partie de leur vie sans connaître le développement sexué des fleurs et la production de graines. Certaines d'entre elles portent même une seule fois dans leur vie des fruits et meurent aussitôt après, ou bien passent si près de la mort qu'elles ne s'en remettent que dans de rares cas. Nous devons peut-être rappeler ici cette observation déjà ancienne [15], d'après laquelle le fruit tendre et savoureux de la *musa paradisiaca* ne contient que rarement (jamais, d'après une vieille opinion) une graine. Par contre, dans les formes réduites des monocotylédones qui présentent à un degré plus élevé les caractères de l'époque actuelle, et dans celles donnant à l'homme son pain quotidien — bien que gagné à la sueur de son front —, on trouve fréquemment la production d'une semence fertile et abondante ; ces plantes se reproduisent aussi fréquemment et aisément par des graines que par des boutures, tandis que la plupart des fougères, des liliacées et des palmacées se reproduisent presque exclusivement, ou tout au moins très fréquemment, par boutures ou par bulbes, si bien que l'autre voie passant par la graine apparaît tout à fait superflue ou réussissant rarement, la production de graines n'étant par conséquent chez ces plantes nullement un but essentiel mais plutôt un phénomène secondaire. En effet, il est bien connu que les spores des fougères ne germent que très rarement et difficilement, et que nos plantes liliacées se reproduisant si aisément par bulbes [16] n'amènent que très rarement des graines à maturité ; chez certaines d'entre elles, on n'a réussi à le réaliser artificiellement que par l'amoindrissement ou la destruction de la force vitale trop grande en coupant la fleur et en la laissant fleurir séparée de sa source de vie.

Car, en fait, c'est la plénitude de la force vitale juvénile se manifestant dans la croissance la plus vigoureuse qui entrave et arrête le développement du germe de mort auquel sont étroitement apparentées la différenciation et la nécessité des sexes. Les années de la croissance la plus rapide et la plus vigoureuse sont aussi celles de l'innocence enfantine ; les natures les plus robustes et les plus vives sont, en règle générale, durablement et intensément semblables à l'enfant ; là où la maladie et des influences nuisibles entravent tôt le cours de la croissance, le germe de mort s'éveille également tôt, de pair avec son compagnon, et commence à se développer. Les plantes des époques les plus anciennes rappellent également par leur croissance extrêmement rapide et vigoureuse l'âge de l'enfance et de l'innocence. Car, parmi toutes les dicotylédones, il n'en est aucune dont le tronc, comme celui du bambou, atteigne en six semaines, même sous un climat étranger et hostile, vingt pieds de haut, ou dont la croissance des feuilles soit visible à l'œil nu, comme la feuille énorme et résistante de *musa paradisiaca*, dont le tronc épais et gorgé de sève se développe en six mois et atteint la hauteur de treize pieds. Dans cet état analogue à l'enfance, les plantes de la famille la plus ancienne atteignent un âge très avancé et leur longévité s'est, si l'on en croit leurs formes gigantesques, encore amplifiée dans les époques plus récentes de la nature ; ce caractère serait aujourd'hui encore plus prononcé, au moins chez beaucoup d'espèces, si leur floraison, apparemment favorisée par les influences dominantes de la nature actuelle, pouvait être empêchée ou remise à une époque ultérieure.

On peut donc dire à juste titre que la famille de plantes la plus ancienne de notre planète est aussi, eu égard à ses caractéristiques, la plus noble, la plus utile, la plus innocente et la plus pure parmi toutes celles qui n'offrent à l'homme que des avantages et ne contiennent, lorsqu'elles sont saines, aucun poison. Si, par contre, nous considérons les plantes appartenant à la sous-classe des dicotylédones, nous constatons que celles qui contiennent des éléments nutritifs sont beaucoup plus rares et dans presque chacun de leurs ordres nous trouvons des individus vénéneux chez lesquels non seulement les fruits — mûrissant une seule fois dans leur vie, pour ainsi dire lors de l'agonie de la plante, comme nous l'avons remarqué à propos des palmacées — mais même les racines, les feuilles et la tige contiennent un suc dangereux et souvent mortel. En outre, ces plantes ont généralement une croissance lente et moins vigoureuse que les autres, la floraison et la reproduction représentent pour elles une tâche essentielle, voire même, chez la majorité, la partie de leur histoire de loin la plus importante et vers laquelle est irrésistiblement tendu tout le processus de leur développement ; nous constatons chez elles beaucoup plus fréquemment et plus nettement que chez les autres la présence d'un bois solide — rappelant en quelque sorte le durcissement des os et des tendons chez l'homme à l'âge adulte — et une abondance en composants terreux. C'est précisément en cela qu'elles sont plus semblables et plus adaptées que les autres à la situation de l'homme actuel, qui mène une vie de lutte et doit se défendre âprement contre les influences défavorables du climat, du froid et de l'humidité sur une bonne partie de sa planète ; même si, d'un autre point de vue, elles ne font que peu de cas des besoins de l'homme, elles rappellent souvent par leur destinée tout entière cette première sentence selon laquelle « le champ ne portait pas de lui-même ce qui était susceptible de nourrir l'homme et de combler spontanément ses désirs, mais au contraire ce qui s'opposait hostilement à lui ».

Cette ancienne maxime extraite de la Révélation se répète aussi, au même titre que dans le règne végétal, dans le monde animal et son langage fait de formes. Dans celui-ci également, on peut trouver beaucoup de formes et d'espèces qui, à l'époque antédiluvienne, étaient les plus nombreuses et portaient en elles le caractère de cette époque primitive d'une manière plus marquée et manifeste que les autres, sans que l'on puisse pour autant considérer l'apparition de l'éléphant, par exemple, comme antérieure à celle du taureau et des autres. Parmi les vestiges du monde animal supérieur, qui furent ensevelis, soit avant le Déluge par les inondations des eaux fluviales sous les couches sédimentaires se constituant dans l'ancienne mer, soit par les masses d'alluvions provoquées par les précipitations du Déluge, nous trouvons les ossements d'éléphants (et d'autres animaux appartenant à l'ordre des pachydermes) en nombre tel [17] que l'on peut considérer cette forme, de même que celle des ruminants et de certains rongeurs, dans le même esprit que celle des palmacées parmi les plantes, à savoir comme la plus caractéristique de l'époque primitive et la mieux adaptée à celle-ci.

Il n'est peut-être pas sans importance que les vestiges d'animaux conservés dans nos couches sédimentaires et nos strates géologiques (issues des alluvions de l'ancienne mer) soient le plus souvent apparentés à certaines espèces animales de notre monde actuel dont le caractère essentiel est qu'elles ne connaissent qu'à un degré très modeste la différenciation et les besoins sexuels. Ces animaux mettent en effet leurs petits au monde le plus souvent de la même manière que le bulbe de la tulipe produit un autre bulbe identique sans avoir auparavant besoin de recourir à un processus médiateur comme celui qui régit l'élaboration de l'animal plus complexe. En outre, il est très significatif que précisément l'éléphant, le représentant le plus achevé du monde animal primitif, soit, parmi tous les animaux que nous connaissons, le plus chaste et, on serait tenté de dire, le plus pudique ; celui-ci a en effet coutume de dissimuler aux yeux des observateurs les manifestations de ses besoins sexuels, avec un soin tel qu'à une époque très récente encore même les sciences naturelles ignoraient tout de cet épisode de son existence. En captivité, cet animal ne satisfait jamais en règle générale ses besoins les plus vils et, si récemment, un cas sur des milliers d'individus fut observé et attesté, on serait presque tenté de croire que cet animal respectable de l'époque patriarcale commencerait à moderniser son caractère, peut-être sous l'influence de la fréquentation des Européens.

Cette singulière particularité de l'éléphant, ressemblant à de la pudeur, est issue de la même cause pour laquelle le rapace que Buffon avait mis en cage engloutissait voracement et sans aucune retenue la viande qu'on lui jetait quand son maître et d'autres personnes étaient là, mais ne voulait jamais boire quand il se sentait observé, et le faisait lorsqu'il se croyait seul. Le besoin de boire est en effet très important chez les rapaces et ce qui, chez l'oiseau, correspond à la faculté humaine de réflexion et de raisonnement, est par conséquent prépondérant. Les besoins et désirs sexuels sont donc, chez l'éléphant, faibles et secondaires, et cet animal nous fait penser à l'enfance de l'homme qui est beaucoup plus calme et sereine que l'âge adulte.

Cet ordre animal présente également les caractéristiques de l'enfance car, dans cette énorme masse, l'élément liquide est largement prédominant par rapport au solide, et les parties molles sont beaucoup plus nombreuses que les dures ; d'autre part, toutes ses forces sont, en tout premier lieu, tendues vers la croissance et l'extension de son corps en longueur et en largeur, tout comme chez l'enfant. A l'instar des espèces végétales chez lesquelles le système apparenté au germe et à la cause de la mort est parfaitement constitué, l'éléphant atteint un âge très élevé, on peut même dire qu'il est, à notre connaissance, parmi tous les animaux supérieurs, celui qui vit le plus vieux, car l'indication déjà ancienne selon laquelle il dépasserait l'âge de cent et même de deux cents ans ne saurait être démentie comme étant non fondée. En outre, les animaux de cet ordre, le plus ancien de tous, non seulement font partie des plus inoffensifs et des plus innocents, mais appartiennent aussi aux espèces les plus utiles à l'homme et les plus nobles ; l'éléphant possède au plus haut point et d'une manière supérieure aux autres animaux les facultés psychiques le plus souvent prédominantes au cours de l'enfance, à savoir la mémoire, l'aptitude à l'instruction, etc. Il est également remarquable qu'à l'instar de nombreuses plantes du monde primitif, chez qui on trouve certains éléments des dicotylédones associés à leurs caractères dominants de monocotylédones, une espèce fossile d'éléphant qui était pourtant exclusivement herbivore réunisse, dans sa constitution dentaire, certains caractères des bêtes carnivores et des herbivores.

De même, les animaux herbivores, utiles et dociles, que l'homme a domestiqués dès l'aube des temps, sont porteurs, comme les plantes, de ce même caractère de l'époque primitive. On trouve leurs restes fossilisés en très grand nombre, comme le prouvent les énormes quantités d'ossements de bovins découverts en Sibérie ou dans les îles de l'océan Glacial arctique, et les ossements fossilisés dans de la brèche exhumés à Cadix qui sont presque entièrement constitués de restes de ruminants et de rongeurs. Cependant, les oiseaux rapaces, qui, dans toutes leurs particularités, sont exactement le contraire des caractères de la nature primitive que nous venons d'énoncer, ne manquent certainement pas d'apparaître aux naturalistes qui croient à la possibilité, voire même à la certitude d'une grande et puissante transformation des formes et des espèces de la nature organique au cours des diverses époques de notre planète, comme des êtres apparus tardivement et sous la forme que nous leur connaissons actuellement, bien que cette grande transformation de la nature devenant, au fil du temps, de plus en plus sensible et ample, ait commencé bien avant le Déluge.

Ainsi, le règne animal dans ses formes les plus anciennes nous fait également conclure à un état primitif de la nature, dans lequel ce qui est apparenté de près à la cause de la mort et même, par un rapport très étroit, ne forme qu'un avec celle-ci [18] n'était pas encore apparu et développé, ou d'une manière incomplète, dans notre monde visible et avant tout dans le corps humain ; en effet — comme le prouvent les propriétés des espèces végétales et animales primitives énoncées plus haut —, les luttes, de même que les puissances dévastatrices se détruisant les unes les autres, n'avaient pas encore pénétré notre nature ou n'en étaient encore qu'aux premiers balbutiements de leur langage empoisonné. Certes, dans notre nature actuelle, la fécondité des animaux herbivores constitue, d'une manière apparemment nécessaire, un contraste avec la fureur des bêtes fauves s'opposant à ceux-ci et les contenant, mais cette opposition n'est en fait fondée que sur la parenté, que nous retrouverons plus loin, entre l'attirance sexuelle et la cruauté et la folie destructrices, une parenté de la procréation et de la mort ; ces deux pôles, qui se présupposent mutuellement et sont unis et emmêlés l'un à l'autre dans l'être humain, ne sont parvenus à s'opposer sous une forme visible que dans le règne animal.

Toutes les familles d'animaux et de plantes vivant au même endroit au même moment, dont la majorité se sont transformées au cours des siècles pour atteindre avec de plus en plus de netteté leur forme actuelle, ressemblent à autant de livres relatant l'histoire de la Nature et, en fin de compte, celle de l'Homme. Les espèces relativement peu nombreuses issues du monde animal et végétal primitif nous racontent l'histoire des époques primitives, d'autres celle d'une période plus récente, d'autres encore celle des époques très proches de nous, de même qu'en automne les rares liliacées et autres plantes en fleurs nous rappellent le printemps. On pourrait, pour diverses raisons qui mériteraient d'être étudiées en détail dans un autre ouvrage, comparer les embranchements du règne animal aux douze constellations du zodiaque dont chacune indique à l'observateur une époque précise de l'année, où l'astre principal de notre ciel, le Soleil, habite chaque constellation : le Taureau au printemps, la Vierge en été, la Balance en automne.

[Édition de 1821.]

[I]

Et le livre, dans lequel se trouvait consigné, comme dans la Bible, le contenu de cette ancienne Révélation et que l'on ne pouvait lire *qu'à la Lumière supérieure* [2] était manifestement la Nature sensible. Car, de même que nous nous entretenons de ce qu'est le Divin et que nous utilisons les paroles de l'Écriture sainte en en citant certains passages, de même l'Antiquité citait certains passages du grand Livre de la Nature et se servait des expressions et des paroles écrites dans ce dernier. *[Édition de 1821.]*

[J]

Que le lecteur nous permette d'ajouter aux cas que nous venons d'évoquer certains exemples singuliers où cette voix intérieure, ce bon génie socratique, est vraiment apparue comme quelque chose d'extérieur, de visible, comme un bon ange annonciateur et salvateur. Un vieil écrivain français, Gabriel Cappuis, raconte ici l'histoire suivante qu'Erasmus Franzisci lui a empruntée.

Une femme pieuse et respectable, à la vie absolument irréprochable et paisible, mère de plusieurs enfants, eut un jour le malheur de sombrer dans une profonde mélancolie dont la cause apparente était constituée par certaines congestions et irrégularités de la circulation sanguine dans l'abdomen. Dans cet état triste et obscur qui disparaissait de temps en temps, mais revenait toujours et chaque fois pour un temps assez long, elle était très souvent tourmentée par des idées de meurtre [19], surtout par celle de tuer tout d'abord son mari qu'elle aimait pourtant tendrement, puis de se tuer elle-même. Ses tentatives de suicide étaient souvent si violentes qu'on devait la retenir et l'en empêcher. Mais à quoi serviraient tous nos gardiens et veilleurs si Dieu ne protégeait notre demeure et surtout les êtres faibles et vulnérables qui y vivent ? La pauvre femme trouva pourtant une nuit le moyen de se lever de son lit et de s'échapper dans le jardin près de la maison. Là, elle descendit dans le puits profond de sept à huit toises au moyen d'une corde, y resta un moment avec l'eau jusqu'au menton, comme on put le constater ultérieurement, puis remonta d'elle-même à la surface de la terre grâce à la corde et sans aucune aide, d'une manière incompréhensible vu son état de faiblesse physique, sortit du puits et revint à sa chambre.

Quelques jours plus tard, elle trompa à nouveau la vigilance de ses gardiens par un comportement apparemment très calme, de sorte qu'on la laissa sans hésitation sortir de la maison, tenant par la main l'un de ses jeunes fils. Cependant, accompagnée de son enfant qui lui souriait aimablement mais ne pouvait en aucun cas la réconforter, elle prit le chemin du pont voisin avec l'intention de se jeter dans la rivière avec son fils. Mais, après être allée et venue plusieurs fois sur le pont, elle revint tranquillement chez elle, une fois de plus. C'est là que ses souffrances morales atteignirent leur apogée et, pour éviter que la tentation n'épuisât ses forces, elle fut peu après définitivement délivrée de ses tourments intérieurs et physiques, en même temps qu'on lui prodiguait des soins externes appropriés. Comme elle savait tout ce qui s'était passé pendant sa maladie, elle raconta aux siens avec force détails toutes ses tentatives de meurtre envers les autres personnes et elle-même. Mais, ajouta-t-elle, chaque fois, une personne tout de blanc vêtue et ayant les traits d'un jeune homme était apparue, lui avait pris la main, l'avait aimablement consolée et exhortée à la patience, à la confiance en Dieu. Alors qu'elle était dans le puits en grand danger de mort, car il lui semblait qu'une force étrangère voulait lui immerger complètement la tête et lui arracher la corde des mains, cet ange rayonnant lui était, à ce qu'elle disait, apparu, l'avait saisie par les épaules et l'avait aidée à remonter du puits, ce qu'elle n'aurait jamais pu faire seule. Puis, une fois dans le jardin, il l'aurait consolée et reconduite à sa chambre où il aurait disparu. Alors qu'elle s'approchait du pont, pour se noyer avec son enfant, il serait à nouveau apparu et l'aurait suivie de loin jusqu'à ce qu'elle fût définitivement dissuadée et rentrée chez elle.

Une fois guérie, elle raconta bien des fois son histoire, non seulement à son mari et à tous les siens, mais aussi à son confesseur et à des amis. Ce faisant, elle exprimait continuellement depuis sa guérison un désir fervent d'être près du Christ, éternellement libérée des graves dangers et des tentations pernicieuses au cours de son séjour ici-bas. Et son désir, accompagné d'un pressentiment de sa mort prochaine, fut bientôt exaucé ; le lit où cette femme durement éprouvée avait passé vingt jours de souffrance fut béni et devint un sujet d'édification pour tous ceux qui lui avaient rendu visite. Dès le premier jour de sa maladie, elle avait rappelé à son mari bien-aimé ce qu'elle lui disait depuis longtemps à propos de sa mort prochaine et lui avait demandé d'accepter la volonté divine. Peu avant sa mort, elle louait à son confesseur la miséricorde et la grâce divines qui l'avaient délivrée des dangers côtoyés au cours de son douloureux périple terrestre, et elle relatait encore, à la louange de Dieu, les apparitions et manifestations qui l'avaient si merveilleusement soutenue. Elle était gaie et sereine, car les enseignements qu'elle avait tirés de cette

lutte âpre restaient pour elle un gage de certitude que celui qui l'avait assistée dans ses épreuves la soutiendrait aussi lors de son ultime combat et la conduirait dans son royaume de paix. Les paroles qu'elle prononçait sur son lit de douleur étaient toutes prière et ferveur, emplies de consolation et de réconfort, et émouvaient tous ceux qui les entendaient. Même au seuil de la mort, elle souriait sereinement et s'écria : « Je l'aperçois à nouveau, mon ange protecteur, oh, attends-moi ! » puis elle bénit les siens, parla à nouveau du motif inébranlable de notre espérance en une félicité éternelle avec beaucoup de ferveur et de réconfort et, alors qu'elle priait chaleureusement avec les siens, elle ferma pour toujours, avec douceur comme si elle s'endormait, ses yeux qui avaient ici-bas versé bien des larmes de douleur mais aussi de joie, de prière, de gratitude envers Dieu. Même dans la mort, son visage était plus doux et plus gai qu'il n'avait jamais été de sa vie.
[Édition de 1821.]

[K]

Un autre cas tout à fait analogue à celui-ci fut observé par le docteur J.N. Binninger qui le consigna dans la 27ᵉ observation de ses *Notes* et qu'à sa suite Franzisci a relaté. Un jeune homme démoniaque de 17 ans, fils du boutonnier Bourgeois de Nümpelgard, dévoilait à tous ceux qui lui rendaient visite leurs pensées les plus intimes et tout ce qu'ils avaient fait ou dit en secret. Il aurait bien aimé révéler au docteur Binninger lui-même beaucoup de choses répréhensibles accomplies par de nombreuses personnes et il reprochait même au surintendant Grasser maints forfaits, relatifs à sa fonction, qu'il était probablement seul à connaître [20]. Pour ce faire, le malade était couché, les yeux fermés, le visage tourné vers le mur, la bouche ouverte. Il prédit aussi avec précision le jour et l'heure de sa propre mort et les faits prouvèrent qu'il avait vu juste. [Édition de 1821.]

[L]

En effet, la corde métallique plus souple et plus fine sonne lorsqu'on effleure la corde voisine plus épaisse, mais, inversement, la seconde ne rend aucun son lorsqu'on effleure la première. L'activité psychique qui, dans l'état de voyance magnétique, s'empare du centre des désirs et des sentiments ainsi que de l'ensemble du système nerveux, est donc bien supérieure et plus intense que celle qui, à l'état de veille, est simplement liée aux sensations transmises par les nerfs sensitifs. *[Éditions de 1821.]*

[M]

Tous ces cas sont, comme nous le verrons plus loin, liés à la folie d'aussi près que l'est l'état de voyance magnétique ; l'activité psychique supérieure y est plus faible qu'à l'accoutumée et ce d'une manière générale et pas seulement à cause de l'intensité des fonctions inférieures.

Il faut remarquer que le rêve est un état intermédiaire entre celui de veille et de voyance magnétique. En rêve, particulièrement dans ceux que nous faisons juste avant de nous éveiller, l'homme nocturne du système ganglionnaire semble encore très actif, mais son règne touche à sa fin avec l'éveil ; de la prédominance on passe à l'équilibre, et l'homme diurne du système cérébral, de la conscience et de la connaissance se remet à l'œuvre. L'activité du système nerveux supérieur retrouve sa prédominance vis-à-vis de celle, plus faible, du système nerveux inférieur, et dispose à nouveau de la possibilité de la reproduire à volonté.

[Éditions de 1821.]

[N]

... et une voyance magnétique d'un type particulier se manifeste encore en Égypte, suscitée par des fumigations et des incantations, chez des natures réceptives [21]. *[Édition de 1821.]*

[O]

Tant que l'âme œuvrant dans la région du système ganglionnaire est retenue, avec le foyer de ses tendances, dans le corps, sa connaissance et son efficacité se limitent à ce champ réduit. Mais dès qu'elle est libérée de cette chaîne, dès que la pierre n'est plus retenue dans sa chute par le point d'appui où elle venait de trouver la stabilité, mais se trouve attirée par la masse terrestre, elle s'élève, contemplant et connaissant, au-dessus de la matière à laquelle elle était enchaînée, et alors s'ouvrent à elle de nouvelles connaissances dépassant largement les limites étroites du monde sensible et vil. C'est en cela que les phénomènes de somnambulisme et des autres états voisins se distinguent nettement des états supérieurs où l'homme, même dans sa vie actuelle, peut plonger ses regards dans une région supérieure et toute spirituelle, et réussir, en perçant le secret d'une âme étrangère, à deviner et même à connaître parfaitement des pensées et des conceptions qui lui étaient auparavant étrangères. Dans les phénomènes naturels que nous venons d'évoquer, l'aspiration de l'âme n'est pas libérée de ses attaches à la matière, mais seulement de celles de son propre corps, tandis que, dans d'autres états apparemment identiques, mais plus sublimes, l'aspiration de l'âme, en se détournant du monde physique et en s'orientant vers l'univers supérieur, est libérée de ses chaînes et ne se trouve plus enfermée dans la matière, mais domine celle-ci ; l'esprit retrouve librement l'organe d'une Connaissance supérieure et spirituelle qui, dans son existence actuelle, était inutilisable et prisonnier des fonctions inférieures.

[*Édition de 1821.*]

NOTES

1. VI, 1, pp. 172.
2. *Cf.* Moritz, *op. cit.*, V, 3, p. 18. Le cas le plus singulier d'un pressentiment, s'accomplissant avec une exactitude parfaite, de la mort violente d'un ami est relaté dans le vol. III, 1, p. 47 par Ulrici qui en fit l'expérience.
3. *Cf.* Moritz, *Magazin zur Erfahrungsseelenkunde*, X, 1, p. 8.
4. *Cf.* Psaume 19, verset 2 ; Romains, 1, verset 20.
5. *Cf.* la biographie de Lavater par G. Gessner, II, pp. 178 sqq.
6. *Cf.* nos *Ahndungen einer allgemeinen Geschichte des Lebens*, II, 1 et 2.
7. *Cf.* notre *Urwelt und die Fixsterne* [Le Monde primitif et les étoiles fixes, Dresde, 1822], et le vol. III de nos *Ahndungen einer allgemeinen Geschichte des Lebens* [Leipzig, 1821].
8. On trouvera un développement plus vaste de tout ceci dans le chapitre 9 de notre *Urwelt...*, *op. cit.*
9. *Cf.* Creuzer, *Symbolik und Mythologie der alten Völker*.
10. *Cf.* Livre de la Sagesse, ch. 1, verset 13 ; ch. 2, verset 24 ; Romains, ch. 5, verset 12 ; Corinthiens, ch. 15, verset 21, etc.
11. Très significative est la remarque de Link affirmant que dans beaucoup de formes végétales du monde primitif on trouvait associées plusieurs caractéristiques morphologiques des dicotylédones à celles des monocotylédones. *Cf.* Link, *Urwelt*, I, pp. 45 sqq.
12. Que l'on pense seulement au *Krommyon* des Anciens (la scille) dont Pythagore reconnut les extraordinaires vertus curatives et auquel fut élevé un temple à Péluse. Des formes comme celles de l'agave américain semblent être, parmi les caryophyllacées et les liliacées, les plus proches des palmacées.
13. *Cf.* Panzer, *Linnés und Houttouyns Pflanzensystem* [La Botanique de Linné et Houttouyn].
14. Dans certaines régions septentrionales, on l'utilise dans la préparation de la bière ; ailleurs, on prend quelquefois jusqu'aux 2/5 de la masse totale de la graine d'ivraie dans la distillation de l'eau-de-vie.
15. *Cf.* Panzer, *op. cit.*, IV, p. 643.

16. Chez certains types de poireaux, le périanthe, dans lequel ne se développe aucune différenciation sexuelle productive, porte même de petits bulbes qui permettent à la plante de se reproduire aussi aisément que par de véritables bulbes.

17. Que l'on pense seulement aux îles de l'océan Glacial jonchées d'ossements, que Billings explora.

18. *Cf.* nos *Ahndungen*, II, 2, 10ᵉ paragraphe.

19. Beaucoup de cas analogues figurent dans le *Magazin...*, *op. cit.*, de Moritz.

20. La manière dont certaines personnes démoniaques décèlent et dévoilent essentiellement le Mal chez les personnes mises en rapport avec elles, est caractéristique. Elle est faite de cynisme, d'amertume, elle condamne tout espoir et n'amène donc presque jamais une amélioration, mais au contraire l'exaspération et le désespoir. Mais il existe aussi un satanisme qui glorifie le Mal comme si c'était le Bien et transforme malicieusement et d'une manière beaucoup plus dangereuse la Vérité en Mensonge. Il existe un autre satanisme qui glorifie le Bien pour le rendre suspect. *Cf. Actes des apôtres*, 16, 16.

21. Nous avons relaté quelques faits analogues dans le vol. II de notre *Reise in das Morgenland* [Voyage en Orient] Munich, 1837-1839. Lann, dans son *Account of the Manners and Customs of the Modern Egyptians*, relate avec une grande précision les prouesses magiques de l'illustre cheik Abd el-Kader du Caire. Seuls les jeunes garçons non pubères, les vierges et les femmes enceintes sont réceptifs au don de voyance magique que le cheik suscite en eux, et, parmi les sujets réceptifs, tous n'ont pas le même degré de sensibilité. Le processus extérieur de celui qui invoque soi-disant les esprits consiste tout d'abord à mettre un jeune garçon, ou une autre personne se prêtant à cette expérience, en rapport avec lui-même et avec les autres personnes présentes dans la pièce, ce qui est provoqué chez ces dernières par l'effet généralement narcotique de fumigations. Puis il demande à ces personnes de nommer n'importe quelle personne absente, lointaine, vivante ou morte, et celle-ci doit donc apparaître au voyant. Le cheik prononce le nom à son tour et le fait répéter au jeune garçon avec d'autres paroles incantatoires, et ce dernier devient effectivement capable de voir cette âme étrangère en liaison avec le cheik et il l'aperçoit comme elle apparaît dans l'imagination et les souvenirs de celui qui l'invoque. De cette façon, un jeune homme ignorant décrivit, après avoir prononcé à grand-peine le nom étranger, la personne de Lord Nelson ; un autre celle du père vivant en Angleterre d'une personne présente, avec autant de précision que s'il l'avait vue dans un miroir, bien que personne dans l'assistance ne pût voir celui-ci. Une voyance, parfaitement identique à celle-ci, des images élaborées en pensées par une âme étrangère ne sont pas rares, comme nous l'avons démontré, dans les états de voyance magnétique.

[1] Karl Philipp Moritz, *Magazine pour la science expérimentale de l'âme*, 1783-1793.

[2] C'est Schubert qui souligne.

LE LANGAGE DE L'ÉTAT DE VEILLE

Fragment

Les lignes suivantes furent écrites à la lecture du livre d'Albert Steinbeck, *Der Dichter, ein Seher* [1], et constituèrent une partie de l'introduction à une publication critique de ce livre dans les *Münchner gelehrte Anzeigen* [2]. Mais comme les pages suivantes sont en rapport étroit avec le contenu du présent ouvrage qu'elles complètent et explicitent, nous les ajoutons à celui-ci à titre de seconde et brève annexe.

Le voyant n'est vraiment lui-même qu'en ce qu'il contemple, non seulement et tout d'abord le monde extérieur dont est issue et où s'éteint la vie, mais également la naissance interne du devenir visible, c'est-à-dire la source intarissable des manifestations de la vie. Il est un voyant par le fait qu'il perçoit non seulement et tout d'abord les phénomènes particuliers et isolés, mais aussi le fil invisible d'une harmonie éternelle dans laquelle toutes les apparentes dissonances issues d'isolements et de séparations se complètent mutuellement et se dissolvent dans l'unité. Quand l'esprit du voyant non seulement perçoit cette harmonie mais, subjugué par elle, se met par son propre chant à l'unisson de celle-ci, il devient un poète. La véritable poésie a pour mission de ramener et d'élever l'âme isolée vers l'harmonie musicale de la vie s'accordant à la vie.

Cette faculté de découvrir, à travers le monde visible du créé et au-delà de celui-ci, les sources invisibles du devenir, et de se mettre à l'unisson, par sa propre activité, avec l'œuvre de la création en cours, est présente, même si elle ne se manifeste pas, dans chaque être humain. Elle réside dans ce quelque chose qui fait de l'homme, suivant la signification étymologique du mot allemand, cet être qui comprend et découvre ; elle réside dans l'esprit. Les êtres animés de notre univers visible sont en effet de trois sortes ; d'abord ceux dont l'âme participe au développement du corps, sans dominer celui-ci : ce sont les plantes ; puis ceux chez qui l'âme est maîtresse du corps, mais pas d'elle-même : ce sont les animaux ; enfin, ceux dont l'âme se maîtrise elle-même, et en même temps, maîtrise le corps : à ceux-là appartient l'être humain. La puissance qui permet à l'âme humaine de se dominer, c'est l'esprit conscient de lui-même. Car entre l'homme et l'animal nous retrouvons, à un degré supérieur, la même relation que nous avions constatée en comparant l'animal à la plante. De même que la plante croît vers la lumière et recherche celle-ci sans être pourvue d'un sens lui permettant de la reconnaître ou de la voir, de même l'animal est aveuglément soumis à la domination d'un Esprit dont tout mouvement et toute pensée sont tributaires, et qui baigne l'univers tout entier. C'est lui qui, sous la forme de l'instinct, guide l'oiseau migrateur au-delà des mers ; il conduit, par les voies les plus diverses, le besoin à sa satisfaction, sans susciter dans l'animal la capacité de connaître cet Esprit moteur ou de le percevoir dans la variété de ses manifestations. L'homme, quant à lui, possède une faculté inhérente à son être, de même nature que cet Esprit universel et lui permettant donc de le saisir et de le connaître. Et, à cette faculté de connaître le Principe moteur de toutes choses, est liée chez l'homme la capacité de se mouvoir, à l'image de l'Esprit se manifestant par son activité omnipotente et visible en tout lieu. L'homme porte en lui, en même temps que la possibilité de connaître la source de toute vie et de toute activité, la faculté d'agir spirituellement de manière indépendante et d'user librement de sa volonté. Mais, sans préjudice de cette liberté, l'esprit humain subit tout de même, à son stade supérieur, ce qui se produit dans les deux autres régions de la nature humaine, à savoir dans l'âme et dans le corps. Le corps ne pourrait exister sans l'intervention bénéfique et enrichissante pour sa propre substance de matières extérieures. L'âme végétative et sensible devrait bien vite se départir de son activité dans le corps si les forces de nature quasi psychique du monde — la chaleur, la lumière, l'électricité — ne venaient constamment en aide à l'énergie qui l'habite, ne la renforçaient et ne la renouvelaient. S'il est tout à fait indéniable, à propos de l'activité des sens de la perception, que l'œil ne pourrait voir et que l'oreille ne pourrait entendre sans l'intervention de la lumière extérieure pour la vision interne et des sons extérieurs pour l'audition interne, il n'en est pas moins vrai que c'est toujours et uniquement mon œil et mon oreille qui, chacun à sa manière, reçoivent l'influence extérieure bénéfique et se l'approprient. C'est ma faculté psychique qui est constamment à l'écoute des influences extérieures et qui s'en détourne, ou bien qui se ferme totalement dans le sommeil aux voix du monde environnant. L'esprit humain est constamment renforcé et complété dans son activité par des influences spirituelles. Pour commencer par les degrés les plus inférieurs de cette bénéfique relation de réciprocité, c'est, comme nous l'avons mentionné, la suprématie d'un Esprit universel qui, sous forme de l'instinct, conduit l'animal affamé au rassasiement, voire même, comme un fluide magnétique, le guide vers la nourriture, et inversement. C'est également cet Esprit tout-puissant qui suscite la sympathie réciproque des sexes et l'amour des parents pour leurs enfants. Même chez l'homme on peut imaginer avec certitude que son abandon à l'influence suprême qui rassasie complaisamment tout ce qui vit, pourrait agir, dans une certaine mesure, de manière consolidatrice sur l'activité de l'esprit. L'amour du fiancé pour la fiancée, de la mère pour son fils, voire même l'ivresse des sens que suscite l'excès des substances nutritives et excitantes (par exemple de vin), n'ont pas en vain l'aspect de l'exaltation ; ils sont véritablement d'origine spirituelle. Mais, de même que le corps vertical et mobile de l'homme est fait pour s'élever dans une région située bien au-dessus du sol, de même que, seulement dans cette position verticale, il peut faire un usage adapté de ses sens de perception et de ses muscles, et non quand il s'abaisse à marcher à quatre pattes comme les animaux, de même l'esprit humain est fait pour s'élever vers une région supérieure et spirituelle, une région où il recevra directement les influences d'un univers invisible et sera animé par celles-ci.

L'exaltation de Silène — personnage très au fait du secret des forces naturelles —, bien qu'adoptant souvent la forme de la véritable exaltation supérieure, reste quoi qu'il en soit, semblable à l'état d'un aéronaute dont la machine est aisément secouée par les rafales de la tempête, et à qui manque la force de guider sa nacelle, car il s'est aventuré dans une région dans laquelle sa main experte n'a plus autant d'efficacité que sur le sol rassurant. De même, dans les états de prétendue voyance magnétique et dans d'autres phénomènes pathologiques de cet ordre, l'ouragan de l'Esprit universel qui pénètre physiquement l'essence du monde visible peut être perçu ; suivant leur degré d'intensité ils sont, dans leur majorité, plus apparentés à l'exaltation de Silène que ne le laisse supposer un simple coup d'œil ; dans ces états particuliers, un mouvement tout-puissant s'empare de l'âme, tandis que l'esprit humain éveillé et conscient demeure libre et intact ; l'âme perçoit des voix auxquelles elle est encline à donner diverses interprétations bien que n'en comprenant pas la langue car il s'agit d'une langue étrangère.

Qui pourrait donc tracer la frontière entre le mouvement qu'imprime la vague violente au bateau, et celui qui apparaît dans les flammes du mât ? Tous deux ne sont-ils pas causés par le même souffle d'air ? Sur la terre ferme, on sait avec précision que c'est le vent du matin qui souffle dans la cime de l'arbre. Un frémissement dans mes veines — est-ce le jour du printemps qui en est la cause ou vient-elle de l'intérieur ? — témoigne de l'exaltation qui m'éleva vers le ciel ; ce n'était que l'églogue d'un berger qui évoquait le destin d'un pâtre dans les Alpes, et pourtant cette chanson devint en moi un chœur céleste. Cependant, l'impulsion de cette élévation ne vient pas toujours d'ici-bas, c'est souvent un rayon supérieur qui éveille cette aspiration éthérée.

En est-il, dans les régions élevées, autrement que sur la mer agitée, la cime de l'arbre parviendrait-elle à se mouvoir d'elle-même si le vent ne venait pas secouer les branches et les feuilles ? Certes, ici également, le sifflement du vent dans la cime de l'arbre n'est qu'un mouvement produit en commun par un élément agitant et agité, le souffle ne devient un bruissement perceptible par mon oreille que par les branches qu'il traverse ; chaque arbre rend un son particulier suivant son type et sa forme. Mais, caché dans les branches, vit l'oiseau qui peut à loisir s'y abriter de la tempête ou bien affronter celle-ci ou se laisser porter par elle lorsqu'il est animé par le besoin de s'alimenter ou par le souci de nourrir sa progéniture. Le type d'exaltation le plus éminent dont l'homme est capable est, lui aussi, un mouvement de l'âme lié à un élément qui la meut et qui vient constamment compléter l'élan intérieur avec plus d'efficacité encore que, dans le monde de l'instinct, la satisfaction dissipe le besoin, ou l'amour maternel la détresse du nouveau-né. C'est d'un mouvement réciproque de l'esprit humain dans et avec l'Esprit que naquit jadis le langage articulé que comprend l'homme extérieur ; c'est également de lui qu'est issu le langage intérieur perçu et parlé par l'esprit humain.

Et pourtant, que deviendrait l'amour maternel s'il était dépourvu de l'enfant qui perçoit et renvoie les signes de celui-ci ? Même si c'est la vue, la proximité et les paroles de la mère qui suscitent chez le nourrisson ses balbutiements affectueux, n'est-ce pas malgré tout la propre bouche de l'enfant qui forme à sa manière les sons qui lui permettent d'appeler sa mère ?

En fait, c'est uniquement en cela que consiste la véritable et authentique exaltation issue d'une source pure et supérieure, et c'est elle qui sauvegarde l'indépendance et la liberté de l'esprit humain. C'est seulement parce que l'esprit humain est de même nature que l'Esprit qu'il peut connaître celui-ci ; mais cette similitude suppose une consolidation et une indépendance de l'activité spirituelle créatrice. Dans les états d'exaltation propres à Silène — voire même dans les états de voyance magnétique et d'inspiration, non pas pneumatique comme on l'a dit à tort, mais nerveuse —, plus ceux-ci touchent à la folie, plus l'homme est, à des degrés divers, coupé de la sphère de la conscience véritablement humaine qui a en main le fil de sa propre volonté et de sa propre activité, de sorte que, durant des heures il reste sans conscience. C'est pourquoi l'inspiré sujet à des crises nerveuses ignore, lorsqu'il s'éveille de son état délirant, autant ce qu'il a dit ou fait au cours de celui-ci que le papillon ne sait qu'il est issu d'une véritable œuvre d'art quand, poussé, par le souffle de l'instinct, il étend ses ailes diaprées et s'élance vers les buissons couverts de fleurs. Mais l'être humain à l'esprit en éveil ne perd jamais, lorsqu'il est saisi par l'Esprit, le fil auquel est rattachée sa propre existence. Certes, quand il parle, il est conscient d'être guidé par l'Esprit et il sait que ce n'est pas lui-même, mais l'Esprit qui parle dans son propre esprit à certains moments, mais c'est précisément en sachant cela, en étant capable de suivre de ses yeux éveillés le fleuve dont les flots impétueux agitent son âme, qu'il se révèle bien supérieur à l'être que ses crises nerveuses rendent inspiré. Lorsqu'il comprend que l'impulsion de tous ses mouvements n'aurait pas lieu s'il n'y avait auparavant un mouvement supérieur qui attirait avec une puissance magnétique le mouvement inférieur — comme, dans l'histoire de l'instinct, la nourriture préparée au loin attire l'être affamé —, lorsqu'il comprend qu'il ne pourrait courir s'il n'était constamment tiré et si la résistance de l'air ne se pliait à la force de sa course, il sait cependant au même moment que ce désir de satisfaction, ce besoin attestant l'existence de l'accomplissement sont les siens propres. La langue de l'enfant, grâce à laquelle il appelle sa mère, est bien la sienne propre, bien qu'elle soit constamment nourrie par celle-ci, à l'instar de sa chair et de ses os issus du sang et des forces vitales de sa mère.

L'exaltation supérieure venant de la source pure de l'Esprit se distingue aussi par son langage de l'exaltation de Silène ou de celle du grand nerveux. Dans celle-ci, l'esprit ne perçoit que ce qui est spirituel, il perçoit l'Être éternel. Il n'y a pour lui ni temps ni heures, mais l'éternité ; il ne témoigne pas de ce qui a trait à la poussière ou la nourrit, mais uniquement de ce qui est susceptible de renforcer et de consolider l'Esprit. Beaucoup d'éléments, dont peut nous entretenir l'exaltation relative aux crises de nervosité avec une charmante faconde, n'apportent rien à l'Être éternel et risquent, par leur bavardage, de masquer l'exaltation d'origine supérieure.

Mais aussi supérieure que puisse être celle-ci, l'activité de cette demi-sœur n'est pas à négliger. Qui n'aimerait interroger l'hirondelle quand elle fait entendre, au printemps, son premier gazouillis devant les fenêtres pour lui demander : « Où es-tu allée ? Quels pays et quels peuples as-tu vus ? Quelles furent tes pensées lorsque l'impulsion du mouvement — qui, issu de la puissance d'une Sagesse universelle, pénètre l'être visible — te saisit, lorsqu'il te souleva et te conduisit à ta destination, car il voulait t'y conduire ? Qu'as-tu éprouvé lorsqu'il te souleva à nouveau et te reconduisit au pays où se trouve ton nid ? » Dans la voyance ordinaire (magnétique), l'esprit de l'instinct — qui conduit l'oiseau migrateur au-delà des mers, dans une contrée qu'il n'a jamais vue, qui suscite l'activité prophétique de l'insecte en vue de la progéniture à naître — se voit véritablement doté d'une langue intelligible ; il attend nos questions et ne demande qu'à nous parler et à nous répondre. La voyance prophétique, tournée vers le lointain, nous montre qu'il est cet instinct même dont l'activité s'étend à un domaine se trouvant dans un rapport de complémentarité avec notre existence actuelle, sans qu'il soit nécessaire que cette activité se manifeste. Car l'essence de la voyance prophétique est semblable à celle de l'instinct. Si celui-ci pouvait s'exprimer dans l'insecte, il nous parlerait de l'hiver qui n'est pas encore là ; dans l'oiseau, il nous décrirait les contrées qu'il n'a encore jamais vues, les palmiers et, dans leur ombrage, l'abondante nourriture que l'on y trouve ; dans la chenille tissant son cocon, il nous montrerait le futur papillon. Ne serait-ce que par ces similitudes très marquées, cette demi-sœur qu'est l'essence de l'instinct, dont les regards sont tournés, au-delà de ce qui est présent et s'offre à nos regards, vers ce qui est absent mais essentiel, suscite chez le chercheur et le psychologue un intérêt qui les amène à une étude plus approfondie.

[Édition de 1840.]

NOTES

[1] *Le Poète-visionnaire.*
[2] *Publications scientifiques de Munich.*

INDEX DES NOMS PROPRES

Abd-el-Kader, 205.
Ahriman, 88, 107.
Ajax, 66.
Amadou (R.), 48.
Angèle de Foligno (sainte), 73, 161.
Antoine (saint), 95, 96.
Apollon, 104, 191.
Arioste (l'), 105.
Arnim (A. von), 41.
Arnold (G.), 19, 149, 171.
Augustin (saint), 68, 73, 95, 171.
Ayrault (R.), 21.

Baader (F. von), 12, 17, 19, 38, 39, 48, 49, 108, 117.
Bacchus, 88, 89.
Bachelard (G.), 31, 51.
Bartels (E.D.A.), 183.
Béguin (A.), 19, 21, 48, 54.
Bernières de Louvigny (J. de), 117.
Bernoulli (C.), 54.
Bianquis (G.), 20.
Billings (J.), 205.
Binninger (J.N.), 202.
Bodin (J.), 98.
Böhme (J.), 11, 12, 33, 34, 36, 39, 45, 171.
Bonwetsch (N.), 21, 48, 54.
Bréhier (E.), 20.
Brentano (C.), 13, 21.
Bromley (T.), 150, 151, 175.
Brown (J.), 12, 14.
Buffon (G.L.L.), 197.
Bunyan (J.), 98, 171.
Burger (G.M.), 19, 38, 58, 174.
Busch (E.), 54.

Camerarius (J.), 100.
Cappuis (G.), 200.
Cardan (J.), 63, 181.
Carus (C.G.), 25, 26, 27, 30, 49.

Catherine de Gênes (sainte), 171.
Cavendish (H.), 12.
Censorin, 189.
Cérès, 90.
Charles IV, 183.
Condé (Grand), 132.
Confucius, 191.
Conrads (M.), 58, 174.
Cox, 129, 149, 150, 170.
Crésus, 71.
Creuzer (F.), 19, 28, 81, 92, 93, 117, 204.

Dahmen (H.), 54.
Darwin (E.), 16, 122.
Dionysos, 29, 35, 78, 81, 88, 89, 90, 105.
Don Quichotte, 125.
Dumézil (G.), 29.
Durand (G.), 31, 48, 51.

Eckhart (Maître), 19.
Eliade (M.), 29.
Ewald, 170.

Faivre (A.), 20, 21, 48, 54.
Feuerbach (L.), 54.
Fichte (J.G.), 12.
Fouqué (F. de la Motte), 18, 49.
François d'Assise (saint), 102, 171.
Frank (J.G.), 188, 190.
Franzisci (E.), 182, 200, 202.
Freud (S.), 25, 26, 27, 29, 44.
Friedrich (C.D.), 17.
Furies, 99, 130.

Galvani (L.), 12, 41.
Gatterer (J.C.), 188, 190.
Georg Friedrich de Brandebourg, 185.
Gessner (G.), 204.
Gichtel (J.G.), 170, 171.

Gilpin, 125.
Glaucos, 91.
Gmelin (F.G.), 122, 133.
Goethe (J.W. von), 12, 13, 75.
Görres (J.J.), 18, 29, 54.
Gruber (J.G.), 150.

Hadès, 88.
Hagenbusch, 150.
Hamann (J.G.), 27.
Hayen (H.), 74, 75.
Hebbel (F.), p. 54.
Hegel (G.W.F.), 18.
Henri IV, 185.
Hercule, 89.
Herder (E. von), 13, 18.
Herder (J.G.), 13, 14, 16, 18, 27.
Hillmer, 102, 171, 172.
Hoffmann (E.T.A.), 17, 18, 20, 21, 49, 54.
Houttouyn, 204.
Huch (R.), 21, 54.
Hufeland (F.), 41, 150, 151.
Hutcheson (F.), 48.

Jankélévitch (S.), 20.
Janus, 101.
Jean-Paul (Richter), 13, 14, 26, 102.
Jésus-Christ, 29, 46, 48, 72, 161, 170, 189, 190, 191, 201.
Jung (C.G.), 27, 51.
Jung-Stilling (J.H.), 102, 150, 170, 171, 172.
Jupiter, 90.

Kanne (J.A.), 19, 28, 74, 75, 93, 117, 151.
Kant (I.), 12, 138.
Kern (H.), 54.
Kerner (J.), 18, 49, 54.
Kleist (H. von), 17, 54.
Klettenberg (S. von), 75.
Klopstock (F.G.), 14.
Kluge (C.A.F.), 41, 92, 149, 150, 151.
Knox (J.), 150.
Köthe (F.A.), 47, 48.
Krebs (P.), 54.
Krishna, 91.
Kunz (C.F.), 20, 21.

Lann, 205.
Lapithes, 109.
Lalande (A.), 48.
Lavater (J.K.), 187, 204.
Lavoisier (A.L. de), 12.
Lechner (W.), 54.
Lessing (G.E.), 185.
Léviathan, 77.
Lichtenberg (G.C.), 26.
Liepe (W.), 54.

Link (H.F.), 204.
Linné (C. von), 204.
Loge, 107.
Lorenz, 171.

Marguerite de Beaune, 161.
Markus (A.F.), 14.
Marquet (J.F.), 21.
Martinez de Pasqually, 36.
Mélanchton, 100.
Melchisédech, 90.
Mendès, 108.
Merkel (F.R.), 21, 54.
Mesmer (F.A.), 15, 41, 43, 48.
Mithra, 29, 75, 88.
Moloch, 104.
Moritz (K.P.), 26, 181, 182, 183, 204, 205.
Müller (A.), 17.

Nabuchodonosor, 132.
Narcisse, 144.
Nees von Esenbeck (H.), 117.
Néhémie, 191.
Nelson (Lord), 205.
Néron, 166.
Newton (I.), 138.
Novalis (F. von Hardenberg), 12, 15, 16, 17, 27, 28, 37, 40.

Oberlin (J.F.), 53, 175.
Oetinger (F.C.), 11, 33.
Ophélie, 74.
Orphée, 62.
Osiris, 29.
Osthus (G.), 54.

Panzer (W.F.), 204.
Paracelse, 11, 12, 32.
Paul l'ermite (saint), 95, 96.
Paulus (H.), 18, 46.
Perséphone, 88.
Pfaff (J.W.), 174.
Pfenninger, 172.
Phénix, 101, 108, 143.
Phosphorus, 79, 145.
Platon, 62.
Priestley (J.), 12.
Pythagore, 204.

Rahn (H.), 150.
Rausky (F.), 48.
Reil (J.C.), 14, 41, 118, 148, 149, 150, 151.
Reiz, 102, 150, 151, 171.
Rigidius, 191.
Ritter (J.W.), 12, 14, 15, 16, 17, 18, 41.
Röschlaub (A.), 14.
Rudow, 149.
Ruysbroeck (J.), 19.

INDEX DES NOMS PROPRES

Saint-Martin (L.C.), 12, 19, 24, 29, 30, 31, 33, 36, 37, 38, 39, 47, 48, 49, 54.
Schelling (F.W.J. von), 11, 12, 14, 15, 17, 18, 19, 20, 21, 30, 45, 49, 54.
Schiller (F. von), 13.
Schlegel (F.), 12, 16, 17, 18, 29, 92.
Schleiermacher (F.), 12.
Schnapp (F.), 21.
Schulze (F.), 171.
Seebass (F.), 21.
Semler (J.S.), 170, 171.
Sénèque, 166.
Shaftesbury (A.A. Cooper), 48.
Shakespeare (W.), 14, 80.
Shiva, 29, 88.
Siegel (C.), 54.
Silène, 208, 209, 210.
Sömmering (S.T.), 148.
Spiess (C.H.), 149, 150, 151.
Steffens (H.), 14, 17, 18.
Steinbeck (A.), 206.
Susini (E.), 21.
Swedenborg (E.), 19, 37, 38, 107, 114, 117, 175.

Tauler (J.), 170.
Tersteegen (G.), 19, 102, 117, 151, 170, 171, 172.
Thérèse d'Avila (sainte), 171.

Thomas a Kempis, 170.
Tieck (L.), 12, 16, 18.
Tilliette (X.), 20.
Tissot (S.A.), 155.
Titans, 88, 89, 91.
Troxler (I.P.V.), 26.

Überfeld (J.W.), 170.
Uranus, 110.

Vanini (L.), 77.
Van Helmont (J.B.), 151.
Voigtel, 148.
Volta (A.), 12.

Wagner (J.J.), 29.
Wagnitz (H.B.), 102.
Werner (A.G.), 16, 21.
Werner (Z.), 16.
Wetzel (F.G.), 13, 14, 17, 20.
Wieland (C.M.), 13, 77.
Wienholt, 137, 149, 150.
Willis (F.), 141.

Young (E.), 14.

Zagreus, 88, 89, 91.
Zeus, 78.
Zimmermann (R.C.), 21.
Zollikofer (G.J.), 187.

TABLE

Commentaire introductif... 9
G.H. Schubert et la Naturphilosophie.................................. 11
Analyse de l'œuvre.. 22
Une métaphysique du rêve, 24. — Une pensée analogique, 24. — Une pensée symbolique, 33. — Le rêve et la physiologie romantique, 40.
Fortune de l'œuvre.. 49
Modernité de l'œuvre.. 51
Bibliographie... 53

La Symbolique du rêve.. 57
Le langage du rêve.. 61
Le langage de la poésie et de la révélation......................... 69
La symbolique de la nature.. 76
Le poète caché.. 94
D'une confusion babylonienne des langues........................ 103
L'écho.. 118
Le deus ex machina.. 152

Addenda... 173
Nouveau chapitre 1 : Un voyage en mer............................. 177
Addenda... 181
Fragment : Le langage de l'état de veille............................ 206

Index des noms propres... 213

CHEZ LE MÊME ÉDITEUR

DANS LA COLLECTION
« Cahiers de l'Hermétisme »

Faust

*

Jacob Böhme

*

L'Ange et l'Homme

*

Alchimie

*

Kabbalistes chrétiens

*

Paracelse

*

Goethe

*

Lumière et Cosmos

CHEZ LE MÊME ÉDITEUR

DANS LA COLLECTION
« Bibliothèque de l'Hermétisme »

Initiation médiévale
La Philosophie au douzième siècle
par M.-M. Davy

Le Langage secret du blason
par Gérard de Sorval

La Voie des lettres
par Jean Canteins

Cinéma et nouvelle naissance
par Henri Agel

La Symbolique du rêve
par G.H. Schubert

La fabrication de cet ouvrage
a été réalisée
par l'Imprimerie Chirat, 42540 Saint-Just-la-Pendue

Achevé d'imprimer en septembre 1982
N° d'édition 7028. N° d'impression 4725
Dépôt légal novembre 1982

IMPRIMÉ EN FRANCE